Heinrich Degenhart / Lars Holstenkamp

**Finanzierungspraxis von Biogasanlagen
in der Landwirtschaft**

GABLER RESEARCH

Heinrich Degenhart / Lars Holstenkamp
Finanzierungspraxis von Biogasanlagen in der Landwirtschaft

Eine empirische Untersuchung zu Stand und Entwicklungslinien

RESEARCH

Bibliografische Information der Deutschen Nationalbibliothek
Die Deutsche Nationalbibliothek verzeichnet diese Publikation in der
Deutschen Nationalbibliografie; detaillierte bibliografische Daten sind im Internet über
<http://dnb.d-nb.de> abrufbar.

1. Auflage 2011

Alle Rechte vorbehalten
© Gabler Verlag | Springer Fachmedien Wiesbaden GmbH 2011

Lektorat: Stefanie Brich | Sabine Schöller

Gabler Verlag ist eine Marke von Springer Fachmedien.
Springer Fachmedien ist Teil der Fachverlagsgruppe Springer Science+Business Media.
www.gabler.de

Das Werk einschließlich aller seiner Teile ist urheberrechtlich geschützt. Jede Verwertung außerhalb der engen Grenzen des Urheberrechtsgesetzes ist ohne Zustimmung des Verlags unzulässig und strafbar. Das gilt insbesondere für Vervielfältigungen, Übersetzungen, Mikroverfilmungen und die Einspeicherung und Verarbeitung in elektronischen Systemen.

Die Wiedergabe von Gebrauchsnamen, Handelsnamen, Warenbezeichnungen usw. in diesem Werk berechtigt auch ohne besondere Kennzeichnung nicht zu der Annahme, dass solche Namen im Sinne der Warenzeichen- und Markenschutz-Gesetzgebung als frei zu betrachten wären und daher von jedermann benutzt werden dürften.

Umschlaggestaltung: KünkelLopka Medienentwicklung, Heidelberg

Printed in Germany

ISBN 978-3-8349-2936-5

Vorwort

Im vorliegenden Werk werden die Ergebnisse des ersten Teils des Forschungsprojektes „Neue Chancen zur Finanzierung der Erzeugung Erneuerbarer Energien in landwirtschaftlichen Betrieben" dargestellt. Ziel des ersten Schrittes des Vorhabens war die Bestandsaufnahme zu Finanzierungsformen und Risikomanagementansätzen bei landwirtschaftlichen Biogasanlagen.

Im Rahmen des Projektes wurden von Juli 2009 bis März 2010 Literaturrecherchen, Interviews und ein Workshop durchgeführt. Die hier dargestellten Ergebnisse geben im Wesentlichen den Stand bis zum Frühjahr 2010 wieder.

Die Autoren danken der Landwirtschaftlichen Rentenbank für die finanzielle Unterstützung des Forschungsprojektes aus dem Förderungsfonds sowie für die Möglichkeit, den Workshop im Dezember 2009 im Hause der Landwirtschaftlichen Rentenbank durchführen zu können.

Allen Interviewpartnerinnen und -partnern sowie den Workshopteilnehmern gilt ein herzlicher Dank für die Zeit und die Informationen, die sie dem Forschungsvorhaben zur Verfügung gestellt haben. Auf eine namentliche Nennung der Personen und Unternehmen wird verzichtet, da ihnen Anonymität zugesichert wurde.

Die Wissenschaftsförderung der Sparkassen-Finanzgruppe e. V. hat die Drucklegung dieses Buchs finanziell unterstützt.

Ferner haben Kathrin Pehl bei der Sicherung der Workshopergebnisse und Mark Harré bei der Erstellung des Manuskripts geholfen. Dafür sei ihnen herzlich gedankt. Alle verbliebenen Fehler gehen selbstverständlich zulasten der Autoren.

Heinrich Degenhart

Lars Holstenkamp

Inhalt

VORWORT V

ZUSAMMENFASSUNG UND ABSTRACT XIII

ABBILDUNGS- UND TABELLENVERZEICHNIS XV

ABKÜRZUNGSVERZEICHNIS XVII

I. EINLEITUNG 1
  A. VOM LANDWIRT ZUM ENERGIEWIRT? 1
  B. FRAGESTELLUNGEN UND GANG DER UNTERSUCHUNG 3
     1. Fragestellungen 3
     2. Gang der Untersuchung 4
  C. ÜBERBLICK ÜBER ARBEITEN ZUR LANDWIRTSCHAFTS- UND BIOGASFINANZIERUNG 5
     1. Landwirtschafts-, erneuerbare Energien- und Biogasfinanzierung 5
     2. Landwirtschaftsfinanzierung 7
        2.1 Finanz- und Risikomanagement in der Landwirtschaft 7
           2.1.1 Zum Stand des Finanzmanagements in der Landwirtschaft 7
           2.1.2 Vermögensstruktur und Unterschiede zwischen alten und neuen Bundesländern 8
           2.1.3 Finanzierungsformen in der Landwirtschaft 10
           2.1.4 Fremdkapitalaufnahme bei Kreditinstituten 11
        2.2 Strukturwandel in der Landwirtschaft und Risikomanagement 14
        2.3 Die Auswirkungen von Basel II auf die Landwirtschaft 15
        2.4 Organisationsformen in der Landwirtschaft und Kooperationen 16
           2.4.1 Formen landwirtschaftlicher Kooperationen 17
           2.4.2 Problembereiche 18
           2.4.3 Rechtsformen landwirtschaftlicher Betriebe 20
        2.5 Schlussfolgerungen für die Biogasfinanzierung 21
     3. Finanzierung erneuerbarer Energien 24
        3.1 Bestandsaufnahmen zur Finanzierung erneuerbarer Energien: Investitionsvolumina und Folgen der Finanzkrise 25
        3.2 Besonderheiten von Erneuerbare-Energien-Projekten 27
        3.3 Überblick über Finanzierungsformen 28
        3.4 Projektfinanzierung als dominierende Finanzierungsform 30

4. Finanzierung von Biogasanlagen ... 33
   4.1 Überblick ... 33
   4.2 EnergieAgentur.NRW/forseo GmbH (2006) ... 35
   4.3 HypoVereinsbank-Studien ... 37
   4.4 Schaper u. a. (2008) ... 41
   4.5 Granoszewski u. a. (2009) ... 45
5. Fazit zum Literaturüberblick: Thesen zum Stand der Biogasfinanzierung in der Landwirtschaft ... 47

II. METHODIK DER EMPIRISCHEN UNTERSUCHUNG ... 53

A. GRUNDLAGEN DER METHODENWAHL UND VERWENDETE METHODEN ... 53
   1. Anmerkungen zur Methodenwahl ... 53
   2. Im Forschungsprojekt verwendete Methoden ... 54
      2.1 Überblick ... 54
      2.2 Experteninterviews ... 55

B. AUSWAHL DER EXPERTINNEN/EXPERTEN ... 57

III. BEFUNDE DER EMPIRISCHEN UNTERSUCHUNG ... 61

A. ÜBERBLICK, THEMATISCHE CLUSTER UND MOTIVE VON LANDWIRTEN ... 61
   1. Übersicht über Befunde zu Finanzierungsformen, Entwicklungslinien sowie zentralen Problemen und Hemmnissen ... 61
      1.1 Finanzierungsformen ... 61
      1.2 Entwicklungslinien ... 63
      1.3 Zentrale Probleme und Hemmnisse ... 64
      1.4 Thematische Cluster ... 67
   2. Befunde zu den Motiven von Landwirten und Positionen landwirtschaftlicher Organisationen ... 68
      2.1 Motive von Landwirten: Ergebnisse der Interviews ... 68
         2.1.1 Antworten von landwirtschaftlichen Organisationen und Beratungsunternehmen ... 68
         2.1.2 Antworten von Kreditinstituten ... 69
         2.1.3 Antworten von Anlagenherstellern sowie Projektentwicklern/Eigenkapitalgebern ... 70
      2.2 Positionen landwirtschaftlicher Verbände ... 70
      2.3 Schlussfolgerungen ... 70

B. ENTWICKLUNGSLINIEN UND ZUKÜNFTIGER FINANZBEDARF FÜR BIOGASANLAGEN 73
1. *Allgemeine Marktentwicklungen und Marktperspektiven* 73
   1.1 Daten zur Entwicklung des Biogassektors 73
   1.2 Wahrnehmungen der Interviewteilnehmer/innen 74
   1.3 Schlussfolgerungen 76
2. *Technische Entwicklungen und Probleme und die Bedeutung des Anlagenbetreibers* 76
   2.1 Ergebnisse der Befragungen zu technischen Entwicklungen 76
   2.2 Ergebnisse der Befragungen zu technischen Problemen und Hemmnissen 77
      2.2.1 Anlagentechnik als Hemmnis 77
      2.2.2 Auswahl des Anlagenherstellers 79
   2.3 Ergebnisse der Befragungen zu Problemen und Hemmnissen im Zusammenhang mit dem Anlagenbetreiber 80
   2.4 Schlussfolgerungen 81
3. *Politische und rechtliche Probleme und Hemmnisse* 82
   3.1 Rechtliche Probleme und Hemmnisse allgemein 82
   3.2 Genehmigungsrechtliche Aspekte 83
      3.2.1 Ergebnisse der Expertenbefragungen 83
      3.2.2 Ergebnisse des Expertenworkshops 85
   3.3 Vergütungsrechtliche Aspekte und Netzanschluss 86
      3.3.1 Vergütungen gemäß EEG 2009 86
      3.3.2 Einschätzungen der Interviewteilnehmer/innen 87
      3.3.3 Ergebnisse des Expertenworkshops 89
   3.4 Politische Rahmenbedingungen 89
      3.4.1 Ergebnisse der Experteninterviews 89
      3.4.2 Ergebnisse des Expertenworkshops 91
   3.5 Schlussfolgerungen 92
4. *Größenklassen der Biogasanlagen* 92
   4.1 Daten zu Größenordnungen von Biogasanlagen und Trends 93
   4.2 Ergebnisse der Experteninterviews 94
   4.3 Ergebnisse des Expertenworkshops 96
   4.4 Schlussfolgerungen 97
5. *Wärmenutzungskonzepte* 97
   5.1 Einschätzungen der Befragten und Ergebnisse des Workshops 97
   5.2 Schlussfolgerungen 99

6. Gasaufbereitung und Einspeisung von Biomethan ... *99*
   6.1 Rahmenbedingungen ... 99
   6.2 Einschätzungen der Befragten ... 100
   6.3 Schlussfolgerungen ... 102
7. Fazit zu Entwicklungen im Biogassektor ... *103*

C. ROHSTOFF- UND FLÄCHENSICHERUNG ALS FINANZIERUNGSRISIKO ... 105

1. Problembeschreibungen ... *105*
   1.1 Ergebnisse der Experteninterviews ... 105
   1.2 Ergebnisse des Workshops ... 108
   1.3 Schlussfolgerungen ... 109
2. Sicherungsinstrumente ... *110*
   2.1 Ergebnisse der Experteninterviews ... 110
   2.2 Ergebnisse des Workshops ... 111
   2.3 Schlussfolgerungen ... 112
3. Substratlieferverträge ... *112*
   3.1 Ergebnisse der Experteninterviews ... 112
   3.2 Ergebnisse des Workshops ... 114
   3.3 Schlussfolgerungen ... 116
4. Fazit zur Rohstoff- und Flächensicherung ... *117*

D. FINANZIERUNGSFORMEN UND GRENZEN DER FINANZIERUNG LANDWIRTSCHAFTLICHER BETRIEBE ... 119

1. Kreditangebot und allgemeine Finanzierungsprobleme ... *119*
   1.1 Kreditangebot ... 119
      1.1.1 Im Biogassegment aktive Banken ... 119
      1.1.2 Fremdkapitalbeschaffung ... 121
      1.1.3 Regionales Kreditangebot ... 124
   1.2 Kreditprüfung ... 125
      1.2.1 Verfahren und Personal ... 125
      1.2.2 Markt und Marktfolge ... 127
      1.2.3 Rating ... 128
   1.3 Auswirkungen der Finanzkrise ... 128
   1.4 Sonstige Finanzierungsprobleme ... 130
      1.4.1 Investitions- und Finanzierungsverhalten von Landwirten ... 130
      1.4.2 Innerbetriebliche Investitionsüberlegungen und Bewertung landwirtschaftlicher Betriebe aus Bankenperspektive ... 132

1.4.3 Finanzierung von Einspeiseprojekten 132
1.5 Schlussfolgerungen 133
2. *Eigenkapital, Sicherheiten und Refinanzierung* *134*
2.1 Eigenkapitalquoten 134
2.2 Eigenkapital als Engpass 136
2.3 Sicherheiten 138
2.4 Refinanzierung und Förderprogramme 139
    2.4.1 Stand der Refinanzierung und Förderprogramme 139
    2.4.2 Verbesserungsvorschläge für Förderprogramme 141
2.5 Schlussfolgerungen 142
3. *Finanzierungsformen* *143*
3.1 Unternehmens- oder Projektfinanzierung 143
3.2 Andere alternative Finanzierungsinstrumente 146
    3.2.1 Aussagen zur Verbreitung (anderer) alternativer
    Finanzierungsinstrumente allgemein 146
    3.2.2 Leasing 147
    3.2.3 Contracting 149
    3.2.4 Mezzaninekapital 150
    3.2.5 Externes Beteiligungskapital 151
3.3 Schlussfolgerungen 152
4. *Fazit zu Finanzierungsformen bei Biogasanlagen und Grenzen der Finanzierung landwirtschaftlicher Betriebe* *153*

E. **KOOPERATIONSMODELLE BEI DER FINANZIERUNG** **155**
1. *Kooperationsbereitschaft und Gesellschaftsformen* *155*
1.1 Kooperationsbereitschaft und Anzahl kooperierender Landwirte 155
    1.1.1 Ergebnisse der Experteninterviews 155
    1.1.2 Ergebnisse des Expertenworkshops 158
1.2 Organisationsformen bei Kooperationen 159
    1.2.1 Gängige Organisationsformen bei Kooperationsprojekten im
    Biogassektor 159
    1.2.2 Genossenschaften als Organisationsform 160
    1.2.3 Bioenergiedörfer 161
1.3 Zusammenarbeit mit Externen und Bewertung von Fondsmodellen ... 162
    1.3.1 Zusammenarbeit mit externen Akteuren 163
    1.3.2 Bewertung von Fondsmodellen 163

1.4 Schlussfolgerungen ... 165
2. *Beteiligungsmodelle* ... *166*
   2.1 Formen von Beteiligungsmodellen und Investorengruppen ... 166
   2.2 Einbindung der Landwirte ... 169
   2.3 Selektion der beteiligten landwirtschaftlichen Unternehmen – Ergebnisse des Expertenworkshops ... 170
   2.4 Schlussfolgerungen ... 171
3. *Kooperationsmodelle bei der Biomethaneinspeisung* ... *172*
   3.1 Stand der Biomethaneinspeisung ... 173
      3.1.1 Überblick über Anzahl und Volumina der Anlagen ... 173
      3.1.2 Geschäftsmodelle für Landwirtschaft und Energieversorgungsunternehmen ... 175
   3.2 Überblick über Kooperationsmodelle ... 176
   3.3 Motive der Energieversorger und Kooperation zwischen Energieversorgern und Landwirten ... 178
   3.4 Schlussfolgerungen ... 180
4. *Fazit zu Kooperationsmodellen bei der Finanzierung* ... *181*

IV ZUSAMMENFASSUNG UND SCHLUSSFOLGERUNGEN ... 183

   A. EMPIRISCHE BEFUNDE ... 183
      1. *Finanzierungsformen, Kooperationsformen und Akteure* ... *183*
         1.1 Finanzierungsformen ... 183
         1.2 Kooperationsformen ... 184
         1.3 Akteure und Motive der Landwirte ... 185
      2. *Entwicklungslinien* ... *186*
      3. *Hemmnisse und Probleme* ... *187*
         3.1 Eigenkapital, Liquidität und Fremdkapital ... 187
         3.2 Rohstoffsicherung ... 187
         3.3 Sonstige Risiken ... 188
   B. WEITERER FORSCHUNGSBEDARF ... **189**

LITERATURVERZEICHNIS ... 191

Zusammenfassung und Abstract

Zusammenfassung

Im Rahmen des von der Landwirtschaftlichen Rentenbank geförderten Forschungsprojektes „Neue Chancen zur Finanzierung der Erzeugung Erneuerbarer Energien in landwirtschaftlichen Betrieben" wurden in einem ersten Schritt auf der Grundlage einer Literaturrecherche mit Hilfe von 39 Experteninterviews und einem Workshop am 10.12.2009 in Frankfurt a. M. Daten zum aktuellen Stand der Biogasfinanzierung, den Entwicklungslinien sowie den Problemen und Hemmnissen erhoben.

Es wird festgestellt, dass aktuell ein Boom im Biogassektor zu beobachten ist, der nach Erwartung der Befragten etwas abebben wird. Die Entwicklung des Marktes hängt in extremer Weise von den politischen Rahmensetzungen ab. Es haben sich unterschiedliche Segmente herausgebildet (Hofanlagen; mittelgroße Anlagen; große Anlagen, zunehmend mit Gaseinspeisung), die erhalten bleiben werden. Die langfristige Ressourcensicherung stellt gerade in Regionen mit hoher Biogasanlagendichte ein großes Risiko für die Geldgeber dar, für das eine Reihe von Sicherungsmaßnahmen entwickelt wurde, die jedoch von den Akteuren unterschiedlich bewertet werden. Eigenkapital ist insbesondere in Wachstumsbetrieben und landwirtschaftlichen Unternehmen, die unter niedrigen Erzeugerpreisen leiden, ein Engpassfaktor. Fremdkapital ist in einigen Regionen in Deutschland nur in begrenztem Maß verfügbar, was keine Besonderheit der Biogasfinanzierung darstellt, hier als Problem jedoch prononciert auftritt. Beteiligungskapital steht in unterschiedlichen Formen in ausreichender Menge zur Verfügung, wobei landwirtschaftsnahe Beteiligungskapitalgeber bevorzugt werden. Projektfinanzierungen werden im Zusammenhang mit Beteiligungsmodellen und Gemeinschaftsanlagen verstärkt eingesetzt. Andere alternative Finanzierungslösungen (Leasing, Contracting, Mezzaninekapital) sind dagegen eher selten. Kooperationsmodelle zur Errichtung mittelgroßer Anlagen, wo Eigenkapital einen Engpass darstellt bzw. nicht ausreichend Liquidität gegeben ist, und in Regionen mit kleiner Betriebsstruktur spielen künftig eine zunehmende Rolle. Bei Anlagen zur Biomethaneinspeisung werden Partnermodelle von den Interviewteilnehmer/innen bevorzugt, d. h. Gemeinschaftsunternehmen von Landwirten und Energieversorgern oder eine Trennung nach Kernkompetenzen (Rohbiogaserzeugung durch die Landwirtschaft, Aufbereitung des Gases und Einspeisung durch die Energieversorger).

Forschungsbedarf wird bei der Analyse von Vor- und Nachteilen unterschiedlicher Kooperationsmodelle auf der einen Seite sowie verschiedener Beteiligungsmodelle (z. B. Einbindung von Mezzaninekapital) auf der anderen Seite gesehen.

Schlüsselwörter: Biogas, Landwirtschaft, Finanzierung, Kooperationsmodelle
JEL-Klassification: Q49; G21, G23, G32

Abstract

The project „New Opportunities for Financing the Production of Renewable Energies in Agricultural Enterprises" was supported by Rentenbank, the German promotional bank for the agricultural sector. In a first step data on the current state of biogas financing, on developments in the biogas sector as well as on problems and obstacles were collected via 39 expert interviews and an expert workshop in Frankfurt/Main on December 10th, 2009.

Currently a boom in the biogas sector can be observed which will calm down according to the expectations of the interviewees. The market development is extremely dependent on the setting of the political framework. Different market segments have evolved (small-scale agricultural plants; mid-size plants; large-scale plants, increasingly with biogas feed-in), which will sustain. Long-term resource security constitutes a great risk for providers of capital especially in regions with high plant density. A couple of risk mitigation instruments have been developed, which are valued differently by different actors. Equity capital is a bottleneck especially for growing agricultural businesses and those farms which suffer from low producer prices. Debt capital is available only to a limited extent in some regions in Germany – which is not a special feature of biogas financing, but occurs here to an intensified degree. Equity capital by investors ("participation models") is available in different forms to a sufficient extent. Equity providers in close relation with the agricultural sector or business are preferred, though. Project finance is increasingly used in connection with participation models and common/communal power plants. Other alternative financing solutions (leasing, contracting, mezzanine capital) are rarely applied. Cooperation models to build mid-size plants will play an increasing role in the future where equity constitutes a bottleneck or not sufficient liquidity exists and in regions with small business structures. Partnership models are preferred by interviewees for biogas plants with feed-in into the gas grid, i.e. common firms of farmers and energy utilities or a separation according to key competences (production of biogas by farmers, treatment of the raw biogas by utilities).

Research needs are identified for the analysis of advantages and disadvantages of different cooperation models on the one hand and of different participation models (e.g. the inclusion of mezzanine capital) on the other hand.

Keywords: Biogas, Agriculture, Financing, Cooperation models
JEL-classification: Q49; G21, G23, G32

Abbildungs- und Tabellenverzeichnis

Abbildungen

Abb. 1	Förderung erneuerbarer Energien durch die Landwirtschaftliche Rentenbank, 2005-2009	6
Abb. 2	Kredite an Land- und Forstwirtschaft, Fischerei und Fischzucht, 1990-2009	11
Abb. 3	Anteil langfristiger Krediten an den Krediten an an Land- und Forstwirtschaft, Fischerei und Fischzucht	12
Abb. 4	Anzahl der Beteiligten an den Biogasanlagen bei Schaper u. a. (2008)	43
Abb. 5	Kreditsicherheiten in der Stichprobe von Schaper u. a. (2008)	45
Abb. 6	Anlagenbestand und installierte Leistung von Biogasanlagen in Deutschland 1999-2010 (Prognose)	73
Abb. 7	Anzahl der Biogasanlagen mit Gaseinspeisung und Einspeisekapazitäten nach Bundesländern (aktuell und in Planung bis 2012)	
	7a: Anlagenzahl	174
	7b: Einspeisekapazitäten	174

Tabellen

Tab. 1	Gegenüberstellung von Kapiteln und Fragenkomplexen	4
Tab. 2	Dauer von Kooperationen in der Landwirtschaft	19
Tab. 3	Landwirtschaftliche Betriebe nach Rechtsformen, 1999 und 2007	23
Tab. 4	Rechtsformen der Betreibergesellschaften bei Schaper u. a. (2008)	42
Tab. 5	Verteilung der Interviewformen bei den Expertenbefragungen	57
Tab. 6	Verteilung der Expertinnen und Experten nach Akteursgruppe	58
Tab. 7	Verteilung der Expertinnen und Experten nach Sitz der Organisation/des Unternehmens	59
Tab. 8	Überblick über Themen aus Fragenkomplex α - Finanzierungsformen	62
Tab. 9	Überblick über Themen aus Fragenkomplex β - Entwicklungslinien	64
Tab. 10	Überblick über Themen aus Fragenkomplex γ - Zentrale Probleme und Hemmnisse	
	9a: Anlagenbetreiber, Ressourcensicherung, Technik und Recht	66
	9b: Finanzierung, Förderprogramme und politischer Rahmen	67
Tab. 11	Anlagenbestand, installierte Leistung und Wachstum von Biogasanlagen in Deutschland 1999-2009	74
Tab. 12	Vergütungssätze für eingespeiste elektrische Energie aus Biogas gem. EEG 2009	87
Tab. 13	Größen landwirtschaftlicher Biogasanlagen in den einzelnen Bundesländern	93
Tab. 14	Entwicklung der durchschnittlichen Größe von Biogasanlagen in Deutschland 1999-2009	94
Tab. 15	Anzahl der Biogasanlagen mit Gaseinspeisung nach Bundesländern	173

Abkürzungsverzeichnis

ABS	Asset-Backed Securities
AFP	Agrarinvestitionsförderprogramm
AG	Aktiengesellschaft
APSA	American Political Science Association
ARegV	Anreizregulierungsverordnung
BauGB	Baugesetzbuch
BHKW	Blockheizkraftwerk(e)
BImSchG	Bundesimmissionsschutzgesetz
BMELV	Bundesministerium für Ernährung, Landwirtschaft und Verbraucherschutz
BMU	Bundesministerium für Umwelt, Naturschutz und Reaktorsicherheit
BVerfG	Bundesverfassungsgericht
DBFZ	Deutsches BiomasseForschungsZentrum
dena	Deutsche Energie-Agentur
DKB	Deutsche Kreditbank
DSCR	Debt Service Cover Ratio
EEG	Erneuerbare-Energien-Gesetz
EEWärmeG	Erneuerbare-Energien-Wärme-Gesetz
eG	eingetragene Genossenschaft
EGE	Erneuerbares-Gas-Einspeisegesetz
EIB	Europäische Investitionsbank
EnWG	Energiewirtschaftsgesetz
EPC	Engineering, Procurement, Construction
EU	Europäische Union
FNR	Fachagentur für Nachwachsende Rohstoffe
FVEE	Forschungsverbund Erneuerbare Energien
GAP	Gemeinsame Europäische Agrarpolitik
GasNEV	Gasnetzentgeltverordnung
GasNZV	Gasnetzzugangsverordnung
GbR	Gesellschaft bürgerlichen Rechts
GmbH	Gesellschaft mit beschränkter Haftung
GPS	Ganzpflanzensilage
GÜ	Generalübernehmer

HGB	Handelsgesetzbuch
HWWI	Hamburger WeltWirtschafts-Institut
IEKP	Integriertes Energie- und Klimaprogramm
ISB	Investitions- und Strukturbank Rheinland-Pfalz
KfW	Kreditanstalt für Wiederaufbau
KG	Kommanditgesellschaft
KGaA	Kommanditgesellschaft auf Aktien
KMU	kleine und mittlere Unternehmen
KTBL	Kuratorium für Technik und Bauwesen in der Landwirtschaft
KWK	Kraft-Wärme-Kopplung
LBBW	Landesbank Baden-Württemberg
M & A	Mergers and Acquisitions
NawaRo	Nachwachsende Rohstoffe
Nord/LB	Norddeutsche Landesbank
OHG	offene Handelsgesellschaft
OLB	Oldenburgische Landesbank
ORC	Organic Rankine Cycle
oTS	organische Trockensubstanz
PPA	Power Purchase Agreement
PTC	Production Tax Credit
REC	Renewable Energy Certificate
REN21	Renewable Energy Network for the 21st Century
SEFI	Sustainable Energy Finance Initiative
SPC	Special Purpose Company
SPV	Special Purpose Vehicle
SRU	Sachverständigenrat für Umweltfragen
SSES	Schweizerische Vereinigung für Sonnenenergie
TA Luft	Technische Anleitung zur Reinhaltung der Luft
TGC	Tradable Green Certificate
TLL	Thüringer Landesanstalt für Landwirtschaft
TS	Trockensubstanz
UNEP	United Nations Environment Programme
WBA	Wissenschaftlicher Beirat Agrarpolitik (beim Bundesministerium für Ernährung, Landwirtschaft und Verbraucherschutz)

I. Einleitung

A. Vom Landwirt zum Energiewirt?

Die Einführung des Erneuerbaren-Energien-Gesetzes (EEG) im Jahr 2000 und die Novellierung 2004 haben zu einem Boom bei der Errichtung von Erneuerbaren-Energien-Anlagen geführt. Ein nicht unerheblicher Teil der Windkraft-, Solarenergie- und Biogasanlagen steht dabei auf landwirtschaftlichen Flächen. Mit der wachsenden Bedeutung, die der Energieerzeugung für die Landwirtschaft zukommt, fand ein Wandel im Verständnis einiger Landwirte von ihrer Rolle statt: „Vom Landwirt zum Energiewirt" ist ein Schlagwort, das in diesem Zusammenhang oft genutzt wird.[1]

Diese Entwicklung stellt weder etwas grundsätzlich Neues dar, noch ist der damit verknüpfte Anspruch unwidersprochen geblieben: Erstens wird in der Literatur gelegentlich darauf verwiesen, dass die Energieproduktion in früheren Zeiten integraler Bestandteil einer sehr viel stärker diversifizierten Landwirtschaft war.[2] Zweitens wurden mit den allgemeinen Rohstoffpreissteigerungen in den Jahren 2007 und 2008 negative Aspekte besonders in den Blickpunkt der Öffentlichkeit gerückt.[3] Es kam auf der Seite zu einem Anstieg der Nahrungsmittelpreise weltweit und damit zu Hungerkrisen in zahlreichen Entwicklungsländern führten. Daraus entspann sich insbesondere mit Blick auf die Biotreibstoffproduktion eine Diskussion über Nutzungskonkurrenzen bei nachwachsenden Rohstoffen („Tank oder Teller"). Auf der anderen Seite brachten die gestiegenen Rohstoffpreise zahlreiche Biogasanlagen in wirtschaftlich schwieriges Fahrwasser. Politisch wird daher die Forderung nach einer möglichst nachhaltigen Bioenergieproduktion und effizienten Biomassenutzung erhoben – Überlegungen, die bei den regelmäßig vorgenommenen Novellierungen des EEG eine Rolle spielen.

Zur reinen Stromerzeugung nach dem gerade novellierten EEG kommen die Wärmenutzung und – insbesondere dort, wo keine sinnvolle Wärmenutzung möglich ist – die Einspeisung von aufbereitetem Biogas[4]. Um diese Entwicklungen zu erleichtern, sind einige rechtliche

---

[1] Vgl. z. B. Berenz u. a. (2008a,b), S. 186; Hasselmann/Bergmann (2007); Knappe (2009); aber auch schon EUROSOLAR (2000), TLL (2001); mit Blick auf Solarenergie z. B. SSES (2009), Websites.
[2] Vgl. z. B. Graefe zu Baringdorf (2008).
[3] Vgl. zu diesen Aspekten z. B. Stodieck (2008), S. 15; Vössing (2007). Für eine Kritik aus Perspektive der wissenschaftlichen Politikberatung vgl. SRU (2007); WBA (2007).
[4] Siehe hierzu ausführlicher Unterabschnitte III.B.4 und III.B.5. Die politischen Zielsetzungen zur Biogaseinspeisung wurden mit dem Integrierten Energie- und Klimaprogramm (IEKP) der Bundesregierung, beschlossen im August 2007 in Meseberg (Meseberger-Beschlüsse), festgelegt; vgl. BMU (2007b).
Ein alternativer, derzeit in Pilotstudien erprobter Pfad der Umwandlung und Einspeisung in das Erdgasnetz besteht in der Produktion von Synthesegas unter Nutzung von Wasserstoff, der mittels Elektrolyse aus Spitzenlasten etwa der Windkraft oder Fotovoltaik gewonnen wird; vgl. hierzu Specht (2009), Präsentation.

Vorschriften geschaffen bzw. geändert worden.[5] Aus der neuen Rechtslage ergeben sich neue Verdienstchancen, aber auch erhöhte betriebswirtschaftliche Anforderungen. Insbesondere steigt der Finanzbedarf. Die Tätigkeiten im Energiesektor sind generell durch einen hohen Kapitalbedarf in frühen Phasen gekennzeichnet, der bei Biogasanlagen oft durch Kreditvergabe der Hausbank gedeckt wird. Höhere Investitionen bei Wärmeleitungen, Mikrogasnetze und Biogasaufbereitungsanlagen rechnen sich im Regelfall erst bei größeren Biogasanlagen. Um in die nächste Größenkategorie hineinzukommen, müssen Anlagen zusammengefasst werden und einzelne landwirtschaftliche Betriebe somit zusammenarbeiten. Dies kann beispielsweise in Form von Genossenschaften oder Kommanditgesellschaften geschehen. Zusätzliches Kapital könnte von externen Investoren bereitgestellt werden. Übersteigt das Projektvolumen die Grenze, die sich die Hausbank gesetzt hat, so schließt sie sich im Regelfall mit anderen Banken zusammen: Sparkassen mit Landesbanken, Volks- und Raiffeisenbanken mit der DZ Bank oder mehrere (Privat-)Banken in einem Konsortium.

Neben der landwirtschaftlichen Unternehmensfinanzierung sind – gerade bei größeren Projekten – auch andere Finanzierungsformen anzutreffen, insbesondere die Projektfinanzierung mit begrenzten Rückgriffsrechen (*limited recourse*) oder ohne Rückgriffsrechte (*nonrecourse*).[6] Bei anderen Formen erneuerbarer Energien, insbesondere der Windenergie und Fotovoltaik, stellt die Projektfinanzierung den Regelfall dar.[7] In der Literatur wird davon ausgegangen, dass alternative Finanzierungsformen, zu denen Beteiligungsfinanzierungen, Contracting und Leasing,[8] aber auch Genossenschaftsmodelle[9] gezählt werden, künftig eine stärkere Rolle spielen werden – insbesondere bei größeren Anlagen, um mögliche Engpässe bei der Finanzierung zu überwinden. Auf diese Weise stellt die Biogasproduktion die Landwirte vor neue Herausforderungen im Bereich des Finanzmanagements, das über Erfolg oder Misserfolg des Betriebszweiges mitentscheidet und weiterentwickelt werden muss.[10]

Die Biogaserzeugung steht in direkter Konkurrenzbeziehung zu anderen landwirtschaftlichen Betriebszweigen, insbesondere in Regionen mit hoher Biogasanlagendichte.[11] In welchem Maße sich Landwirte im Biogasbereich engagieren und Finanzierungen nachfragen, hängt damit von der relativen Wettbewerbsposition dieses Betriebszweiges und dessen Beiträgen zur Wirtschaftlichkeit und dem Risiko des Gesamtbetriebes ab. Hierbei verweist Zeddies auf

---

[5] Hierzu zählt die Novelle der Gasnetzzugangsverordnung (GasNZV). Eine verstärkte Nutzung erneuerbarer Energien im Wärmesektor ist Ziel des Erneuerbare-Energien-Wärmegesetzes (EEWärmeG). Zur Relevanz für den Biogassektor vgl. z. B. dena (2009a), Websites.
[6] Vgl. hierzu ausführlicher Abschnitt III.D.
[7] Vgl. z. B. Böttcher (2009); forseo GmbH (2008b); für Biomasseheizkraftwerke z. B. forseo GmbH (2008a).
[8] Vgl. EnergieAgentur.NRW/forseo GmbH (2006), S. 12-14; Schaper u. a. (2008), S. 66.
[9] Vgl. das Interview mit Klaus Schmuck in EnergieAgentur.NRW/forseo GmbH (2006), S. 6, in dem Genossenschaften unter Einbezug der Substratzulieferer als ein zukunftsträchtiges Modell erwähnt werden.
[10] Vgl. Köhne (2004); Schaper u. a. (2008), S. 40 f.; Berenz u. a. (2008a).
[11] Vgl. hierzu Berenz u. a. (2008b).

I. Einleitung

das Risiko, das mit der Biogasproduktion verbunden ist, insbesondere die hohen politischen Unsicherheiten und Substratpreisrisiken.[12] Die Investitionsmotive der Landwirte, Risiken und Renditen der Biogasinvestition und die Möglichkeiten des Risikomanagements müssen damit im Blick behalten werden, wenn Finanzierungsinstrumente, Organisationsformen und Entwicklungen in der landwirtschaftlichen Biogaserzeugung untersucht werden.

B. Fragestellungen und Gang der Untersuchung

1. Fragestellungen

Ziel der vorliegenden Studie war es, den aktuellen Stand der Biogasfinanzierung zu ermitteln und zu untersuchen, welche Entwicklungen in diesem Bereich von den Akteuren gesehen werden. Darauf aufbauend sollen in einem zweiten Schritt unterschiedliche Kooperations- und Beteiligungsmodelle gegenüber gestellt, Vor- und Nachteile abgewogen und optimierte Ansätze diskutiert werden. Gegenstand der ersten Teils des Vorhabens, der hier dokumentiert wird, ist damit eine Beschreibung des status quo und Systematisierung der Finanzierungsformen, Probleme und möglicher Lösungsansätze. Im zweiten Teil soll dies modelltheoretisch umgesetzt werden. Im Rahmen gestaltender Theorien werden anschließend Handlungsempfehlungen abgeleitet.

Im Einzelnen wurde gefragt,

- welche Finanzierungsformen zu welchen Konditionen genutzt werden, um (landwirtschaftliche) Biogasanlagen zu finanzieren, welche Kooperationsformen vorkommen und welche Konflikte auftreten [α: „Stand der Finanzierung"];
- wie sich die Größenordnungen nach Einschätzung der Akteure aktuell entwickeln und weiter entwickeln werden, welche Wärmenutzungskonzepte eine Rolle spielen und wie die Gaseinspeisung gesehen wird [β: „Entwicklungslinien"];
- welche Hemmnisse und Probleme bei der Umsetzung von Biogasprojekten die Expertinnen und Experten wahrnehmen und welchen Stellenwert Schwierigkeiten bei der Finanzierung dabei einnehmen [γ: „Hemmnisse und Probleme"].

Ziel kann es nicht sein, sämtliche Fragen vollumfänglich zu untersuchen und zu beantworten. Kern der Arbeit war es vielmehr, aus den Aussagen der interviewten Expertinnen und Experten zentrale Probleme und Hindernisse in der Praxis der Biogasfinanzierung zu identifizieren [Fragenkomplex γ]. Für die Diskussion von Lösungsansätzen ist es jedoch unumgänglich, ein Verständnis der handlungsleitenden Motive einzelner Akteursgruppen [α/β] sowie der Erwartungen hinsichtlich der Zukunft des Biogassektors [β] zu entwickeln. Zudem sollten Hand-

---

[12] Vgl. Zeddies (2009), S. 225-230.

lungsempfehlungen auf Erkenntnissen zum Stand der Biogasfinanzierung [α] sowie zu Kooperations- und Organisationsformen [α] aufbauen. Insofern bilden die Untersuchungen zu den Fragenkomplexen α und β die Grundlage für die Entwicklung von Lösungsansätzen zu den in Fragenkomplex γ erhobenen Problemen und Hemmnissen.

2. Gang der Untersuchung

Im verbleibenden Kapitel dieses ersten Teils wird ein Überblick über die Literatur zur Agrarfinanzierung und zur Finanzierung erneuerbarer Energien, insbesondere von Biogasanlagen, gegeben. Zusammenfassend werden daraus Thesen zum Stand der Biogasfinanzierung abgeleitet.

Hieran schließt sich im zweiten Teil eine Erläuterung der Methodik der vorliegenden Studie an. Dabei wird insbesondere auf das Experteninterview eingegangen. Darüber hinaus wird die Auswahl der Expertinnen und Experten beschrieben.

Im dritten Teil werden die empirischen Befunde dargestellt und vor dem Hintergrund der aus der Literatur abgeleiteten Thesen diskutiert. Dabei wird zunächst ein Überblick über die Befunde gegeben (Kapitel A), aus dem sich die Gründe für die weitere Untergliederung erschließen. Ausführlicher dargestellt werden im Weiteren die Entwicklungslinien und der zukünftige Finanzbedarf für Biogasanlagen (Kapitel B), Probleme der Rohstoff- und Flächensicherung als zentrales Finanzierungsproblem bei Biogasprojekten (Kapitel C), Finanzierungsformen und Grenzen der Finanzierung von Biogasanlagen (Kapitel D) sowie Kooperationsmodelle (Kapitel E).

TAB. 1: GEGENÜBERSTELLUNG VON KAPITELN UND FRAGENKOMPLEXEN

Kapitel	Fragenkomplex
B (Entwicklungslinien und zukünftiger Finanzbedarf für Biogasanlagen)	β (Entwicklungslinien) γ (Hemmnisse und Probleme): politische und rechtliche Risiken
C (Rohstoff- und Flächensicherung)	γ (Hemmnisse und Probleme): Ressourcenrisiken
D (Finanzierungsformen und Grenzen der Finanzierung)	α (Stand der Finanzierung): Finanzierungsformen γ (Hemmnisse und Probleme): Probleme bei der Kapitalbeschaffung, Ursachen, Lösungsansätze
E (Kooperationsmodelle)	α (Stand der Finanzierung): Kooperationsmodelle γ (Hemmnisse und Probleme): Kooperationsmodelle als Lösungsansatz für Probleme bei der Kapitalbeschaffung

Der nach dem Überblick zuerst erörterte Themenblock schließt folglich an den zweiten Fragenkomplex [„Entwicklungslinien"] an, greift darüber hinaus aber auch Fragen politischer und rechtlicher Risiken auf (siehe Tab. 1). Aussagen zu Entwicklungen im und zur Zukunft des Biogassektors sind von Bedeutung, um einschätzen zu können, an welchen Stellen Lösungen für Finanzierungshemmnisse, sofern sie gesehen werden, gefunden werden müssen und wo

I. Einleitung

Finanzierungsschwierigkeiten künftig auftauchen könnten. Die Rohstoffsicherung wird als ein zentrales Problem angesehen, das bei Biomasseprojekten jeder Art zu lösen ist, und damit wohl auch das bedeutsamste Finanzierungsrisiko darstellt. Das Kapitel widmet sich insofern einem Ausschnitt aus dem dritten Fragenkomplex. Der erstgenannten Gruppe an Fragen ist das Kapitel D gewidmet, in dem zugleich die geschilderten Finanzierungsprobleme und -hemmnisse diskutiert werden. Als besonderes Thema ausgegliedert und separat behandelt werden Kooperationsmodelle[13], insbesondere solche, bei denen eine Optimierung der Wärmenutzung bzw. die Biogasaufbereitung und Biomethaneinspeisung angestrebt wird.

Die Arbeit schließt mit einer Zusammenfassung und Schlussfolgerungen im vierten Teil, in dem zugleich der weitere Forschungsbedarf skizziert wird.

C. Überblick über Arbeiten zur Landwirtschafts- und Biogasfinanzierung

1. Landwirtschafts-, erneuerbare Energien- und Biogasfinanzierung

Ziel der vorliegenden Arbeit ist eine Bestandsaufnahme zur Biogasfinanzierung in landwirtschaftlichen Betrieben. Dabei kann auf Arbeiten zur Landwirtschaftsfinanzierung allgemein, zur Finanzierung erneuerbarer Energien sowie Studien zurückgegriffen werden, die sich spezifisch mit der Finanzierung von Biogasanlagen beschäftigen.

Die Biogasproduktion ist, wie oben dargelegt wurde, ein landwirtschaftlicher Betriebszweig, der sich hinsichtlich der Finanzierungsanforderungen vom übrigen Landwirtschaftsgeschäft unterscheidet. Gleichwohl dürften sich Entwicklungen in der Agrarfinanzierung allgemein auch im Biogasbereich wieder finden. Insofern wird im Folgenden zunächst ein Überblick über einige Arbeiten zur Finanzierung der Landwirtschaft gegeben. Dabei wird auf für die Biogasfinanzierung relevante Sachverhalte hingewiesen.

Ähnlichkeiten weist die Finanzierung von Biogasanlagen mit der Finanzierung anderer Formen erneuerbarer Energien auf. Windkraft-, in den letzten Jahren verstärkt auch Fotovoltaikanlagen besitzen eine große Bedeutung für die Landwirtschaft. So wies die Fotovoltaik in 2008 und 2009 ein höheres Fördervolumen bei der Landwirtschaftlichen Rentenbank auf als Biogasanlagen (siehe Abb. 1). Biogasanlagen unterscheiden sich jedoch auf Grund des höheren Ressourcenrisikos und durch die vergleichsweise arbeitsintensive Betreuung deutlich von Solarenergie- und Windkraftanlagen. Daraus ergeben sich Besonderheiten bei der Finanzierung, weshalb der Schwerpunkt dieser Studie bei Biogasanlagen liegt. Im Zusammenhang mit den Motiven der Landwirte, in erneuerbare Energien zu investieren, wird jedoch

---

[13] Unter Kooperationsmodelle werden solche Projekte verstanden, bei denen der Betrieb der Biogasanlage bzw. der Biogas- und Aufbereitungsanlage nicht allein durch einen einzelnen Landwirt erfolgt. Bringen Externe Eigen- oder Mezzaninekapital in das Projekt ein, so wird von Beteiligungsmodellen gesprochen. Ein Sonderfall letztgenannter sind „Betreibermodelle", bei denen Anlagenhersteller weiteres Kapital zur Verfügung stellen.

auch auf andere Formen der Energiegewinnung eingegangen. Nichtsdestoweniger können einige Erkenntnisse aus der Finanzierung erneuerbarer Energien allgemein auf den Biogasbereich übertragen werden.

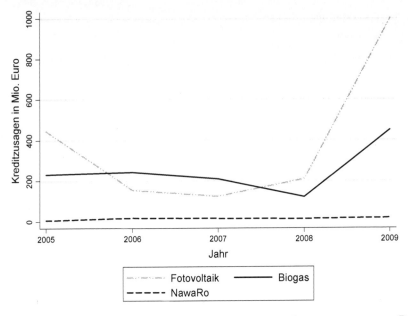

ABB. 1: FÖRDERUNG ERNEUERBARER ENERGIEN DURCH DIE LANDWIRTSCHAFTLICHE RENTENBANK, 2005-2009

Anmerkungen: Nicht aufgeführt ist der in den Berichten vorhandene Posten „Sonstige", der übrige Formen erneuerbarer Energien umfasst.
Quellen: Landwirtschaftliche Rentenbank, Geschäftsberichte 2005-2009

Etwas ausführlicher wird im dritten Teil dieses Abschnitts auf andere Arbeiten zur Biogasfinanzierung eingegangen. Es gibt insgesamt nur sehr wenige wissenschaftliche Arbeiten zu diesem Thema. Detaillierter dargestellt werden die Ergebnisse von vier Projekten bzw. Untersuchungen: des forseo-Leitfadens für Kreditinstitute (EnergieAgentur.NRW/forseo GmbH 2006), der von der HypoVereinsbank in Auftrag gegebenen Studien von FINANCE (FINANCIAL GATES GmbH/HypoVereinsbank AG 2007) und Hamburger WeltWirtschaftsInstitut (HWWI) (Bräuninger u. a. 2008), die Arbeit von Schaper u. a. (2008) sowie erste Ergebnisse eines Forschungsprojektes zum Investitionsverhalten von Landwirten, dokumentiert in Granoszewski u. a. (2009), das auch für die Finanzierung relevante Sachverhalte umfasst.

I. Einleitung

2. Landwirtschaftsfinanzierung

Im Folgenden wird zunächst auf die Literatur zur Landwirtschaftsfinanzierung eingegangen. Ziel ist es, einige Grundlagen zu skizzieren, vor deren Hintergrund die Befunde zur Biogasfinanzierung analysiert und bewertet werden können. In einem ersten Schritt werden einige Aussagen zum Finanz- und Risikomanagement in der Landwirtschaft, zu Finanzierungsformen und in der Landwirtschaftsfinanzierung aktiven Kreditinstituten wiedergegeben. Hiernach werden aus der Literatur zum landwirtschaftlichen Strukturwandel Wirkungen auf die Finanzierung der Agrarbetriebe in Deutschland dargestellt. Die Auswirkungen der Baseler Rahmenvereinbarung über die Eigenkapitalempfehlung für Kreditinstitute (Basel II) werden im dritten Unterabschnitt erörtert. Schließlich wird auf Organisations- und Kooperationsformen eingegangen, die auch im Biogasbereich eine Rolle spielen.

2.1 Finanz- und Risikomanagement in der Landwirtschaft

2.1.1 Zum Stand des Finanzmanagements in der Landwirtschaft

Das Finanzmanagent in der Landwirtschaft gilt generell als eher unterentwickelt.[14] Eine Ursache hierfür wird in der Vermögensstruktur landwirtschaftlicher Betriebe, die im Regelfall eine relativ hohe Eigenkapitalquote aufweisen, sowie in den Stützungsmaßnahmen der Gemeinsamen Europäischen Agrarpolitik (GAP) gesehen. Vor dem Hintergrund der (steigenden) Bedeutung, die Finanzierungsentscheidungen für den betrieblichen Erfolg haben,[15] wird der Untersuchung landwirtschaftlicher Finanzierungsentscheidungen allgemein eine hohe Bedeutung für Verbesserungen im Management von Agrarbetrieben und für agrarpolitische Entscheidungen beigemessen.[16] Folge ungleicher finanzwirtschaftlicher Fertigkeiten können Quersubventionierungen von weniger qualifizierten zu in höherem Maße befähigten Personen sein, wie Campbell für Haushalte allgemein feststellt. Ferner konstatiert er eine Zurückhaltung der in finanziellen Fragen weniger gut ausgebildeten Haushalte bei finanzwirtschaftlichen Instrumenten, für deren Bewertung sich die Personen nicht hinreichend qualifiziert fühlen.[17] Ähnliches könnte auch für den Agrarbereich gelten[18] und die Wahl der Finanzierungsinstrumente, auf die im folgenden Unterabschnitt eingegangen wird, erheblich eingrenzen.

Die finanzwirtschaftlichen Fertigkeiten dürften sich dabei jedoch regional bzw. in Abhängigkeit von der Größe und Art des Betriebes unterscheiden. So stellen Grant/MacNamara bei halbstrukturierten Befragungen von Bankern, landwirtschaftlichen Beratern, Landwirtschaftsver-

---

[14] Vgl. Köhne (2004).
[15] Vgl. Chatterjee/Wernerfelt (1991); Le Heron (1993); Grant/McNamara (1996), S. 428, 435; Kochhar (1997); Kochhar/Hitt (1998).
[16] Vgl. beispielsweise Mußhoff u. a. (2009), Präsentation; Schaper u. a. (2008).
[17] Vgl. Campbell (2006).
[18] In diese Richtung geht auch die Empfehlung von Thier (2009), S. 79.

bänden und Regierungsvertretern im Vereinigten Königreich und in Irland zum einen Differenzierungen zwischen „agribusiness" und „family farms" fest. Zum anderen werden Unterschiede zwischen Bewirtschaftungsformen vorgenommen. Ein größeres finanzwirtschaftliches Wissen bzw. ein fortgeschritteneres Finanzmanagement wird für größere, industriell orientierte Betriebe angenommen. Im Falle Irlands gilt gleiches für die Milchwirtschaft im Vergleich zu anderen landwirtschaftlichen Unternehmen.[19] Wird das Niveau insgesamt als mehrheitlich weniger hoch beschrieben, so wird doch eine Verbesserung seit den 1960er Jahren konstatiert.[20]

2.1.2 Vermögensstruktur und Unterschiede zwischen alten und neuen Bundesländern

Zwei Charakteristika landwirtschaftlicher Betriebe werden im Zusammenhang mit der Finanzierungsstruktur stets hervorgehoben: Die im Vergleich zu anderen Gewerbebetrieben günstige Vermögensstruktur mit einer hohen Eigenkapitalquote und die hohe finanzielle Stabilität und Sicherheit der Landwirtschaft.

Die Eigenkapitalquote landwirtschaftlicher Betriebe liegt im Durchschnitt über 80 Prozent.[21] Mit 64 Prozent der Bilanzsumme nimmt jedoch der Grund und Boden einen vergleichsweise großen Anteil ein.[22] Unterschiede können jedoch zwischen Veredelungs- und Marktfruchtbetrieben – wobei letztere eine etwas höhere Eigenkapitalquote aufweisen –, zwischen Größenklassen – mit höherer Eigenkapitalquote bei kleinen Betrieben (91 Prozent) im Vergleich zu großen (72 Prozent) – sowie zwischen Wachstumsbetrieben und stagnierenden bzw. auslaufenden Betrieben festgestellt werden, wobei die Eigenkapitalquote in Wachstumsbetrieben mit Viehhaltung z. T. lediglich 20-40 Prozent beträgt.[23] Die Eigenkapitalveränderungen schwanken zudem stark, insbesondere im Bereich der Veredelung. Ursache hierfür ist v. a. die jeweilige Ertragslage.[24]

Die hohe finanzielle Stabilität und Sicherheit der Landwirtschaft und damit eine gewisse Attraktivität für Banken wird von mehreren Autoren betont.[25] Die Zahl der Insolvenzen ist zwar absolut in der Landwirtschaft gestiegen. Der Anteil an den Insolvenzen aller Unternehmen in

---

[19] Vgl. Grant/MacNamara (1996), S. 434. Irrationales bzw. begrenzt rationales Finanzierungsverhalten scheint dennoch auch bei größeren Betrieben vorzukommen, wie Mußhoff u. a. (2009), Präsentation, anhand einer Untersuchung niedersächsischer Landwirtschaftsbetriebe zeigen.
[20] Vgl. Grant/MacNamara (1996), S. 435.
[21] Vgl., auch zum Folgenden, Bahrs u. a. (2004), S. 10-13; Brand-Saßen (2008), S. 182 f., 191 f.; Blisse u. a. (2004), S. 217.
[22] In Bezug auf die in der Bilanz ausgewiesenen Posten weisen Bahrs u. a. (2004), S. 11, auf eine Überbewertung des Bodens in den westlichen Bundesländern im Vergleich zum Ertragswert hin. Orientiert man sich bei der Wertermittlung an den Pachtpreisen, ist aber auch der umgekehrte Fall denkbar und damit eine Anhebung des Beleihungswerts bei Neubewertung der Aktiva des Betriebes.
[23] Vgl. Brand-Saßen (2008), S. 192; Bahrs u. a. (2004), S. 11-13.
[24] Vgl. Brand-Saßen (2008), S. 192.
[25] Vgl. Brand-Saßen (2008), S. 184; Blisse u. a. (2004), S. 216.

I. Einleitung

Deutschland ist jedoch nicht größer geworden.[26] Für die Risikowahrnehmung auf Seiten der Banken sind über die aktuelle Statistik hinaus langjährige Erfahrungen von Bedeutung. So geben Grant/MacNamara im Falle Irlands deutlich skeptischere Beurteilungen wider als für das Vereinigte Königreich. Auf Grund der Schuldenkrise in den 1980er Jahren fielen die Bewertungen des Agrarsektors in Irland durch die Kreditinstitute bei der Untersuchung deutlich verhaltener aus.[27]

Für Untersuchungen zur Agrarfinanzierung in Deutschland sind darüber hinaus die Unterschiede zwischen westlichen und östlichen Bundesländern relevant:[28]

- Die restrukturierten oder neu gegründeten landwirtschaftlichen Betriebe in den neuen Bundesländern hatten Anfang der 1990er Jahre keine Historie aufzuweisen, anhand der die Banken die wirtschaftliche Leistungsfähigkeit beurteilen konnten.
- Die Betriebe in den neuen Bundesländern weisen auf Grund des deutlich höheren Pachtanteils und niedrigerer Verkaufspreise des Bodens eine geringere Eigenkapitalquote auf als Agrarbetriebe im Westen. Die Dominanz von Gesellschaftsformen mit begrenzter Haftung und Unklarheiten hinsichtlich der Eigentumsrechte für eine vergleichsweise lange Dauer implizierten bzw. implizieren geringere Sicherheiten für Kredite.
- Alte Kredite wurden zwar in Teilen erlassen. Die Wertberichtigungen bei den Aktiva fielen jedoch höher aus.
- Familienbetriebe in den westlichen Bundesländern pflegen, anders als die neuen Unternehmen im Osten, traditionell enge Beziehungen zu ihren Hausbanken. Bei sonst gleichen Umständen dürften engere Bindungen mit geringeren Informationskosten auf Seiten der Bank einhergehen.[29] Zudem besteht im Westen ein größeres Angebot, gemessen an der Filialdichte.
- Die Betriebsflächen sind im Osten im Schnitt erheblich größer als im Westen.[30]

Einige Betriebe in den neuen Bundesländern haben daher die langfristigen Kapitaldienstgrenzen erreicht.[31] Höheres Insolvenzrisiko und/oder höhere Transaktionskosten für Gläubiger bedingen höhere Kosten für die Kreditaufnahme oder führen zu Kreditrationierung.[32] Marktunvollkommenheiten in der Agrarfinanzierung werden zur Erklärung für eine Bevorzu-

---

[26] Vgl. Bahrs u. a. (2004), S. 22.
[27] Vgl. Grant/MacNamara (1996), S. 430 f.
[28] Vgl. Huettel u. a. (2010), S. 12 f.; Brand-Saßen (2008), S. 183.
[29] Vgl. Benjamin/Phimister (2002), S. 1117, 1127.
[30] Siehe hierzu Tabelle 1 auf S. 20.
[31] Vgl. Blisse u. a. (2004), S. 217.
[32] Vgl. Huettel u. a. (2010), S. 13; zum Problem der Kreditrationierung in der Landwirtschaft vgl. auch Petrick (2005). Agrarpolitische Interventionen, die mit dem Vorhandensein von Kapitalmarktunvollkommenheiten begründet werden, könnten jedoch, wie Huettel u. a. (2010), S. 23, betonen, voreilig sein, wenn sich das Investitionsverhalten als rationale Reaktion auf Kapitalmarktfriktionen und Irreversibilitäten erklären lässt.

gung der Innen- vor der Außenfinanzierung durch landwirtschaftliche Betriebe analog zur pecking order theory in der Unternehmensfinanzierung herangezogen.[33]

2.1.3 Finanzierungsformen in der Landwirtschaft

Dominierende Finanzierungsformen in der Landwirtschaft sind die Innenfinanzierung (selbst erwirtschaftete Überschüsse und Vermögensumschichtungen) und die Kreditfinanzierung über Banken.[34] Hinzuzählen muss man ferner die öffentliche Investitionsförderung, in Deutschland also die einzelbetriebliche Unterstützung über die Agrarinvestitionsförderprogramme (AFP) und die Sonderkreditprogramme der Landwirtschaftlichen Rentenbank.[35] Während die laufende Produktion über eigene Mittel finanziert wird, dient das von Banken langfristig und zu festen Zinssätzen bereitgestellte Fremdkapital zur Finanzierung der Ersatz- oder größeren Wachstumsinvestitionen und damit insbesondere der Finanzierung von expandierenden Unternehmen. Auf Grund des Strukturwandels in der Landwirtschaft, auf den unten näher eingegangen wird, nimmt die Bedeutung der Kreditfinanzierung zu.[36]
Wenig zum Einsatz kommen Kreditsubstitute wie Leasing.[37] Gleiches gilt vor allem auf Grund der fehlenden Größe landwirtschaftlicher Betriebe für Mezzaninekapital, Factoring, Asset-Backed Securities (ABS) oder Wertpapieremissionen.[38] Uneinheitliche Bewertungen finden sich hinsichtlich der externen Beteiligungsfinanzierung: Barry u. a. konstatieren für die internationale Agrarfinanzierung und Brand-Saßen für Deutschland aktuell eine geringe Bedeutung, wobei letzterer auch für die Zukunft in dieser Hinsicht keine Änderungen erwartet.[39] Dagegen sehen Friedrichs u. a. eine steigende Relevanz von Beteiligungsmodellen, und Köhne schreibt diesen im Rahmen von Kooperationen eine gewisse Bedeutung zu.[40]

Im Bereich der Kreditfinanzierung lässt sich ein Wandel vom Real- zum Personalkredit feststellen.[41] Damit rücken die Persönlichkeit und die Kompetenzen des Betriebsleiters stärker in den Mittelpunkt, ebenso wie die wirtschaftliche Leistungsfähigkeit des Unternehmens. Daraus folgt im Falle einer negativen Beurteilung eine Erhöhung der Kreditmarge. Erwartet wird eine stärkere Selektion bei der Prüfung der Finanzierungswürdigkeit und daraus folgend eine größere Vielfalt an Finanzierungsvarianten.[42] Bahrs u. a. beschreiben die Entwicklung als einen

---

[33] Vgl. Barry u. a. (2000) sowie die darin zitierte Literatur.
[34] Vgl. Barry u. a. (2000), S. 920; Köhne (2004), S. 66; Huettel u. a. (2010), S. 11.
[35] Vgl. Köhne (2004), S. 66; Brand-Saßen (2008), S. 205-207.
[36] Vgl. Bahrs u. a. (2004), S. 10 f.; Friedrichs u. a. (2004), S. 22; Huettel u. a. (2010), S. 11 f.
[37] Vgl. Huettel u. a. (2010). Leasing ist jedoch, wie aus den Experteninterviews deutlich gemacht wurde, in der Finanzierung landwirtschaftlicher Maschinen durchaus bekannt.
[38] Vgl. Bahrs u. a. (2004), S. 15.
[39] Vgl. Barry u. a. (2000), S. 920; Brand-Saßen (2008), S. 188, 208.
[40] Vgl. Friedrichs u. a. (2004), S. 22; Köhne (2004), S. 66.
[41] Vgl., auch zum Folgenden, Brand-Saßen (2008), S. 184; Friedrichs u. a. (2004), S. 22.
[42] Vgl. Bahrs u. a. (2004), S. 14.

„Wandel[.] vom Realkredit zum Personalkredit bzw. [.] Wandel[.] von der grundbuchlich akzentuierten Objektfinanzierung zur subjektbezogenen oder sogar projektbezogenen Finanzierung (mit mehreren Partnern)".[43] Die stärkere Ausdifferenzierung bei den Finanzierungskontrakten könnte auch zu einer stärkeren Nutzung variabler Zinssätze in den Vereinbarungen führen.[44]

2.1.4 Fremdkapitalaufnahme bei Kreditinstituten

Die Kreditvergabe von Banken an den primären Sektor hat in Deutschland seit 1990 insgesamt zugenommen.[45] Nach einer gewissen Konstanz im Zeitraum 2000-2005/6 ist wieder ein Anstieg des Kreditvolumens zu verzeichnen (siehe Abb. 2). Die zunehmende Kreditaufnahme geht dabei, gemäß Daten aus der Testbetriebsnetz-Statistik, v. a. auf Veredelungs-, weniger auf Futterbau- und Marktfruchtbetriebe zurück.[46]

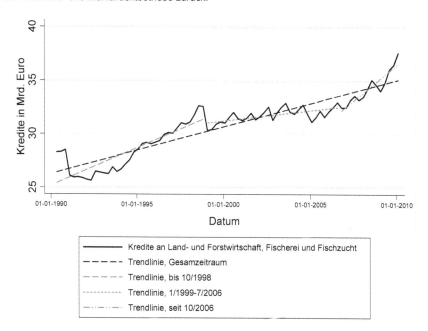

ABB. 2: KREDITE AN LAND- UND FORSTWIRTSCHAFT, FISCHEREI UND FISCHZUCHT, 1990-2009

Quelle: Deutsche Bundesbank, Zeitreihen

---

[43] Bahrs u. a. (2004), S. 14; vgl. auch Wesselmann (2001), S. 269.
[44] Vgl. Blisse u. a. (2004), S. 242.
[45] Zu den Ausführungen im Folgenden vgl. auch Brand-Saßen (2008), S. 189 f.; Bahrs u. a. (2004), S. 10; Blisse u. a. (2004), S. 217 f.
[46] Vgl. Brand-Saßen (2008), S. 190.

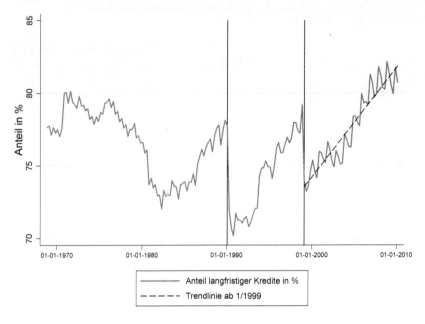

ABB. 3: ANTEIL LANGFRISTIGER KREDITE AN DEN KREDITEN AN LAND- UND FORSTWIRTSCHAFT, FISCHEREI UND FISCHZUCHT

Anmerkung: Die eingezeichneten vertikalen Linien kennzeichnen Strukturbrüche in den Daten.
Quelle: Deutsche Bundesbank, Zeitreihen

Bei mehr als 80 Prozent der Bankdarlehen handelt es sich um langfristige Kredite. Der Anteil langfristiger Darlehen ist im Vergleich zu kurz- und mittelfristigen in den letzten Jahren gestiegen (siehe Abb. 3). Bahrs u. a. weisen jedoch darauf hin, dass der Anteil kurzfristiger Kredite bei größeren Betrieben höher ist.[47] Die von den Autoren genannte Tendenz bei einigen Banken, wegen möglicher Änderungen des Ratings im Zeitablauf maximal noch mittelfristige Darlehen zu vergeben, was die Landwirte einem höheren Finanzierungsrisiko aussetzen würde,[48] kann anhand der Daten auf Ebene des gesamten Sektors nicht nachvollzogen werden.
Deutlich zurückgegangen ist der Anteil der Realkreditinstitute und Banken mit Sonderaufgaben. In den letzten Jahren ist der Prozentsatz, der auf Genossenschaftsbanken entfällt, stabil, während die Sparkassen einen leichten Anstieg zu verzeichnen hatten. Landesbanken und

---

[47] Vgl. Bahrs u. a. (2004), S. 10.
[48] Vgl. ebd., S. 16.

I. Einleitung 13

genossenschaftliche Zentralbanken sind in Teilen selbst im Agrargeschäft tätig, wobei sie sich auf größere Betriebe konzentrieren. Sie unterhalten ansonsten Kompetenzzentren.[49] Der Anteil der privaten Kreditinstitute ist kontinuierlich gewachsen. Im Osten Deutschlands liegt der Marktanteil dieser Säule z. T. bei 30-40 Prozent.[50] Die Großbanken sind jedoch v. a. bei kleinen Betrieben zurückhaltend mit der Kreditvergabe.[51] Während Sparkassen und Kreditgenossenschaften eine Aufnahmefunktion wahrnehmen und für viele landwirtschaftliche Betriebe als Hausbanken fungieren, gehen Blisse u. a. bei den privaten Kreditinstituten von differenzierten Entwicklungen aus, wobei sich einige Banken aus dem Agrargeschäft zurückziehen und andere, etwa spezialisierte Regionalbanken, Expertise in diesem Bereich aufbauen.[52] Auch Bahrs u. a. nehmen eine zunehmende Spezialisierung der Banken an – und ein damit einhergehendes abnehmendes Angebot für landwirtschaftliche Betriebe.[53] Dies scheint sich jedoch trotz der Finanzkrise nicht zu bewahrheiten. Vielmehr scheint das Interesse von Kreditinstituten an der Landwirtschaft als Kunde wieder zugenommen zu haben.[54]

Hinsichtlich der Beziehungen zwischen Landwirtschaft und Kreditinstituten von Bedeutung sind zwei weitere Aspekte, auf die in der Literatur zur Agrarfinanzierung eingegangen wird: Die Abhängigkeit der Höhe der Kreditkosten vom Volumen der Darlehen und der Dauer der Geschäftsbeziehung sowie die Wechselbereitschaft innerhalb der Landwirtschaft. Größere Kredite werden auf Grund der Skaleneffekte relativ günstiger angeboten.[55] Kostenvorteile können auch bei einer längeren Geschäftsbeziehung zwischen landwirtschaftlichem Betrieb und Bank auftreten. Die Größenordnung dieser Vorteile ist jedoch eher gering.[56] Dass zahlreiche Landwirte trotz günstiger Angebote bei anderen Kreditinstituten ihre Hausbank trotzdem nicht wechseln, führen Mußhoff u. a. auf begrenzt rationales Verhalten zurück.[57] Wechselkosten resultieren aus möglichen Ratingnachteilen, dem eigenen Arbeitsaufwand und Abbruch von Traditionen (Vertrauen zur Bezugsperson, Verfahrensnutzen). Als Determinanten für die Rationalität der Finanzierungsentscheidung untersuchen Mußhoff u. a. Bildung, aktive Informationsbeschaffung und die Zufriedenheit mit der Hausbank, d. h. die Vermeidung kog-

---

[49] Vgl. Blisse u. a. (2004), S. 221.
[50] Vgl. Brand-Saßen (2008), S. 189.
[51] Vgl. Blisse u. a. (2004), S. 219 f.
[52] Vgl. ebd., S. 221, 241 f.
[53] Vgl. Bahr u. a. (2004), S. 46.
[54] Vgl. Kanowski (2008), S. 33.
[55] Vgl. Gloy u. a. (2005), S. 715.
[56] Vgl. Gloy u. a. (2005), S. 716.
[57] Vgl. Mußhoff u. a. (2009), Präsentation, zum Folgenden insbesondere S. 6, 8, 10 f. Für eine Kritik am Konzept der begrenzten Rationalität (*bounded rationality*) von Herbert Simon vgl. z. B. Schneider (2001), S. 258 f.

nitiver Dissonanz, wobei die beiden letztgenannten Faktoren zur Begründung einer (fehlenden) Wechselbereitschaft herangezogen werden können.[58]

2.2 Strukturwandel in der Landwirtschaft und Risikomanagement

Finanzierungs- und Investitionsentscheidungen in landwirtschaftlichen Betrieben – und damit auch solche für oder gegen die Installation einer Biogasanlage – werden vor dem Hintergrund sich wandelnder Agrarstrukturen getroffen. So konstatiert Brand-Saßen einen Zwang zum betrieblichen Wachstum und eine steigende Kapitalintensivität.[59] Köhne stellt fest, dass landwirtschaftliche Betriebe je nach Marktlage verstärkt Liquiditätsengpässe aufweisen.[60] Diese Beobachtungen sind Resultat eines Strukturwandels, der wie folgt beschrieben und erklärt werden kann:[61]

1. Entwicklungen der Weltagrarmärkte vom Überschuss- zum Nachfragemarkt;
2. zunehmende Volatilität von Preisen und erhöhte Marktrisiken für landwirtschaftliche Betriebe in Folge der Liberalisierung der Agrarmärkte;
3. eine erhöhte Nachfrage nach Energie bei sinkendem Angebot an fossilen Energieträgern und damit verbunden eine Erhöhung der Energieproduktion in landwirtschaftlichen Betrieben als Reaktion auf politische Anreize.

Die Wissenschaft geht überwiegend davon aus, dass die Agrarpreissteigerungen keine kurzfristige Entwicklung darstellen, sondern dauerhaft sein werden, wenn auch eine Abhängigkeit von der konjunkturellen Lage besteht.[62] Offen ist allerdings, wie hoch das Preisniveau langfristig sein wird.

Die Bioenergieproduktion ist weitgehend politikgetrieben.[63] Kritisch gesehen werden die Konkurrenzen zur Nahrungsmittelerzeugung insbesondere deshalb, weil letztere in zunehmendem Maße liberalisiert wird, während die Bioenergieerzeugung subventioniert wird.[64] Mögliche Folgen sind die Verknappung des Nahrungsmittelangebotes und Preissteigerungen bei biogenen Substraten. Auf der anderen Seite wird in der Energieproduktion jedoch auch eine Möglichkeit der Diversifizierung landwirtschaftlicher Betriebe gesehen.[65]

Landwirtschaftliche Strukturen und wirtschaftliche Grundlagen der Agrarbetriebe werden in starkem Maße von Maßnahmen der Agrarpolitik beeinflusst. Die Gemeinsame Agrarpolitik

---

[58] Hinsichtlich des Bildungsgrades liefert die ökonometrische Analyse ein überraschendes Ergebnis, nämlich signifikant „schlechtere" Entscheidungen bei höher eingestufter Ausbildung. Für eine Diskussion dieses Resultats vgl. Mußhoff u. a. (2004), Präsentation, S. 10.
[59] Vgl. Brand-Saßen (2008), S. 181 f.
[60] Vgl. Köhne (2004).
[61] Vgl. Stockinger (2007), S. 9.
[62] Vgl. für eine Diskussion Stockinger (2007), S. 11-15.
[63] Vgl., auch zum Folgenden, Stockinger (2007), S. 9, 20; ähnlich auch die Einschätzung bei Zeddies (2009).
[64] Vgl. Berenz u. a. (2008b).
[65] Vgl. z. B. Berenz u. a. (2008a), S. 185.

(GAP) der Europäischen Union (EU) ist in drei Schritten seit 1992 reformiert worden:[66] Durch die MacSharry-Reform 1992, die 1999 beschlossene Agenda 2000 sowie die Luxemburger Beschlüsse von 2003. Inhalt der letztgenannten beiden Reformschritte sind erstens eine Entkoppelung der Direktzahlungen von der Produktion, zweitens die Verknüpfung der Direktzahlungen an Bedingungen (*cross compliance*) und drittens die Rückführung der Interventionspreise. Damit werden Einkommensstützungen für landwirtschaftliche Betriebe schrittweise abgebaut. Parallel werden nicht an die Höhe der Produktion gebundene Zahlungen zur Förderung der Struktur des ländlichen Raumes aufgebaut („Zweite Säule"). Folgen der GAP-Reformen sind:[67]

- Eine Zunahme der Bedeutung unternehmerischer Entscheidungen auf Grund von Markt- und Preisbedingungen;
- höhere Marktpreisschwankungen in Folge rückläufiger Preisabsicherungen;
- die größere Wahrscheinlichkeit von kurz- und mittelfristigen Liquiditätsengpässen in landwirtschaftlichen Betrieben;
- damit höhere Anforderungen an die Kreditwürdigkeitsprüfung von Banken;
- mit der Umsetzung oder möglichen Änderungen der Reformen verbundene Intransparenz sowie hohe Politikrisiken, die auf Seiten der Kreditinstitute eine hohes Fachwissen zur Beurteilung voraussetzen.

Die verstärkte Spezialisierung und die Notwendigkeit zu erheblichen Wachstums- und Investitionsschritten[68] erhöht den Finanzierungsbedarf landwirtschaftlicher Betriebe. Das dürfte dazu führen, dass in den Betrieben das Eigenkapital knapp wird. Die innerbetriebliche Konkurrenz um dieses knappere Eigenkapital begrenzt die Finanzierungsmöglichkeiten von Biogasanlagen innerhalb des landwirtschaftlichen Betriebs. Andererseits können die hohen politischen Risiken und das notwendige Fachwissen auf Seiten der Kredit gebenden Bank das Finanzierungsangebot auf Seiten der Kreditinstitute begrenzen – wenigstens in ungünstigen Marktphasen. Zugleich nimmt die Bedeutung des Risikomanagements landwirtschaftlicher Betriebe zu.[69]

2.3 Die Auswirkungen von Basel II auf die Landwirtschaft

Eine Änderung im Verhältnis zwischen Kreditinstituten und Landwirtschaft wurde auch durch die Einführung der neuen Baseler Rahmenvereinbarung über die Eigenkapitalempfehlung für Kreditinstitute (Basel II) erwartet: Wesselmann spricht von einer Neuordnung in Bezug auf

---
[66] Zu den Agrarmarktreformen vgl. z. B. Ackrill (2008); Maas/Schmitz (2007); Gohin (2006); Thalheim (2006); Fischler (2003); Koester (2003).
[67] Vgl. Brand-Saßen (2008), S. 199, 201; Stockinger (2007), S. 9; Bahrs u. a. (2004), S. 35-38; Köhne (2004).
[68] Vgl. Bahrs u. a. (2004), S. 36.
[69] Vgl. zum Risikomanagement z. B. Huirne u. a. (2009).

einzelne Kunden oder ganze Branchen.[70] Gloy u. a. gehen davon aus, dass die Kreditvergabepraxis der Banken gegenüber der Landwirtschaft generell überprüft wird.[71] Da die Höhe des Eigenkapitals, das die Bank zu unterlegen hat, durch die Ratingnote des Kreditnehmers bzw. Projektes bestimmt wird und die Bedeutung des Ratings verschärft wurde, kommt einer guten Präsentation gegenüber dem Kreditgeber eine größere Rolle zu.[72] Befürchtungen hinsichtlich einer künftig erschwerten Anerkennung von Sicherheiten landwirtschaftlicher Betriebe, insbesondere mit Blick auf Grund und Boden, sowie einer generellen Verteuerung des Agrarkredits wurde durch verschiedene Änderungen im Rahmen des Konsultationsprozesses begegnet:[73] Darlehen an Landwirte werden bis zu einem Volumen von 1 Millionen Euro und bei einem Jahresumsatz von weniger als 50 Millionen Euro dem Retailsegment zugeordnet. Mit den vereinfachten Eigenkapitalvorschriften und geringeren Eigenkapitalkosten für die Banken sind daher keine Verschlechterungen der Kreditbedingungen für die Landwirtschaft im Rahmen der Implementierung von Basel II zu erwarten. Gleichwohl ist es wahrscheinlich, dass eine stärkere Differenzierung bei den Kreditkonditionen erfolgt. Es nimmt die Gefahr zu, dass einige landwirtschaftliche Betriebe kein Fremdkapital von Banken erhalten. Der Beurteilung der langfristigen Ertrags- und Wettbewerbsfähigkeit kommt eine steigende Bedeutung zu.[74]

Bankinterne Ratingverfahren können, wie oben genannt, eine Motivation darstellen, trotz günstiger Konditionen eines anderen Kreditinstituts keinen Wechsel der Hausbank vorzunehmen. Darüber hinaus spielen Überlegungen zur Verbesserung des Ratings bei der Wahl der Finanzierungsinstrumente eine Rolle. Beides dürfte auch für die Biogasfinanzierung von Bedeutung sein, gerade wenn größere Anlagen mit einem vergleichsweise hohen Kreditvolumen finanziert werden sollen.

2.4 Organisationsformen in der Landwirtschaft und Kooperationen

Neben dem Wachstum des eigenen Unternehmens oder der Betriebsaufgabe stellen Kooperationen eine Möglichkeit dar, auf die angeführten Änderungen in der Struktur der Landwirtschaft zu reagieren.[75] Im Rahmen der vorliegenden Untersuchung ist von besonderem Interesse, welche Formen der Kooperation üblich sind, welche Probleme auftreten sowie in welchen Rechtsformen landwirtschaftliche Betriebe organisiert sind und die Zusammenarbeit erfolgt.

---

[70] Vgl. Wesselmann (2002), S. 274.
[71] Vgl. Gloy u. a. (2005), S. 703.
[72] Vgl. Brand-Saßen (2008), S. 202 f.; Friedrichs u. a. (2004), S. 63; Köhne (2004).
[73] Vgl. Brand-Saßen (2008), S. 202 f.; Landwirtschaftliche Rentenbank (2003).
[74] Vgl. Bahrs u. a. (2004), S. 25 f.
[75] Einen Literaturüberblick über Kooperationen in der Landwirtschaft bietet Theuvsen (2003), Vortrag. Für neuere Arbeiten vgl. z. B. Köhne (2008); zur Schweineerzeugung Spiller u. a. (2005); für die Milchviehwirtschaft Schneeberger/Aßfall (2006). Theoretische Überlegungen präsentieren Peyerl/Breuer (2006).

I. Einleitung

2.4.1 Formen landwirtschaftlicher Kooperationen

Bei den Formen landwirtschaftlicher Zusammenarbeit wird zunächst in vertikale und horizontale Kooperation differenziert. Bei der horizontalen Kooperation unterscheidet Theuvsen vier Stufen mit zunehmender Bindungsintensität: 1. Kooperation in den Außenbeziehungen, 2. gemeinsame Nutzung von Produktionskapazitäten, 3. gemeinsame Bewirtschaftung, Vermarktung u. a. bzw. Betriebszweiggemeinschaften sowie 4. Betriebsgemeinschaft/-fusion.[76] Köhne unterteilt die Formen nach Art der gemeinsam ausgeführten Aktivitäten in a) Kooperationen in Märkten, b) Arbeitsteilungen, c) gemeinsame Nutzung von Arbeitskräften und Maschinen sowie d) gemeinsame Bewirtschaftung von Betriebsteilen oder ganzen Betrieben.[77] Demgegenüber ordnet Kuhnen die Kooperationsformen nach Funktionen (Dienstleistungs-, Produktionsfunktion, Kooperation in Produktion und privatem Leben) und Typen (traditionelle Kooperation, traditionelle Genossenschaft, neue Genossenschaftsformen, Kooperationen bei anderen Rechtsformen), mit unterschiedlichem Grad der Integration und Aufteilung der Entscheidungsbefugnisse.[78]

Nicht alle der genannten Kooperationsformen sind für die Biogasproduktion direkt von Relevanz. Sofern Kooperationen in anderen Bereichen bestehen, könnten diese aber auch für die Installation und den Betrieb einer Biogasanlage genutzt werden. Unmittelbar eine Rolle spielen dürften die Zusammenarbeit bei der Rohstoffbeschaffung (Kooperation in Märkten, Arbeitsteilung, gemeinsame Nutzung von Maschinen) und die gemeinsame Anlagennutzung (gemeinsame Nutzung von Betriebsteilen bzw. Betriebszweiggemeinschaft) sowie die Koordination über bestehende Kooperationsvehikel, z. B. Maschinenringe oder bekannte Lohnunternehmer.

Letzteres ist vor dem Hintergrund der Frage von Bedeutung, von wem bzw. welchem Ereignis der Anstoß zur Zusammenarbeit ausgeht. Waren dies bei traditionellen Genossenschaften vom Raiffeisentyp zunächst überwiegend reiche Bürger, die zudem als Manager oder Buchhalter fungierten, später auch Genossenschaftsverbände oder der Staat,[79] so wird auch in der Literatur zu heutigen Formen der Kooperation auf die Notwendigkeit externer Anstöße zur Zusammenarbeit hingewiesen. Genannt werden als Beispiele wirtschaftlicher Druck in Folge des Strukturwandels bzw. der Liberalisierung der Agrarmärkte, Anregungen durch Externe (Maschinenringe, Berater), Krankheitsfälle, Brände und anstehende Hofnachfolge.[80]

---

[76] Vgl. Theuvsen (2003), Vortrag, S. 2 f.; in Anlehnung an Doluschitz (2001).
[77] Vgl. Köhne (2008), S. 134.
[78] Vgl. Kuhnen (2000), S. 116 f.
[79] Vgl. Kuhnen (2000), S. 114.
[80] Vgl. Theuvsen (2003), Vortrag, S. 7; Klischat u. a. (2001), S. 189 f.; Peyerl/Breuer (2006), S. 22.

Trotz der in den empirischen Untersuchungen festgestellten Kooperationsvorteile – wirtschaftlicher Natur wie Größeneffekte[81] bzw. geringere Fixkosten, verbesserte Marktstellung, verbesserte Produktionstechnik und Betriebsorganisation und Nutzung freiwerdender Arbeitskapazitäten[82] sowie positive soziale Effekte[83] –, bleibt die Anzahl an Kooperationen hinter den Erwartungen zurück. So stellt auch Köhne fest, dass die gemeinsame Nutzung von Betriebsteilen nicht sehr weit verbreitet ist.[84] Ohne dass der Autor dies explizit erwähnt, dürfte sich diese Aussage auch auf gemeinsam errichtete und betriebene Biogasanlagen beziehen.

Die Bedeutung einzelner Kooperationsformen ist allerdings strukturbedingt regional unterschiedlich hoch. So gibt es in Bayern eine große Zahl an Maschinenringen. Formen der Zusammenarbeit mit höherer Bindungsintensität sind dort dagegen selten – anders als in den neuen Bundesländern.[85]

Der wirtschaftliche Druck, so die Erwartung, könnte zu einem Bedeutungsanstieg bei der horizontalen, v. a. aber auch der vertikalen Kooperation führen,[86] bei der derzeit Verträge, insbesondere bezüglich des Absatzes, dominieren. Voll integrierte Unternehmen sind in Deutschland selten.[87] Beispiele für vertikale Kooperationen im Bereich der Biogaserzeugung und -nutzung sind die Zusammenarbeit von Landwirtschaft und Energieversorgungsunternehmen bei der Rohbiogasaufbereitung und Biomethaneinspeisung, auf die in der vorliegenden Untersuchung näher eingegangen wird. Um die Perspektiven von Kooperationen in diesem Segment einschätzen zu können, ist jedoch auch ein Verständnis der Problembereiche und der Ursachen einer gewissen ablehnenden Haltung, die in der Literatur konstatiert wird,[88] notwendig.

2.4.2   Problembereiche

Zwar wird in der Literatur angeführt, dass nicht zuletzt auf Grund des wirtschaftlichen Drucks Landwirte Kooperationen in zunehmendem Maße vorbehaltloser gegenüber stünden.[89] Zugleich sind es im Regelfall jedoch wenige Landwirte, die sich zusammenschließen.[90] Zudem sind Kooperationen in der Landwirtschaft in der Mehrzahl von eher kurzer Dauer (siehe Tab. 2). In rund einem Fünftel der Fälle endet die Partnerschaft bereits vor Ablauf eines Jahres. In etwas mehr als 70 Prozent der Kooperationen liegt die Dauer bei maximal fünf Jahren.

---

[81] Vgl. Mann/Muziol (2001); Bläsi/Strümpfel (2001).
[82] Vgl. Peyerl/Breuer (2006).
[83] Vgl. Schmitt/Hoffmann (1997).
[84] Vgl. Köhne (2008), S. 134.
[85] Vgl. Schmitt/Hoffmann (1997), S. 572 f.; Theuvsen (2003), Vortrag, S. 18 f.
[86] Vgl. Theuvsen (2003), Vortrag, S. 19.
[87] Vgl. Köhne (2008), S. 135.
[88] Vgl. Theuvsen (2003), Vortrag, S. 19.
[89] Vgl. z. B. Wesselmann (2001), S. 265.
[90] Vgl. Peyerl/Breuer (2006), S. 22.

I. Einleitung

Für die Biogasfinanzierung bedeutet dies, dass bei Kooperationsprojekten die Gefahr der Auseinandersetzung beachtet und entsprechende Vorsorge getroffen werden muss.

TAB. 2: DAUER VON KOOPERATIONEN IN DER LANDWIRTSCHAFT

Dauer in Jahren	Anteil in %
0-1	21
1-5	50
5-10	21
> 10	8

Quelle: Klischat (2005), S. 27

Bei der Analyse der Ursachen dafür, dass weniger Kooperationen in der Landwirtschaft eingegangen werden als erwartet, unterscheiden Peyerl/Breuer subjektive und objektive Beweggründe.[91] Sie beschäftigen sich bei ihren modelltheoretischen Überlegungen auf die letztgenannte Fallgruppe und geben als Begründungen an: eine Erhöhung der Fixkosten, fehlende Nutzungsmöglichkeiten freiwerdender Arbeitskapazitäten, zunehmende Transaktionskosten sowie ungünstige steuerliche Wirkungen. Kuhnen hebt zudem einen Konflikt hinsichtlich der Anzahl der Kooperationspartner hervor: technologische Entwicklungen bedingen große Einheiten, die zu schaffen wären. Kooperationen funktionieren allerdings am besten in kleinen, überschaubaren Einheiten.[92]

Als subjektive Gründe werden in der Literatur genannt:

- die emotionale Komponente von Kooperationen und hohe zwischenmenschliche Anforderungen, die mit steigender Bindungsintensität zunehmen;[93]
- eine negative Bewertung auf Grund der Aufgabe der Selbständigkeit, was aber offenbar bei jüngeren Landwirten eine geringere Bedeutung spielt.[94]
- Ungleichgewichte wirken sich negativ aus. Als Voraussetzung für eine erfolgreiche Kooperation wird daher die Gleichartigkeit der Partner betont.[95] Wenn die Personen harmonierten, sei aber auch eine Kooperation zwischen Betrieben unterschiedlicher Größe möglich.[96]
- Begeisterung müsse auch im sozialen Umfeld geweckt werden.[97]

---

[91] Vgl., auch zum Folgenden, Peyerl/Breuer (2006).
[92] Vgl. Kuhnen (2000), S. 117.
[93] Vgl. Klischat u. a. (2001), S. 197 f.; Habermann/Inhetveen (1999); Theuvsen (2003), Vortrag, S. 18; Schmitt/Hoffmann (2000), S. 150.
[94] Vgl. Theuvsen (2003), Vortrag, S. 5, 13; Schmitt/Hoffmann (1997); Klischat u. a. (2001), S. 194.
[95] Vgl. Theuvsen (2003), Vortrag, S. 13; Kuhnen (2000), S. 115.
[96] Vgl. Doluschitz (2001), S. 396.
[97] Vgl. Theuvsen (2003), Vortrag, S. 18; Doluschitz (2001); Hermann (2002).

Die Gefahr des Scheiterns der Kooperation – im Regelfall mit der Folge, dass die ehemaligen Partner sich im Streit trennen – nimmt mit der Bindungsintensität zu. Ursache für das Auseinanderbrechen sind im Regelfall schlechte wirtschaftliche Ergebnisse und enttäuschte Erwartungen.[98] Nicht immer wird ein mögliches Ende bei der Erstellung des Gesellschaftsvertrages bedacht. In diesem finden sich sehr unterschiedliche Regelungen. Kern ist oft die Verteilung des anfallenden Gewinns.[99]

2.4.3   Rechtsformen landwirtschaftlicher Betriebe

Kooperationen sind ein Grund, warum sich Landwirte mit unterschiedlichen Gesellschaftsformen befassen. Darüber hinaus spielen Strukturwandel, Spezialisierung, die Gründung neuer Betriebszweige – z. B. Biogasanlagen –, vermehrte Haftungsansprüche, v. a. aber steuerliche Gründe, insbesondere zur Vermeidung der Gewerblichkeit des Betriebes, eine Rolle.[100] Bei der Zusammenarbeit mehrerer Landwirte sind traditionell die Gesellschaft bürgerlichen Rechts (GbR) und die eingetragene Genossenschaft (eG) von großer Bedeutung, letztere bei Bezugs- oder Absatzgenossenschaften. Eine zunehmende Relevanz kommt der Gesellschaft mit beschränkter Haftung (GmbH) zu.[101]

Grundsätzlich sind Einzelunternehmen von der Anzahl der Betriebe her die dominante Gesellschaftsform (siehe Tab. 3). In den neuen Bundesländern stellen sie zwar mehr als drei Viertel der Betriebe, die aber zusammen lediglich etwa ein Viertel der landwirtschaftlichen Fläche bewirtschaften. Die Personengesellschaften, hier insbesondere und mit steigender Bedeutung die GbR, mit abnehmenden Anteilen die Kommanditgesellschaft (KG), sowie Kapitalgesellschaften (in der Tabelle: juristische Personen privaten Rechts) weisen ähnlich hohe Anteile an der Anzahl der Betriebe aus. In den neuen Bundesländern besitzen jedoch aus historischen Gründen Genossenschaften eine große Relevanz, die sich am Anteil an der Landwirtschaftsfläche (30,4 Prozent im Jahr 1999 bzw. 26,2 Prozent in 2007) zeigt. Die Bedeutung der eG nimmt jedoch ab, die der GmbH zu.[102] Zwischen 1999 und 2007 sind hierbei ähnliche Entwicklungen in den neuen wie in den alten Bundesländern zu erkennen. Andere Personengesellschaften wie die offene Handelsgesellschaft (OHG) oder typische und atypische stille Gesellschaften, Kapitalgesellschaften wie die Aktiengesellschaft (AG) oder Mischformen, z. B. GmbH & Co. KG, AG & Co. KG oder Kommanditgesellschaft auf Aktien (KGaA), spielen in der Landwirtschaft allgemein eher eine untergeordnete Rolle.

---

[98] Vgl. Klischat u. a. (2001), S. 182, 197 f.; Theuvsen (2003), Vortrag, S. 13.
[99] Vgl. Schmitt/Hoffmann (2000), S. 144.
[100] Vgl. Lißmann (2010), Pressemitteilung.
[101] Vgl. Theuvsen (2003), Vortrag, S. 16.
[102] Vgl. auch Köhne (2008), S. 136.

Zu vermuten ist, dass für die Errichtung und den Betrieb von Biogasanlagen, soweit eine eigene Gesellschaft gegründet wird, die Gewichte anders verteilt sind. Sofern es sich um Beteiligungsmodelle handelt, dürfte die GmbH & Co. KG mit großem Abstand die am meisten gewählte Gesellschaftsform darstellen.[103] Eine GbR wird fast ausschließlich von kleineren Initiatoren gewählt, die regional begrenzt Anleger suchen. Beachtet werden muss hierbei allerdings, dass die Gesellschafter unbegrenzt mit ihrem persönlichen Vermögen haften,[104] weswegen von der Wahl der GbR als Rechtsform abgeraten wird.[105] Es ist allerdings davon auszugehen, dass sich Landwirte bei Kooperationen an ihnen bekannten und vertrauten Rechtsformen orientieren. Insofern dürften die genannten Verteilungen der Rechtsformen und die Entwicklungslinien auch für die Wahl der Gesellschaftsform bei Biogasanlagen von Relevanz sein.

2.5 Schlussfolgerungen für die Biogasfinanzierung

Aus der obigen Zusammenstellung zur Agrarfinanzierung und zu Kooperationen in der Landwirtschaft ist zunächst die im Allgemeinen hohe Eigenkapitalquote landwirtschaftlicher Betriebe hervorzuheben. Dies legt die Vermutung nahe, dass Eigenkapital eher keinen Engpass, auch nicht bei der Finanzierung von Biogasanlagen, darstellt und ausreichend Sicherheiten für das notwendige Fremdkapital zur Verfügung stehen. Dies ist jedoch dahingehend einzuschränken, dass in Wachstumsbetrieben, gerade im Veredelungsbereich, Eigenkapital durchaus knapp werden kann. Allerdings dürften die Darlehen gebenden Banken in diesen Fällen bei guten wirtschaftlichen Perspektiven geringere Anforderungen an die Sicherheiten und das Eigenkapital stellen und günstigere Konditionen anbieten. Die Betriebe in den neuen Bundesländern stehen hingegen im Allgemeinen schlechter da (geringere Eigenkapitalquoten und Sicherheiten, höhere Informationskosten auf Grund historisch bedingt fehlender Bindung an eine Hausbank). Sofern langfristige Kapitaldienstgrenzen erreicht sind, dürfte die Bereitschaft, für zusätzliche Investitionen wie eine Errichtung von Biogasanlagen alternative Finanzierungsinstrumente zu nutzen bzw. auf Beteiligungsmodelle einzugehen, deutlich ausgeprägter sein als in anderen Teilen des Bundesgebiets.

Dominante Finanzierungsformen in der Landwirtschaft sind Innen- und Kreditfinanzierung sowie die öffentliche Investitionsförderung. Die beiden letztgenannten Formen dürften auch für die Biogasfinanzierung die größte Relevanz besitzen.

Der größte Anteil der Kredite an die Landwirtschaft entfällt auf Sparkassen und Genossenschaftsbanken. Die Bedeutung der Privatbanken nimmt allerdings im Agrarbereich zu. Eine

---

[103] Vgl. hierzu die Literatur zu geschlossenen Fonds, z. B. Lüdicke/Arndt (2009); Löwer (2006).
[104] Vgl. für Diskussionen der Haftungsfrage bei der GbR z. B. Blenske (2000); Altmeppen (2004); Wagner (2009); Schäfer (2010) sowie die darin jeweils zitierte Literatur.
[105] Vgl. Löwer (2006), S. 42.

Angebotsverknappung im Zuge des Strukturwandels und der Reaktionen von Banken hierauf ist – wenigstens temporär in ungünstigen Marktphasen – zu erwarten. Dies dürfte grundsätzlich auch Biogasanlagen betreffen. Eine geringe Wechselwilligkeit von Landwirte, gerade solchen mit kleineren Betrieben, könnte diese Tendenz verstärken. Dies bedeutet zugleich, dass in einigen Regionen das technische Biogaspotenzial nicht ausgeschöpft wird, weil Anlagen in und durch den jeweiligen Betrieb nicht finanzierbar sind.

Alternative Finanzierungsformen weisen im Agrarbereich insgesamt eine geringe Bedeutung auf. Am ehesten sind Leasing-Lösungen anzutreffen. Mezzaninekapital spielt in der Landwirtschaft keine Rolle. Dies dürfte auch für den Biogassektor gelten. Die Einschätzung zu externer Beteiligungsfinanzierung ist in der Literatur nicht einheitlich. Auf deren Bedeutung für die Finanzierung von Biogasanlagen wird daher im folgenden Abschnitt und in der vorliegenden empirischen Untersuchung näher eingegangen. Erwartet wird von einigen Autoren eine zunehmende Vielfalt an Finanzierungsinstrumenten, bedingt durch unterschiedliche betriebliche Entwicklungen in Folge des landwirtschaftlichen Strukturwandels. Eine Spreizung der Kreditkonditionen als Konsequenz der Umsetzung der neuen Eigenkapitalrichtlinien (Basel II) könnte diese Tendenz verstärken.

Inwieweit verstärkt alternative Finanzierungsinstrumente bei der Errichtung und dem Betrieb von Biogasanlagen in landwirtschaftlichen Betrieben zur Anwendung gelangen, wird im Weiteren näher untersucht.

Kooperationen sind für den Biogasbereich insbesondere dort von Relevanz, wo ein wirtschaftlicher Betrieb einer Anlage durch einen einzelnen Landwirt nicht möglich ist. Um Degressionseffekte nutzen zu können, müssen ggf. Substrate von mehr als einem Betrieb eingebracht werden, wobei unterschiedliche Formen der Zusammenarbeit denkbar sind. Eine Optimierung der Wärmenutzung, etwa durch Legen von Wärmeleitungen, bringt höhere Investitionskosten mit sich, die von einzelnen Betrieben nicht immer getragen werden können. Bei Beteiligungsmodellen bringen externe Investoren Eigenkapital in die Projekte ein. Den Landwirten steht dann ein Projektentwickler bzw. Emissionshaus gegenüber. Schließlich weisen die Vorhaben zur Aufbereitung und Einspeisung von Biogas auf Grund der notwendigen Anlagengrößen sehr viel höhere Investitionsvolumina auf. Zudem liegt wegen der technischen Anforderungen eine Kooperation mit Energieversorgern[106] nahe. Welche Biogasprojekte umgesetzt und finanziert werden, hängt damit auch von der Kooperationsbereitschaft der Landwirte ab.

---

[106] Unter Energieversorgungsunternehmen oder kürzer Energieversorgern werden „natürliche oder juristische Personen [verstanden], die andere mit Energie versorgen, ein Energieversorgungsnetz betreiben oder an einem Energieversorgungsnetz als Eigentümer Verfügungsbefugnis besitzen" (§ 3 S. 1 Nr. 18 des Energiewirtschaftsgesetzes, EnWG), d. h. Unternehmen, die Energie erzeugen, verteilen und/oder vertreiben. Die Kategorie umfasst damit sowohl die überregionalen wie die regionalen Versorger.

I. Einleitung

TAB. 3: LANDWIRTSCHAFTLICHE BETRIEBE NACH RECHTSFORMEN, 1999 UND 2007

Rechtsform	Neue Länder (ohne Stadtstaaten)					
	1999			2007		
	Anteil %		dBG	Anteil %		dBG
	Betriebe	Fläche	ha LF	Betriebe	Fläche	ha LF
Einzelunternehmen	78,8	23,5	55	77,8	26,4	63
Personengesellschaften	10,5	22,8	400	10,8	22,4	385
davon:						
Gesellschaft bürgerlichen Rechts	8,8	15,8	331	8,4	14,7	323
Kommanditgesellschaft	1,4	6,9	906	0,8	2,4	598
Juristische Personen des privaten Rechts	10,4	53,5	945	11,2	51,1	697
davon:						
eingetragene Genossenschaft	4,0	30,4	1413	3,4	26,2	1419
GmbH	5,8	21,5	686	7,0	23,2	614
Aktiengesellschaft	0,2	1,5	1286	0,2	1,3	1200
Juristische Personen des öffentlichen Rechts	0,3	0,2	143	0,2	0,1	135
Betriebe insgesamt	100,0	100,0	184	100,0	100,0	185
	Früheres Bundesgebiet (ohne Stadtstaaten)					
	1999			2007		
	Anteil %		dBG	Anteil %		dBG
Rechtsform	Betriebe	Fläche	ha LF	Betriebe	Fläche	ha LF
Einzelunternehmen	96,6	92,4	25	94,9	88,9	31
Personengesellschaften	2,9	6,8	60	4,6	10,1	73
davon:						
Gesellschaft bürgerlichen Rechts	2,5	6,4	67	3,8	9,4	82
Kommanditgesellschaft	0,1	0,2	34	0,2	0,5	76
Juristische Personen des privaten Rechts	0,3	0,4	37	0,4	0,6	52
davon:						
eingetragene Genossenschaft	0,0	0,1	47	0,0	0,1	86
GmbH	0,1	0,1	23	0,2	0,2	32
Aktiengesellschaft	0,0	0,1	252	0,0	0,1	315
Juristische Personen des öffentlichen Rechts	0,2	0,4	58	0,2	0,4	77
Betriebe insgesamt	100,0	100,0	26	100,0	100,0	33
	Deutschland (inkl. Stadtstaaten)					
	1999			2007		
	Anteil %		dBG	Anteil %		dBG
Rechtsform	Betriebe	Fläche	ha LF	Betriebe	Fläche	ha LF
Einzelunternehmen	95,4	69,9	27	93,5	68,4	33
Personengesellschaften	3,4	12,0	128	5,1	14,2	126
davon:						
Gesellschaft bürgerlichen Rechts	2,9	9,5	119	4,2	11,1	120
Kommanditgesellschaft	0,2	2,4	430	0,2	1,1	204
Juristische Personen des privaten Rechts	1,0	17,8	677	1,2	17,2	624
davon:						
eingetragene Genossenschaft	0,3	10,0	1252	0,3	8,6	1328
GmbH	0,5	7,1	507	0,7	7,7	470
Aktiengesellschaft	0,0	0,6	874	0,0	0,5	909
Juristische Personen des öffentlichen Rechts	0,2	0,3	65	0,2	0,3	81
Betriebe insgesamt	100,0	100,0	36	100,0	100,0	45

Abkürzungen: dBG: durchschnittliche Betriebsgröße; LF: Landwirtschaftsfläche
Quelle: BMELV, Statistischer Monatsbericht, MBT-0102090-0000

Es wurde oben dargelegt, dass die Zahl der Kooperationen in der Landwirtschaft in Folge des Strukturwandels, durch Liberalisierungen und Änderungen in der GAP bedingt, zunimmt. Investitionen in Biogasanlagen stellen eine Möglichkeit der Diversifizierung landwirtschaftlicher Betriebe als Reaktion auf Strukturveränderungen dar. Insofern dürfte dieser Betriebszweig einen gewissen Anteil an der Entwicklung haben. Aus der Beobachtung, dass Kooperationen mit größerer Bindungsintensität im Osten stärker als im Süden eingegangen werden, kann die Hypothese abgeleitet werden, dass entsprechende Kooperationsformen im Biogassektor in den neuen Bundesländern eher anzutreffen sind. Man könnte das Vorhandensein einer Vielzahl kleiner Hofanlagen in Bayern, aber auch Baden-Württemberg mit diesem Sachverhalt erklären, wenngleich sicherlich eine Reihe weiterer Einflussfaktoren zu bedenken ist. Für größere Kooperationsprojekte im Biogasbereich dürfte ein externer Anstoß, etwa durch einen Maschinenring oder einen Projektentwickler, ebenfalls von großer Bedeutung sein. Eine Begrenzung finden Kooperationsbestrebungen dort, wo Landwirte Selbständigkeit betonen, persönliche Beziehungen nicht aufgebaut werden können oder die Partner nicht auf Augenhöhe verhandeln. Dies könnte ein Eintrittshindernis für Fondsgesellschaften, größere Energieversorger und Kreditinstitute ohne etabliertes Agrargeschäft sein.

Die Feststellung, das Finanzmanagement in der Landwirtschaft sei insgesamt eher unterentwickelt, lässt vermuten, dass auch bei der Biogasfinanzierung Optimierungspotenzial zu finden ist. Zugleich stellt Brand-Saßen jedoch fest, das Engagement bei erneuerbaren Energien gehe mit deutlich höheren Investitionssummen als im klassischen landwirtschaftlichen Bereich einher.[107] Dies führe tendenziell zu einer Weiterentwicklung des Unternehmenskredits hin zur Objekt- oder Projektfinanzierung. Leasingfinanzierung oder andere alternative Finanzierungsformen könnten in diesem Segment an Bedeutung gewinnen. Das Engagement im Bereich erneuerbarer Energien könnte auf diese Weise Lerneffekte auslösen und auf das Finanzierungsverhalten der Landwirte allgemein zurückwirken.

3. Finanzierung erneuerbarer Energien

Im Folgenden wird näher auf Untersuchungen zu Finanzierungsformen und -bedingungen bei Erneuerbare-Energien-Projekten eingegangen. Die Betrachtungen gehen damit über den Landwirtschaftssektor und den Biogasbereich hinaus. Dabei sind jeweils Besonderheiten der einzelnen Technologien zu berücksichtigen. Solar-, Wind-, Geothermie- und Biomasseprojekte unterscheiden sich in den Strukturen, Finanzierungsvolumina und Risiken z. T. beträchtlich.

---

[107] Vgl. auch zum Folgenden, Brand-Saßen (2008), S. 208.

I. Einleitung

Es gibt eine Reihe von Projekten und Publikationen zur Finanzierung erneuerbarer Energien allgemein und spezifischer Formen erneuerbarer Energien.[108] Insofern ist es an dieser Stelle nicht das Ziel, einen umfassenden Literaturüberblick zu geben. Vielmehr werden einzelne Arbeiten und Erkenntnisse herausgegriffen, die für die weiteren Untersuchungen relevant erscheinen. Eine Zusammenfassung wird am Ende dieses Berichtsteils in Form von Thesen zur Biogasfinanzierung in landwirtschaftlichen Betrieben vorgenommen.

3.1 *Bestandsaufnahmen zur Finanzierung erneuerbarer Energien: Investitionsvolumina und Folgen der Finanzkrise*

Ein Überblick über Finanzierungsströme im Bereich erneuerbare Energien auf globaler Ebene wird jährlich vom Umweltprogramm der Vereinten Nationen (United Nations Environment Programme, UNEP) und New Energy Finance sowie vom Renewable Energy Network for the 21st century (REN21) herausgegeben.[109] Demnach haben die Investitionsvolumina 2008 gegenüber dem Vorjahr insgesamt zugenommen, in Europa um +2 Prozent.[110] In den Biomassesektor wurde jedoch 2008 mit 7,9 Milliarden US-Dollar deutlich weniger investiert als noch 2007 (10,6 Milliarden US-Dollar). Biomasse belegt bei den Finanzierungsvolumina hinter Wind, Solarenergie und Biokraftstoffen den vierten Rang unter den erneuerbaren Energien.[111]

Im Rahmen der Anlagen von Investmentfonds wird Biogas wird dem renditestärkeren Segment („*higher return sectors*")[112] zugerechnet, was bedeutet, dass auf Grund der größeren Risiken höhere Renditeerwartungen auf Seiten der Investoren bestehen und erfüllt werden müssen als etwa bei der Fotovoltaik. Weltweit größter Investor ist die Europäische Investitionsbank (EIB).[113] Auch für die Biogasproduktion von Relevanz ist ferner die Zunahme des Marktes für „grünen Strom", der in Deutschland 2008 eine Verdopplung gegenüber 2007 zu verzeichnen hatte.[114]

In der letzten Jahreshälfte 2008 gingen die Investitionen in erneuerbare Energien insgesamt um 23 Prozent gegenüber dem gleichen Vorjahreszeitraum zurück.[115] Die Zahlen blieben

---

[108] Als Beispiele seien genannt: Die EU-Projekte FINA-RET (kleine Projekte), GEOFAR (Geothermie), CF-SEP (Osteuropa) oder PRIME (Bürgerbeteiligungen, öffentliche Gebäude) sowie das Renewable Energy Finance Projekt von Chatham House, United Nations Environment Programme (UNEP) Sustainable Energy Finance Initiative (SEFI) und Bloomberg New Energy Finance, auf dessen Ergebnisse unten näher eingegangen wird.
[109] Zuletzt: UNEP/New Energy Finance (2009) und REN21 (2009).
[110] Vgl. UNEP/New Energy Finance (2009), S. 13.
[111] Vgl. ebd. Zahlen zu Biogas allein werden in dem Bericht nicht angegeben.
[112] UNEP/New Energy Finance (2009), S. 44.
[113] Vgl. REN21 (2009), S. 14.
[114] Vgl. ebd., S. 20.
[115] Vgl. ebd., S. 14.

trotz einer Erholung auch 2009 niedrig. Viele Projekte wurden verschoben. Das Interesse des Finanzsektors an Vorhaben im Bereich erneuerbarer Energien blieb jedoch bestehen.[116] Als weitere Folgen der Finanzkrise für Erneuerbare-Energien-Vorhaben werden genannt:[117]

- eine Flucht aus risikoreichen Wertpapieren und Wachstumsmärkten, die dazu führten, dass die Börsenkurse von erneuerbaren Energien-Unternehmen um 61 Prozent sanken – stärker as der Rückgang der Börsenkurse insgesamt –;
- geringere Liquidität und höhere Refinanzierungskosten auf Seiten der Banken sowie einer Verringerung der von diesen bereitgestellten Mittel, was generell zu einem intensiveren Wettbewerb um verfügbares Fremdkapital geführt und in einigen Fällen auch Erneuerbare-Energien-Projekte aus dem Markt gedrängt hat;
- ein Trend zu risikoärmeren Finanzierungen, d. h. Projekten mit besonders guter Wirtschaftlichkeit, einer stärkeren Einbindung der Projektbeteiligten, in Ländern mit stabilen Regulierungssystemen[118] - Projekte in Deutschland werden wegen der festen Einspeisevergütung damit begünstigt;
- dadurch eine weniger große Betroffenheit von *onshore*-Windenergie sowie kleineren Fotovoltaik- und Biomasseprojekten;
- aufgrund erhöhter Risikoprämien trotz niedriger Marktzinsen stark gestiegene Kosten der Fremdkapitalaufnahme, die nicht nur, aber auch Erneuerbare-Energien-Projekte betroffen haben;
- verringerte Darlehenslaufzeiten (auf sechs bis sieben Jahre) und Dauern von Zinsbindungen auch für erneuerbare Energien, was wegen der langen Laufzeiten Erneuerbare-Energien-Projekte besonders hart trifft;
- eine Zunahme des Zeitaufwandes für die Umsetzung von Erneuerbare-Energien-Vorhaben;
- angesichts generell restriktiverer Kreditpolitik der Banken zunehmende Schwierigkeiten für Investoren, die nicht zur Kernkundschaft zählen oder die Hausbank wechseln wollen, oder neuen Akteuren, einen Zugang zu Krediten für Erneuerbare-Energien-Vorhaben zu bekommen;
- keine Bereitschaft der Kreditinstitute, bei Vorhaben mit großen Finanzierungsvolumina als *underwriter* zu fungieren und/oder Kredite zu syndizieren, sodass Verhandlungen mit mehreren Banken zeitgleich geführt werden müssen (*club deal*), was die Finanzie-

---

[116] Vgl. Chatham House u. a. (2009), S. 17.
[117] Vgl. REN21 (2009), S. 14; Böttcher (2009), S. 12 f.; Chatham House u. a. (2009), S. 17-19.
[118] Böttcher (2009), S. 13, schreibt auch, Festpreissysteme würden vorgezogen. Eine ähnliche Aussage wurde beim „Branchen- und Exportforum Erneuerbare Energien" während der Hannover-Messe 2009 getroffen. Dem widerspricht Hamilton (2009), S. 22, und verweist auf die Notwendigkeit eines stabilen Rahmens, unabhängig davon ob ein Einspeisetarif oder ein Zertifikatesystem gewählt wird.

I. Einleitung

rungsprozesse verlängert und höhere Transaktionskosten mit sich bringt – dies trifft die größeren Erneuerbaren-Energien-Projektfinanzie-rungen;
- die Konzentration einiger Banken auf die heimischen Märkte, insbesondere bei Verschlechterung der Ratings anderer Länder, die bei deutschen Kreditinstituten zu einer Bevorzugung Erneuerbarer-Energien-Finanzierungen in Deutschland geführt hat;
- zugleich jedoch auch Beschränkungen des Engagements im Segment erneuerbarer Energien, die durch Investitionskomitees gesetzt wurden, um die Risiken zu begrenzen, bei Investment- und Pensionsfonds insbesondere auf gut diversifizierte, weniger risikoreiche Erneuerbare-Energien-Vorhaben, die dennoch ein großes Volumen aufweisen.

Als Reaktion auf die Finanzkrise wurden öffentliche Konjunkturpakete aufgelegt, von denen weltweit 180 Milliarden US-Dollar für erneuerbare Energien bestimmt waren bzw. sind.[119] Es wird allerdings erwartet, dass es eine Weile dauern wird, bis die Stimuli wirken. Insgesamt wird eine Neudefinition der Rolle öffentlicher Finanzierungen festgestellt.[120]
Die konkreten Auswirkungen und Probleme durch die Finanzkrise hängen stark von der Form der öffentlichen Unterstützung bzw. den Rahmenbedingungen für erneuerbare Energien ab. So werden Investitionen in erneuerbare Energien in den USA durch Steuervorteile gefördert. Auf Grund der geringeren Steuerschulden potenzieller Investoren ergaben sich hieraus Probleme, investitionswillige Unternehmen bzw. Fonds zu finden.[121]

3.2 Besonderheiten von Erneuerbare-Energien-Projekten

Erneuerbare-Energien-Projekte weisen eine Reihe von Besonderheiten auf, die technologiespezifisch oder typisch für den Energiesektor insgesamt sind.[122] So handelt es sich im Regelfall um neuere Technologien mit höheren Betriebsrisiken. Kleinere Projektgrößen führen zu höheren Transaktionskosten pro produzierte Energieeinheit. Auf Grund hoher anfänglicher Investitionskosten und einer höheren Rate von Investitions- zu Betriebskosten müssen langfristige Finanzierungen zu akzeptablen Konditionen gefunden werden. Es besteht zudem eine hohe Sensibilität hinsichtlich Kapitalstruktur und Finanzierungsbedingungen. Soweit die Technologien noch nicht mit etablierten Formen der Energiegewinnung und -nutzung konkurrenzfähig sind, besteht eine Abhängigkeit von öffentlicher Unterstützung, wobei die Konkurrenzsituation durch fehlende Internalisierung externer Effekte oder Subventionierung fossiler Energieträger beeinträchtigt sein kann.

---

[119] Vgl. REN21 (2009), S. 14.
[120] Vgl. Chatham House u. a. (2009), S. 17.
[121] Vgl. Schwabe u. a. (2009). Eine Übersicht über die Folgen der Finanzkrise in den USA findet sich ebd. auf S. vii.
[122] Vgl., auch zum Folgenden, KfW (2005), S. 2-4; Sonntag-O'Brien/Usher (2004a,b).

Der lange Planungs- und Investitionszeitraum führt dazu, dass Energieprojekte allgemein und Erneuerbare-Energien-Vorhaben im Besonderen als hochriskant gelten, sofern nicht über einen (stabilen) Einspeisetarif und (durchsetzbare) rechtliche Regelungen zur Energieabnahme Sicherheit auf der Absatzseite geschaffen wird.

Die Attraktivität dieses Investitionssegmentes ergibt sich damit aus politisch gesetzten Anreizen: Preisregulierungen, insbesondere Einspeisetarifen, Mengenregulierungen (Auflagen und handelbaren Zertifikaten, Portfoliostandards), Steueranreizen (z. B. *Production Tax Credits*, PTC, in den USA) oder Zinsvergünstigungen.[123] Dies führt auf der anderen Seite dazu, dass der gesamte Bereich erneuerbarer Energien stark von politischen Rahmenbedingungen abhängt; politische und regulatorische Risiken sind extrem hoch. Die Dauer des Regimes, die gesetzlichen Grundlagen, die Möglichkeit von Änderungen des Rechtsrahmens, die Erfahrungen mit Anpassungen sowie die Implikationen von Regierungswechseln sind Faktoren, die bei der Finanzierungsentscheidung eine Rolle spielen. Zu bedenken sind auch Planungs- und Genehmigungsprozesse, Netzzugang bzw. Infrastruktur sowie Abnahmeverträge bzw. Regeln mit Blick auf die Abnahme produzierter Energie.

Neben diesen politischen Risiken und allgemeinen Länderrisiken, die für alle Formen erneuerbarer Energien gleich sind, unterscheiden sich die weiteren wesentlichen Unsicherheiten, je nachdem welche Technologie man betrachtet. Für Biogasvorhaben etwa werden Ressourcen- sowie Genehmigungs- bzw. Akzeptanzrisiken hervorgehoben.[124] Auf Grund der sehr unterschiedlichen Entwicklungsstände einzelner Technologien und der jeweils typischen Projektstrukturen und Risiken kommen unterschiedliche Finanzierungsformen und Risikomanagementinstrumente zum Einsatz.

3.3 Überblick über Finanzierungsformen

Grundsätzlich kommen die gleichen Finanzierungsformen zur Anwendung, die auch bei anderen Objekten genutzt werden – Unternehmensfinanzierungen, Projektfinanzierungen (*non-recourse* oder *limited resource*, s.u.), Mezzaninekapital und Refinanzierung auf Bankenseite sowie zur Einwerbung externen Eigenkapitals *venture capital*- und *private equity*-Gesellschaften sowie institutionelle Investoren (z. B. Infrastrukturfonds, Pensionsfonds).[125] In frühen Technologiephasen oder Entwicklungsstufen des Unternehmens spielen externes Beteiligungskapital von *business angels*, *venture capital* und *private placement firms*, aber auch zurückbehaltene Gewinne, persönliche Ersparnisse oder Kredite von Freunden und Verwand-

---

[123] Vgl., auch zum Folgenden, Chatham House u. a. (2009), S. 13. Ähnliche Überlegungen finden sich bei Böttcher (2009), S. 101 f., wo der Verfasser kurz auf rechtliche Fragen (echte und unechte Rückwirkung) sowie unterwünschte Marktergebnisse, die im Widerspruch zu staatlichen Zielsetzungen stehen, als Grund für Änderungen von Regulierungen eingeht.
[124] Vgl. KfW (2005), S. 26.
[125] Vgl. Chatham House u. a. (2009), S. 3-7.

I. Einleitung

ten eine besondere Rolle. Ist das Unternehmen entwickelt und die Technologie erprobt und verlässlich, kommt auch eine Projektfinanzierung in Frage.[126] Da diese Form bei der Finanzierung erneuerbarer Energien inzwischen als Standard gelten kann,[127] wird hierauf gesondert eingegangen. Besonderheiten bestehen bei einigen Formen erneuerbarer Energien wie der Geothermie, bei der noch nicht hinreichend Erfahrungen mit Projekten bestehen,[128] oder offshore-Windparks, bei denen Mezzaninekapital eine größere Rolle spielt.[129] Nur die größeren Energieversorgungsunternehmen verfügen über die gesamte Bandbreite an Finanzierungsinstrumenten. Kleinere Unternehmen haben oft ein Interesse daran, die Vorhaben außerhalb ihrer Bilanz (*off-balance sheet*) zu führen.

Mit der technologischen Entwicklung, zunehmenden Erfahrungen der Beteiligten, insbesondere auch der Financiers, sowie (Finanz- und Energie-)Marktentwicklungen unterliegen die Finanzierungsformen einem Wandel. Für die USA haben Cory u. a. Innovationen in der Windenergie- und Fotovoltaikfinanzierung untersucht. Ein Trend, den sie feststellen, ist das zunehmende Interesse von Energieversorgern im Bereich Windenergie, wobei unternehmenseigene Mittel für die Finanzierung genutzt werden.[130] Eine zweite Entwicklung im Bereich der Windenergiefinanzierung stellen Projekte dar, die keine Abnahmeverträge (*Power Purchase Agreements*, PPAs) abschließen, sondern den Strom zu Marktpreisen verkaufen. Dies ist in Phasen von kurzzeitigen Preisdifferenzen wirtschaftlich interessant.[131] Zur Begrenzung der Risiken werden Derivate eingesetzt (*contracts for differences, electricity market put options, collars*).[132] Ein besonderes Problem ergibt sich im Zusammenhang mit Erneuerbare-Energien-Zertifikaten (*renewable energy certificates*, RECs, oder *tradable green certificates*, TGCs)[133]: Fremdkapitalgeber bewerten diese trotz der Bedeutung, die Einnahmen aus dem Verkauf dieser Zertifikate für das Projekt haben können, im Regelfall geringer, sofern sie diesen überhaupt einen Wert beimessen.[134]

Die Autoren stellen ferner einen Trend zur Konsolidierung via *mergers and acquisitions* (M & A) fest: Investoren erwerben Windenergie-Projektentwickler. Bei der Finanzierung spie-

---

[126] Vgl. Murphy u. a. (2002). Für einen Überblick über das „finance continuum" vgl. auch Sonntag-O'Brien/Usher (2004a); UNEP/New Energy Finance (2009), S. 9. Auf die Besonderheiten im Zusammenhang mit Emissionshandelssystemen und *carbon finance* wird an dieser Stelle nicht näher eingegangen, da dies für die weiteren Untersuchungen keine Bedeutung hat.
[127] Für die Fotovoltaik vgl. z. B. forseo GmbH (2008b), S. 36, für Biomasse-Projekte z. B. forseo GmbH (2008a), S. 28.
[128] Vgl. forseo GmbH (2008c), S. 45.
[129] Vgl. FINANCIAL GATES GmbH/HypoVereinsbank AG (2007), S. 13.
[130] Vgl. Cory u. a. (2008), S. 7.
[131] Vgl. Cory u. a. (2008), S. 8. Für Deutschland gibt es im Windenergiebereich ähnliche Überlegungen, wobei Banken – auch in den USA – sich skeptisch äußern und weniger bereit sind, Darlehen an derartige Projekte zu vergeben; vgl. FINANCIAL GATES GmbH/HypoVereinsbank AG (2007), S. 37-39; Cory u. a. (2008), S. 16.
[132] Vgl. Cory u. a. (2008), S. 10 f.
[133] Für eine Analyse solcher Zertifikatesysteme vgl. z. B. Nielsen/Jeppesen (2003).
[134] Vgl. Cory u. a. (2008), S. 15.

len dann oft auf Grund der geringeren Transaktionskosten und dem anderen Zugang zu Krediten Unternehmensfinanzierungen eine größere Rolle als Projektfinanzierungen.[135] Der vierte Trend, den sie beschreiben, sind unterschiedliche Formen der Diversifizierung.[136] Dies betrifft zum einen die Bildung von Portfolien aus mehreren Einzelvorhaben. Die Projektgesellschaft kann dann – eine Mindestgröße sowie Garantien des Mutterunternehmens vorausgesetzt – Anleihen am Kapitalmarkt platzieren.[137] Zum anderen werden Partnerschaften von Eigenkapitalgebern (*equity investment partnerships*) gegründet. Dies können Projektentwickler und externe Investoren oder auch unterschiedliche aktive und passive Investoren sein, die sich zusammentun.[138]

Zu untersuchen wäre, ob ähnliche Entwicklungslinien auch im Biogassektor zu beobachten sind bzw. aus welchen Gründen welche Finanzierungsformen gewählt werden. Formen und Entwicklungen dürften sich dabei von Segment zu Segment unterscheiden, worauf näher im Abschnitt 4 zur Biogasfinanzierung eingegangen wird.

3.4 Projektfinanzierung als dominierende Finanzierungsform

Auch wenn, wie dargestellt, eine Reihe unterschiedlicher Finanzierungsformen bei Erneuerbare-Energien-Vorhaben zur Anwendung gelangt, kommt der Projektfinanzierung, die auch bei Fondsvorhaben genutzt wird, die größte Bedeutung zu.[139] In Deutschland wurden Windkraftanlagen in den ersten Jahren zum größten Teil über Beteiligungsmodelle finanziert. Dabei spielten Verlustzuweisungen und damit steuerliche Aspekte eine zentrale Rolle. Die Steuervorteile konnten bei KG-Modellen bis Ende 2005 genutzt werden.[140] Einem zwischenzeitlichen Finanzierungsengpass ab 2003 zum Trotz[141] hat sich auf diese Weise die Projektfinanzierung zur dominierenden Finanzierungsform bei erneuerbaren Energien entwickelt. Projektfinanzierungen sind Finanzierungen einer wirtschaftlich selbständigen Einheit mit Rückgriff zunächst ausschließlich auf die Einzahlungsüberschüsse (*cash flows*) und Vermögenswerte (*assets*) des Projektes.[142] Folgende Merkmale kennzeichnen eine Projektfinanzierung:

---

[135] Vgl. ebd., S. 18 f.
[136] Vgl. ebd., S. 23-25.
[137] Vgl. ebd., S. 23.
[138] Vgl. ebd., S. 24.
[139] Vgl. Degenhart (2008).
[140] Mit Änderung des Einkommensteuergesetzes durch das Gesetz zur Beschränkung der Verlustverrechnung im Zusammenhang mit Steuerstundungsmodellen vom 22.12.2005 (BGBl. I S. 3683) ist der Steuervorteil entfallen. Vgl. zu den steuerrechtlichen Vorschriften auch Lüdicke/Arndt (2009), S. 73-78.
[141] Vgl. FINANCIAL GATES GmbH/HypoVereinsbank AG (2007), S. 12.
[142] Für die Definition vgl. Nevitt/Fabozzi (2000), S. 1. Eine Zusammenstellung unterschiedlicher Definitionen bietet Esty (2004), Website.
Die folgende Übersicht ist zusammengestellt aus Achleitner (2001), S. 438-440; Ortseifen (2002), S. 722; Reuter/Wecker (1999), S. 1-21; Tytko (1999), S. 7-15; Roberts/Kasbekar-Shah (2009), S. 31-34, sowie Wolf (2003), S. 59-68.

I. Einleitung

- Es wird eine klar abgegrenzte und befristete Aufgabenstellung festgelegt. Bei Erneuerbare-Energien-Vorhaben ist dies die Planung, die Errichtung und der Betrieb von Anlagen zur Energieerzeugung (Strom, Wärme und/oder Kraftstoffe).
- Der Aufgabe sind Vermögenswerte, Finanzierungsmittel und ein selbständiger Zahlungsstrom zugeordnet.
- Die Laufzeit des einzelnen und einmaligen Vorhabens ist i. d. R. begrenzt. Bei erneuerbaren Energien in Deutschland wird die feste Einspeisevergütung für einen Zeitraum von 20 Jahren gewährt. Dies dürfte daher in den meisten Fällen dem Investitionshorizont der Projektsponsoren entsprechen.
- Das eingesetzte Kapital wird aus dem *cash flow* des Projektes bedient. Daher wird auch von *cash flow related lending* gesprochen.
- Darüber hinaus ist es üblich, das Projekt durch Gründung einer Ein-Zweck-Gesellschaft (*Single Purpose Company*, SPC, oder *Special Purpose Vehicle*, SPV) auch rechtlich eigenständig zu verankern.
- Der Rückgriff auf die Eigenkapitalgeber wird ausgeschlossen (*non-recourse*) oder eingeschränkt (*limited recourse*). Bei vollem Rückgriff handelt es sich nicht mehr um eine Projektfinanzierung.[143]
- Mittels der Herauslösung aus den beteiligten Unternehmen ist es möglich, die Finanzierung bilanzneutral zu gestalten (*off-balance sheet financing*).[144]
- Das Gesamtrisiko eines Fehlschlages wird auf alle Projektbeteiligten verteilt (*risk sharing*). Jeder Beteiligte haftet nur begrenzt und nur für die Risiken, die im Rahmen des Risk-Sharing-Prozesses übernommen wurden. Dies begründet sich in der Spezialisierung der verschiedenen Parteien und den aufgabenspezifischen Risiken, die jede Partei für sich am besten einschätzen, kontrollieren und tragen oder versichern kann. Dies bedeutet zugleich, dass niemand innerhalb der Konstruktion zuviel Einfluss bekommen darf, sondern dass jeder im Rahmen seiner Möglichkeiten effektiv beteiligt wird.

Aus Kostengründen wird die Technik der Projektfinanzierung üblicherweise bei größeren Projekten mit einem Volumen von mehr als 10 Millionen Euro angewandt. Wegen der Sicherheit auf der Absatzseite durch das EEG sind in Deutschland bei erneuerbaren Energien auch Pro-

---

[143] Vgl. Achleitner (2001), S. 439; der Abgrenzung von Tytko (1999), S. 13, die mit *full recourse lending* eine dritte Klasse der Projektfinanzierung definiert, wird damit nicht gefolgt. Böttcher/Blattner (2006), S. 23, führen ebenfalls drei Formen, vermerken aber zugleich, dass es sich bei *full recourse* um „keine echte Projektfinanzierung" handele.
[144] Zu beachten ist allerdings, dass Projektfinanzierungen eventuell doch im Anhang der Bilanz anzugeben sind (§ 285 Nr. 3 Handelsgesetzbuch, HGB) und dass bei Beteiligungen über 50% bzw. weitgehenden Einflussrechten die Vorschriften zur Konzernrechnungslegung greifen können; vgl. Reuter/Wecker (1999), S. 17-19.

jektfinanzierungen mit geringerem Volumen anzutreffen. Das Engagement von Banken wird insgesamt auf die Einführung des EEG zurückgeführt.[145]

Zusätzliche Rückgriffsrechte der Kreditgeber gegenüber den Eigenkapitalgebern sind bei Erneuerbare-Energien-Projekten eher die Ausnahme,[146] wobei für Projektfinanzierungen oft Fertigstellungsgarantien gegeben werden und damit die Haftungen bis zur ordnungsgemäßen Errichtung der Anlagen über die Eigenkapitaleinlagen hinausgehen bzw. das Risiko an Dritte abgetreten wird.[147] Non-Recourse-Finanzierungen kommen bei Projektfinanzierungen im Allgemeinen dann vor, wenn sich die Zahlungsströme gut kalkulieren lassen und das Projekt insgesamt veräußerbar ist.[148] Bei Fotovoltaik- und Windenergievorhaben in Deutschland dürften diese Voraussetzungen im Regelfall gegeben sein. Bei Biogasanlagen dagegen dürften Non-Recourse-Finanzierungen auf Grund der genehmigungsrechtlichen Anforderungen (privilegiertes Bauen im Außenbereich)[149], wegen des Betreuungsaufwandes, der zu leisten ist, und in Folge der Rohstoffpreisrisiken seltener anzutreffen sein.

Die Eigenkapitalquoten im Bereich Windenergie und Fotovoltaik werden mit 20-30 Prozent beziffert. Vor der Finanzkrise gab es im Bereich der Windenergie auch Vorhaben, die zu über 90 Prozent fremdfinanziert wurden.[150] Bei der Bewertung aus Bankensicht spielt die Kapitaldeckungsrate (Debt Service Cover Ratio, DSCR) eine besondere Rolle. Für Windenergieprojekte wird im Regelfall eine DSCR von 1,2 bis 1,3 gefordert.[151] Bei der Fotovoltaik liegt der erwartete Wert bei 1,05-1,15 auf Grund der geringeren Volatilität der Sonneneinstrahlung im Vergleich zum Wind.[152]

Üblicherweise werden Projektfinanzierungen nur für bewährte Technik vorgenommen. Im Bereich der erneuerbaren Energien allgemein und Biomassevorhaben im Besonderen ist hiermit das Problem verbunden, dass sich die Technologien z. T. sehr schnell wandeln und daher die Gefahr besteht, dass die eingesetzte Technik sehr schnell als veraltet gilt.[153] Um dennoch für den Fremdkapitalgeber ausreichend Sicherheit zu bieten, sind Verfügbarkeitsgarantien wichtig, womit die verfahrenstechnischen Risiken dem Garantie gebenden Projektbeteiligten zugewiesen werden.

---

[145] Vgl. FINANCIAL GATES GmbH/HypoVereinsbank AG (2007), S. 10.
[146] Vgl. ebd.
[147] Vgl. Böttcher (2009), S. 34 f.
[148] Vgl. ebd., S. 35.
[149] Zur Privilegierung gemäß § 35 Abs. 1 Nr. 6 lit. d Baugesetzbuch (BauGB) vgl. z. B. Hinsch (2007), S. 402; Maslaton (2009), S. 157.
[150] Vgl. FINANCIAL GATES GmbH/HypoVereinsbank AG (2007), S. 12.
[151] Vgl. Degenhart/Pehl (2009), S. 26, auch für eine Diskussion weiterer Cash-Flow-Kennziffern.
[152] Vgl. FINANCIAL GATES GmbH/HypoVereinsbank AG (2007), S. 12, 15. Für Biogas wird dort kein Wert angegeben, den die DSCR erreichen müsse.
[153] Vgl. zur Erörterung dieses Problems Böttcher (2009), S. 195-197.

Böttcher erörtert zwei weitere Besonderheiten von Biomasseprojekten: Nutzungskonkurrenzen sowie den Umgang mit dem Ressourcenrisiko. Biomasse kann nicht nur energetisch (Strom, Wärme, Kraftstoffe), sondern auch stofflich genutzt werden. Gerade bei der globalen Betrachtung spielen die Konkurrenzen zum Nahrungsmittelanbau eine Rolle. Ökologische und soziale Restriktionen sind daher von Projektsponsoren wie Fremdkapitalgebern zu beachten.[154] Die Beachtung sozialer und ökologischer Aspekte kann nicht nur unter ethischen, sondern auch unter Risikomanagementgesichtspunkten (Akzeptanz in der Nachbarschaft) sowie mit Verweis auf die Abhängigkeit von politischen Rahmensetzungen begründet werden.

Eine Schwierigkeit bei Biomasseprojekten besteht darin, langfristige Lieferverträge zu bekommen. Aus Bankenperspektive sollten die Verträge die Darlehenszeit abdecken. Sie müssten wohl angesichts von Ernteertragsschwankungen mit mehreren Lieferanten geschlossen werden. Zudem, so Böttcher, sollten sie Strafzahlungen bei Nichteinhaltung beinhalten.[155] Festpreise sind jedoch kaum durchsetzbar. Termingeschäfte und vergleichbare Derivate entsprechend langer Laufzeit gibt es bislang nicht.[156] Eine mögliche Risikomanagementstrategie sei es deshalb, den Lieferanten als Sponsor in die Projektfinanzierung einzubeziehen.[157]

4. Finanzierung von Biogasanlagen

4.1 Überblick

Zur Finanzierung von Biogasanlagen gibt es insgesamt wenige Studien. Publikationen beschränken sich weitgehend auf Präsentationen und Konferenzvorträge[158] oder Berichte in praxisorientierten Zeitschriften[159]. Diese beinhalten oft allgemeine Erläuterungen zu Finanzierungsformen sowie zum Ablauf der Kreditprüfung und -verhandlungen. Zudem gibt es eine Reihe von Analysen der Faktoren, die die Wirtschaftlichkeit von Biogasanlagen bestimmen.[160] Ergebnisse einiger Arbeiten, die Finanzierungsgewohnheiten bei Biogasprojekten und das Investitionsverhalten von Landwirten zum Gegenstand haben, werden in den folgenden Unterabschnitten etwas ausführlicher dargestellt.

---

[154] Vgl. ebd., S. 189.
[155] Vgl., auch zum Folgenden, ebd., S. 210 f.
[156] Vgl. ebd., S. 211. Böttcher (2009), S. 211 f., verweist auf Notierungen für Raps und Weizen über ein Jahr sowie bei Soja und Mais bis zu einem halben Jahr.
[157] Vgl. ebd., S. 212.
[158] Vgl. z. B. Drescher (2004), Vortrag; Schmidt (2006), Präsentation; Reimer (2009).
[159] Vgl. z. B. Rettberg/Kanowski (2007); Mielke (2009).
[160] Vgl. z. B. Hasselmann/Bergmann (2007); Rauh u. a. (2008); Reinhold (2009).

In den Vorträgen und Zeitschriftenbeiträgen wird hervorgehoben, dass
- bei Projektfinanzierungen die Eigenkapitalquote – wie für Erneuerbare-Energien-Vorhaben üblich – zwischen 20 und 30 Prozent liege;[161]
- von Banken Generalübernehmer- ebenso wie Voll- oder Teilwartungsverträge bevorzugt würden;[162]
- Lieferverträge für die Substrate die gesamte Kreditlaufzeit abdecken sollten, dass eine Regelung für den Fall getroffen werden müsse, dass Lieferanten ausfallen, und dass Verträge auf Dritte übertragbar sein sollten;[163]
- auf Grund der Anfahrphase von Biogasanlagen die Tilgung nicht zu früh beginnen dürfe;[164]
- negative Erfahrungen von Banken mit Biogasfinanzierungen das regionale Kreditangebot erheblich beeinträchtigen können.[165]

Landwirte kooperierten in zunehmendem Maße mit externen Investoren.[166] Aus Sicht der Landwirte sei dies vorteilhaft, wenn sie nicht über hinreichend finanzielle Ressourcen verfügten, das Risiko der Investition nicht (alleine) tragen oder ohnehin nur als Rohstofflieferant tätig werden wollten. Auf Investorenseite spielen die Suche nach Alternativen zu fossilen Energieträgern und das Thema Klimaschutz, d. h. ethisch-ökologische Anlagekriterien, eine wesentliche Rolle. Es gebe jedoch wenige institutionelle Anleger in diesem Segment.[167] Rettberg und Kanowski weisen zudem darauf hin, die Biogasprojekte, die über Fondsmodelle finanziert würden, seien nicht immer ökonomisch optimiert.[168] Bei Biogasfonds werde der Betrieb der Anlage(n) oft auf eine Betreibergesellschaft – zum Teil eine Tochter der Fondsgesellschaft – übertragen, die Eigen- oder Fremdkapital von der Fondsgesellschaft zur Verfügung gestellt bekomme.[169]

Mit Blick auf die Investitionsabsichten wird ab dem ersten Quartal 2007 bis ins Jahr 2008 ein deutlicher Rückgang auf Seiten der Landwirte konstatiert.[170] Durch den Anstieg der Substratkosten seien zahlreiche Anlagen in wirtschaftliche Schwierigkeiten geraten, wobei unterschiedliche Angaben zum Anteil der schlecht laufenden Biogasanlagen gemacht werden. Zitiert werden Meldungen von Kreditinstituten, wonach 30 Prozent der Anlagen Liquiditäts-

---

[161] Vgl. Schmidt (2006); Reimer (2009), S. 91.
[162] Vgl. Reimer (2009), S. 90, 92.
[163] Vgl. Schmidt (2006).
[164] Vgl. Reimer (2009), S. 90 f.
[165] Vgl. Drescher (2004).
[166] Vgl., auch zum Folgenden, Rettberg/Kanowski (2007), S. 30 f.
[167] Vgl. ebd., S. 28.
[168] Vgl. ebd., S. 30.
[169] Vgl., auch zu möglichen Grundstrukturen von Biogasfonds, Lüdicke/Arndt (2009), S. 266 f.
[170] Vgl. Brand-Saßen (2008), S. 188.

I. Einleitung

engpässe aufwiesen.[171] An anderer Stelle heißt es, die Hälfte aller Anlagen mache keinen Gewinn mehr.[172] Neben Änderungen in den politischen Rahmenbedingungen ist die Lage der Agrarmärkte damit eine Ursache für zyklische Entwicklungen der Investitionstätigkeiten. So haben günstige Marktentwicklungen und die Novellierung des EEG, insbesondere die Einführung des Güllebonus, dazu geführt, dass die Investitionstätigkeiten im Biogasbereich wieder zugenommen haben.[173]

4.2 EnergieAgentur.NRW/forseo GmbH (2006)

Gemeinsam mit der EnergieAgentur.NRW hat die forseo GmbH im Jahr 2006 einen Leitfaden für Kreditinstitute herausgegeben, dem einige Informationen zum Stand und zu Problemen bei der Biogasfinanzierung entnommen werden können. Auf Grund der Entwicklungen in der Branche seit 2005/6 muss jedoch davon ausgegangen werden, dass sich die Finanzierungssituation inzwischen geändert hat. Insofern können die in der genannten Publikation getroffenen Aussagen als Referenzpunkt dienen und genutzt werden, um Entwicklungslinien nachzuzeichnen und Veränderungen, die sich ergeben haben, zu beschreiben.

Die EnergieAgentur.NRW und die forseo GmbH unterscheiden grundsätzlich vier Projekttypen:[174]

1. Kleine Biogasanlagen, die in den landwirtschaftlichen Betrieb integriert sind und klassisch kreditfinanziert werden.
2. Mittelgroße Biogasanlagen, die zunehmend von landwirtschaftlichen Großbetrieben errichtet werden, wobei die Kredite weiter über den Betrieb abgesichert werden.
3. Projektgesellschaften als Zusammenschluss, nicht nur von Landwirten, sondern auch weiteren Partnern wie Kommunen, Entsorgungsbetrieben, Industriebetrieben, Herstellern oder Projektentwicklern, wobei in zunehmendem Maße Projektfinanzierungen vorgenommen werden.
4. Große, industrielle Biogasanlagen mit einer installierten Leistung von ein bis zwei $MW_{el.}$, die von Unternehmen oder landwirtschaftlichen Zusammenschlüssen errichtet werden.

Eine Aussage zu Entwicklungstendenzen bzw. Verteilungen, welcher Projekttypus wie häufig vorkommt, findet sich – über die allgemeine Feststellung gestiegener Projektgrößen und Finanzierungsvolumina[175] hinaus – nicht. Gleichwohl können unter Berücksichtigung der ange-

---
[171] Vgl. Stockinger (2007), S. 21.
[172] Vgl. Rettberg/Kanowski (2007), S. 29.
[173] Vgl. Schaper/Theuvsen (2010), S. 116 f.
[174] Vgl. EnergieAgentur.NRW/forseo GmbH (2006), S. 12.
[175] Vgl. ebd.

gebenen spezifischen Investitionskosten Anfangsinvestitionsvolumina von ca. 200.000-280.000 Euro für die erstgenannte, ca. 600.000-800.000 Euro für die zweite und 1,7 bis mehr als 4 Millionen Euro für die vierte Gruppe berechnet werden.[176]
Bereits im Vorwort weist Virginia Sonntag-O'Brien auf die Zurückhaltung der Banken hin.[177] Große Banken stiegen erst bei Projekten ab 1 $MW_{el.}$ installierter Leistung bzw. 2,5 Millionen Euro Projektvolumen ein. Kleinere oder mittelgroße Banken würden nur aktiv, wenn der Landwirt lange bekannt und das Projekt überschaubar sei. Klaus Schmuck[178] weist im Interview auf das umfangreiche Know-how hin, das eine Bank besitzen müsse, um die notwendigen Prüfungen der Kreditwürdigkeit, der Bonität des landwirtschaftlichen Betriebes, der Wirtschaftlichkeit des Vorhabens und der technischen Machbarkeit sowie die Beurteilung des Standortes für die Biogasanlage vornehmen zu können. Dieses könne durch Bildung von Fachteams innerhalb einer Bank gesichert oder extern eingekauft werden.[179] Ferner weist er auf die Notwendigkeit von Rücklagen für Schadensfälle sowie langfristige Lieferverträge hin. Die Laufzeit des Kredits solle maximal zwölf Jahre betragen.

Außerdem werden im Leitfaden noch Aussagen zur üblicherweise geforderten Eigenkapitalquote gemacht: Diese liege im Regelfall bei 20 bis 30 Prozent. Bei guter Bonität der landwirtschaftlichen Betriebe werde zum Teil wesentlich weniger oder gar kein Eigenkapital gefordert.[180]

An verschiedenen Stellen in der Publikation finden sich Aussagen zu Finanzierungsformen. So wird die Einschätzung Schmucks wiedergegeben, künftig würden verstärkt Fonds- oder Beteiligungsmodelle eingesetzt, um fehlendes Eigenkapital extern einzuwerben. Darüber hinaus seien Genossenschaften eine sinnvolle Organisationsform, um Zulieferer einzubinden und das wirtschaftliche Risiko zu quotieren.[181] Hinsichtlich der Beteiligungs-, d. h. im Regelfall geschlossenen, Fonds wird an anderer Stelle auf deren zunehmende Bedeutung in Folge einer gestiegenen Nachfrage auf Anlegerseite hingewiesen.[182] Im Regelfall werde eine GmbH & Co. KG gegründet, ggf. die Fondsgesellschaft – über die das Eigenkapital eingesammelt wird – von der Projektgesellschaft – die die Errichtung und den Betrieb der Biogasanlage übernimmt – getrennt. Der Bedarf für Risikokapital wird mittelfristig als gering einge-

---

[176] Vgl. die spezifischen Investitionskosten für Blockheizkraftwerke (BHKW), die einen Anteil von 25-35 Prozent der gesamten Investitionskosten ausmachen; ebd., S. 28.
[177] Vgl., auch zum Folgenden, ebd., S. 5.
[178] Zu der Zeit Dresdner Bank, Head CoC Renewable Energies RM, Allianz Climate Core Group, Berlin. Die Dresdner Bank ist inzwischen von der Commerzbank übernommen worden, welche wiederum ein eigenes Kompetenzzentrum für erneuerbare Energien in Hamburg unterhielt und -hält.
[179] Vgl. ebd., S. 6.
[180] Vgl. ebd., S. 25.
[181] Vgl. ebd., S. 6.
[182] Vgl., auch zum Folgenden, ebd., S. 13.

stuft. Leasing und Contracting könnten dagegen eine größere Rolle spielen.[183] Beim Contracting könne die Landwirtschaft als Rohstofflieferant oder gleichberechtigter Partner in der Betreibergesellschaft fungieren. Während das Contractingmodell in Deutschland kaum zur Anwendung gelangt sei, gebe es in der Schweiz mehrere Beispiele hierfür. Biogasleasing wird als ein Geschäftsfeld für spezialisierte Banktöchter gesehen. Alternativ könnten Projekt-Leasinggesellschaften gegründet werden, an denen sich Investoren mit Eigenkapital beteiligen. Diese Finanzierungsform sei bei der Beschaffung von BHKW häufiger angewendet worden. Komplette Anlagen seien nur in sehr wenigen Einzelfällen über Leasing finanziert worden. Es wird jedoch ein zunehmendes Interesse erwartet.

Im Leitfaden wird daneben auf die Bedeutung der Fördermittel, insbesondere der Kreditanstalt für Wiederaufbau (KfW), aber auch der Landwirtschaftlichen Rentenbank, verwiesen. Daneben würden Biogasanlagen aus Mitteln des AFP unterstützt.

Schließlich werden Erfahrungen von Biogasberatern dargestellt, die u. a. die folgenden Problembereiche identifizieren:[184]

- Die optimale Anlagengröße bemesse sich in hohem Maße nach den lokalen Gegebenheiten. Diese müssten folglich auch bei der Kreditprüfung bewertet werden.
- Allein mit den Stromerlösen seien Biogasanlagen kaum wirtschaftlich zu betreiben. Als weitere Einnahmequellen werden Entsorgungseinnahmen und der Bonus für nachwachsende Rohstoffe (NawaRo) genannt. Eine Wärmeabnahme sei wegen der Lage im Außenbereich oft schwierig. Dies müsse bei der Bewertung des Konzeptes bedacht werden.
- Der Kostenfaktor Rohstoffbeschaffung (Saatgut, Arbeitszeit, Maschinenkosten, Transport, evtl. Pacht) werde häufig unterschätzt. Die Stromerträge würden oft überschätzt, d. h. die Laufzeit und die Biogaserträge des Substrates. Hier gelte es folglich, bei der Begutachtung der Wirtschaftlichkeitsberechnungen realistische Werte einzusetzen.

Ferner wird an gleicher Stelle auf die Notwendigkeit der Entwicklung standardisierter Anlagenkonzepte in Deutschland hingewiesen.

4.3 HypoVereinsbank-Studien

Die HypoVereinsbank hat im Jahr 2007 zwei Studien herausgegeben, die sich mit dem Stand und Prognosen der Energieversorgung in Deutschland[185] sowie den Finanzierungsbedingungen erneuerbarer Energien-Projekte[186] befassen. Im Folgenden werden wesentliche Befunde

---

[183] Vgl. zum Contracting: ebd., S. 13; zum Leasing: ebd., S. 14.
[184] Vgl. ebd., S. 39 f.
[185] Vgl. Bräuninger u. a. (2008); 1. Auflage November 2007.
[186] Vgl. FINANCIAL GATES GmbH/HypoVereinsbank AG (2007).

zum Biogassektor zusammengefasst, wobei insbesondere auf die zweitgenannte Arbeit eingegangen wird.

In der vom Hamburger Weltwirtschaftsinstitut (HWWI) bearbeiteten Studie werden Prognosen zur Energieproduktion und zum Energieverbrauch in Deutschland dargestellt. Mit Blick auf Biomasseanlagen wird die Grundlastfähigkeit hervorgehoben. Das Potenzial von Biogasanlagen wird mit Verweis auf eine Publikation des Bundesministeriums für Umwelt, Naturschutz und Reaktorsicherheit (BMU) von 2007 mit etwa 200.000 Anlagen angegeben.[187] Betont wird der verstärkte Energiepflanzenanbau.[188] Darüber hinaus werden Perspektiven der Wasserstoffwirtschaft erörtert, welcher insbesondere für den Transportsektor in der Zukunft eine Bedeutung beigemessen wird.[189] Dies ist für den Biogasbereich insofern von Bedeutung, als dass die Verwendung als Treibstoff einen Nutzungspfad des Biogases darstellt und mit dem Wasserstoff eine Konkurrenz für diese Nutzung entstehen könnte.

Für die Biogasfinanzierung direkt von Relevanz sind die Hinweise auf die Rohstoffpreissteigerungen und Unsicherheiten im Zusammenhang mit der Novellierung des EEG, was zu einem geringeren Zubau und damit niedrigeren Investitionen im Jahr 2007 im Vergleich zu 2006 geführt habe.[190]

Die zweite Studie basiert auf Experteninterviews, die mit Beteiligten aus der Wind- (14 Interviewpartner), der Fotovoltaik (10) und der Biogas- (8)[191] bzw. Biokraftstoffbranche (3) geführt wurden.[192] Befragt wurden die Experten nach der üblichen Finanzierungspraxis sowie den Marktperspektiven. Die Untersuchungen zum Biogassektor sind in fünf Themengebiete unterteilt: Finanzierungsusancen, Substratbeschaffung bzw. Rohstoffkosten, Entwicklung der Anlagengröße, Energiepflanzenzüchtung und Perspektiven hinsichtlich der Netzeinspeisung. Mit Blick auf künftige Investitionen und Finanzierungen wird davon ausgegangen, dass weniger Landwirte aktiv würden, da die (kleineren) Anlagen kaum profitabel betrieben werden könnten. Dagegen träten verstärkt institutionelle Investoren und Energieversorger im Markt auf.[193] Bei den Großprojekten werden vermehrt Publikums-Fondslösungen, *joint ventures* von

---

[187] Vgl. Bräuninger u. a. (2008), S. 19, mit Verweis auf BMU (2007a). In der neuesten Auflage dieser Publikation ist „nur" noch von einer Verdopplung der Anlagenzahl bei Nutzung landwirtschaftlicher Rest- und Abfallstoffe die Rede; vgl. BMU (2009a), S. 105.
[188] Vgl. Bräuninger u. a. (2008), S. 20.
[189] Vgl. ebd., S. 22.
[190] Vgl. Bräuninger u. a. (2008), S. 19.
[191] Biogas Nord AG, E.ON Bioerdgas AG, Envitec Biogas AG, Fachverband Biogas e. V., MT-Energie GmbH & Co. KG, NAWARO BioEnergie AG, Pro2 Anlagentechnik GmbH und Schmack Biogas AG; vgl. FINANCIAL GATES GmbH/HypoVereinsbank AG (2007), S. 61.
[192] Einige Ergebnisse der Untersuchungen zu Windenergie und Fotovoltaik wurden oben bereits dargestellt; siehe Abschnitt 3.
[193] Vgl. FINANCIAL GATES GmbH/HypoVereinsbank AG (2007), S. 17.

institutionellen Investoren und Energieversorgern oder *private placements* bei *family offices* erwartet. Renditen zwischen 10 und 14 Prozent seien möglich.[194] Hinsichtlich der Finanzierungsgewohnheiten wird auf die Unterschiede zur Windenergie und Fotovoltaik verwiesen. Anders als bei Wind und Fotovoltaik bestehe bei Biogas für die Fremdkapitalgeber ein Totalverlustrisiko.[195] Daher sei v. a. bei kleineren Anlagen eine Recourse-Finanzierung üblich. Die Eigenkapitalquote wird mit 20 bis 30 Prozent beziffert, liege aber eher am oberen Ende. Die Laufzeit der Kredite betrage zwölf bis 15 Jahre. Im Regelfall würden zwei tilgungsfreie Jahre vereinbart. Die Refinanzierung erfolge zum größten Teil über die KfW. Bei größeren Anlagen komme auch eine Non-Recourse-Finanzierung in Frage. Als Voraussetzung gelte dabei ein schlüssiges Gesamtkonzept, das eine langfristige Liefer-, Preis- und Qualitätssicherheit der Substrate sowie Wärme- und Servicekonzepte umfasse. Substratlieferverträge seien überwiegend mit Preisgleitklauseln und festgelegten Ober- (*cap*) und Untergrenzen (*floor*) sowie einer Orientierung am Weizenpreis oder landwirtschaftlichen Erzeugerpreisen allgemein ausgestattet. Für die Fremdkapitalfinanzierung von Bedeutung seien ferner die Referenzen des Anlagenherstellers. In einem Interview führt Thomas Rubbert (HypoVereinsbank) weiter aus, die Bank prüfe das Konzept insbesondere auch hinsichtlich der Zusammenarbeit zwischen Betreibern und Landwirtschaft vor Ort. Eine Übervorteilung der Landwirte wird als nicht tragbares Risiko gesehen, weil diese am längeren Hebel säßen.[196] Die Risiken und v. a. die Komplexität der Projekte sprächen eher für eine Recourse- denn eine Non-Recourse-Finanzierung.[197]

Beim Marktüberblick und den Perspektiven wird zunächst auf das Thema der Substratkosten eingegangen. Dessen Bedeutung ergebe sich allein schon daraus, dass mit den gestiegenen Rohstoffpreisen rund ein Drittel der Biogasanlagen ein negatives wirtschaftliches Ergebnis aufwiesen.[198] Bei einem Zukauf mache der Posten Substrate 30 bis 40 Prozent der Gesamtkosten aus. Die Studienteilnehmer gingen von langfristig moderat steigenden Rohstoffpreisen aus. Eine Reaktion auf die genannten Entwicklungen sei die verstärkte Erfolgsbeteiligung für die Landwirte, die als Schlüssel zum Erfolg gesehen werde. Landwirte dürften nicht zum Substratlieferanten degradiert werden, weil dann kein Interesse mehr am Fortgang des Projektes bestehe. Eine Einbindung könne durch Kapital- oder Erfolgsbeteiligungen geschehen.[199] Fünfjahresverträge seien in der Regel kein Problem. Auch Zehnjahresverträge seien ggf. mit Preisgleitklauseln möglich.[200] Hingewiesen wird ferner auf die Bedeutung der Trans-

---

[194] Vgl. ebd., S. 17.
[195] Vgl., auch zum Folgenden, ebd., S. 17, 20.
[196] Vgl. ebd., S. 19.
[197] Vgl. ebd., S. 19.
[198] Vgl. ebd., S. 50.
[199] Vgl. ebd., S. 50.
[200] Vgl. ebd., S. 50.

portkosten. Für eine 500-kW-Anlage sei eine Anbaufläche von etwa 200 Hektar notwendig. In einigen Regionen bestünden Engpässe hinsichtlich der Anbauflächen für Substrate.[201] Zu bedenken sei die Entsorgung der Gärreste: Die Kosten hierfür variierten von Region zu Region. Im Ackerbau könnten die Gärreste als Substitut für (synthetische) Stickstoffdünger verwendet werden. In Veredelungsregionen seien die Flächen oft überdüngt und eine kostenpflichtige Entsorgung der Gärreste notwendig.[202]

Mit Blick auf Entwicklungen bei der Anlagengröße wird ein Ansteigen konstatiert.[203] Den früher kleinen, kostengünstigen Hofanlagen stünden heute immer größere Anlagen gegenüber. Für Finanzinvestoren, Stadtwerke und Energieversorger zähle allein Größe, die nur vom verfügbaren Input begrenzt werde. Die Angaben zu den Investitionskosten schwankten zwischen 3.000 und 5.000 Euro pro kW. Eine Unterscheidung nach Anlagengröße wird hierbei nicht vorgenommen. Rechtliche Bedenken werden hinsichtlich des verbreiteten Anlagensplittings geäußert, d. h. der Errichtung mehrerer 500-kW-Systeme an einem Ort, um die Vergütungsschwellen zu umgehen und eine höhere Grundvergütung zu erzielen.[204] Umstritten seien bei den Interviewpartnern – abgesehen von den direkt Beteiligten – Großprojekte wie der Biogaspark Klarsee der NAWARO Bioenergie AG in Penkun. Bedenken seien insbesondere bezüglich der Rohstoffversorgung geäußert worden, so dass die mittelfristige Rentabilität nicht gesichert sei. Die Skepsis auf Bankenseite zeige sich daran, dass für den Energiepark in Penkun kein Fremdkapital eingeworben werden konnte.[205] Die Gesamtleistung des Biogasparks beträgt 20 MW und damit das Fünffache dessen, was von Schmack Biogas als ideale Größe für die Biomethaneinspeisung angegeben wird.[206]

Das dritte Themenfeld, das beim Marktüberblick angesprochen wird, sind Flächenkonkurrenz und Optimierungspotenziale. Hinsichtlich des erstgenannten Aspekts werden lokale Fehlentwicklungen konzediert. Aufs Ganze gesehen gebe es in Deutschland allerdings kein Problem. Verbesserungen könnten durch Pflanzenzüchtungen und damit höhere Erträge bzw. einen geringeren Flächenverbrauch sowie durch die Optimierung des Fermentationsprozesses erzielt werden.[207]

Die Direkteinspeisung, das vierte Themenfeld, wird von den Interviewten als Zukunftsmarkt gesehen.[208] Sie sei eine Alternative zu einem Wärmekonzept in strukturschwachen ländlichen Regionen. Ohne Wärmekonzept seien NawaRo-Anlagen nicht wirtschaftlich zu betreiben.[209]

---

[201] Vgl. ebd., S. 51.
[202] Vgl. ebd., S. 51.
[203] Vgl., auch zum Folgenden, ebd., S. 52 f.
[204] Vgl. ebd., S. 53.
[205] Vgl. ebd., S. 53-55.
[206] Vgl. ebd., S. 53.
[207] Vgl. ebd., S. 56.
[208] Vgl. ebd., S. 58.
[209] Vgl. ebd., S. 58.

Als Probleme, die es zu lösen gelte, werden der Netzzugang, die Entgeltregelungen sowie technische Herausforderungen genannt. So sei wegen des Drucks und der Reinheit des Gases in der Erdgasleitung im Rheinland eine Einspeisung quasi nicht machbar.[210] Die Investitionskosten für Biogasanlagen mit Gasaufbereitung lägen im zweistelligen Millionenbereich. Dies erklärt, warum bei diesen Projekten andere Akteure, etwa die Energieversorger, auftreten. Für die E.ON Bioerdgas GmbH gibt Friedrich Wolf, damaliger Geschäftsführer, als Ziel aus, langfristig die Kapitalkosten zu verdienen.[211] Dies kann als ein Hinweis gedeutet werden, dass es um die Wirtschaftlichkeit dieser Vorhaben, wenigstens zum Zeitpunkt der Interviews, (noch?) nicht allzu gut bestellt war.

4.4 Schaper u. a. (2008)

Eine der wenigen Studien zur Biogasfinanzierung mit primär wissenschaftlicher Zielsetzung ist die Arbeit von Schaper u. a. (2008). Gegenstand ist die Finanzierung und Organisation landwirtschaftlicher Biogasanlagen. Die Autoren gehen von der Feststellung aus, dass die Anlagengröße immer weiter steige, sodass kleine Betriebe bei der Errichtung und dem Betrieb an ihre Grenzen stoßen und zunehmend (a) landwirtschaftliche Großbetriebe, (b) Betreibergesellschaften mehrerer Landwirte und (c) Kooperationen mit externen Partnern (Kommunen, Entsorgungs- und Industriebetriebe, Biogasanlagenhersteller, Projektentwickler) in Erscheinung träten.[212] Zugleich nehme die Bedeutung alternativer Finanzierungsmodelle zur Kreditaufnahme bei einer Bank zu. Hierunter subsumieren sie Biogasfonds, Mezzaninefinanzierungen, Contracting und Leasing.[213] Zu diesen Finanzierungsformen stellen sie, die Literatur zu diesem Thema zusammenfassend, folgende Charakteristika bzw. den folgenden Stand fest:

- Biogasfonds wurden bis 2006 in einem Umfang von 110 Millionen Euro aufgelegt. Weitere 180 Millionen Euro befänden sich 2007 in der Platzierung.[214] Die Entlohnung der Landwirte erfolge üblicherweise
  - für die Überlassung des Standortes mit 3,5 bis 4 Prozent der Einspeisevergütung,
  - für die Betreuung der Anlage 6.000 bis 10.000 Euro pro Jahr,
  - für die Substratlieferung früher nach Festpreisen über 20 Jahre, inzwischen eher mit vertraglich fixierten Preisen, aber mit Gleitklauseln.
  - Einige Fonds böten darüber hinaus weitere Beteiligungsmöglichkeiten.

---

[210] Vgl. ebd., S. 60.
[211] Vgl. ebd., S. 59.
[212] Vgl. Schaper u. a. (2008), S. 46.
[213] Vgl. ebd., S. 46 f.
[214] Vgl., auch zum Folgenden, ebd., S. 48 f.

- Mezzaninekapital spiele bislang keine Rolle, sei aber in zunehmendem Maße für externe Investoren von Interesse.[215]
- Contracting beinhalte oft eine Rückkaufoption bzw. eine Übernahmemöglichkeit für den Landwirt nach Ablauf der Vertragsdauer von fünf bis sieben Jahren und sei interessant für kapitalschwache Landwirte, die in die Bioenergieproduktion einsteigen wollten.[216]
- Leasing werde häufiger für die Finanzierung von BHKW genutzt, für komplette Anlagen dagegen erst in Einzelfällen. Erwartet wird künftig ein stärkerer Einsatz.[217]

Vor diesem Hintergrund haben die Autoren eine eigene empirische Erhebung mit standardisierten Fragebögen in 70 landwirtschaftlichen Betrieben mit bankfinanzierten Biogasanlagen in zwei Regionen durchgeführt: dem Großraum Hannover sowie der Raum um Cloppenburg und Vechta.[218] Die Fallauswahl beschränkt sich auf zwei Bundesländer, nämlich Niedersachsen und Nordrhein-Westfalen. Angesichts der regionalen Unterschiede innerhalb der Landwirtschaft, die oben dargestellt wurden, ist eine Generalisierung der Ergebnisse daher nur eingeschränkt möglich. Einstellungen der Anlagenbetreiber wurden anhand fünfstufiger Likert-Skalen erhoben.[219]

TAB. 4: RECHTSFORMEN DER BETREIBERGESELLSCHAFTEN BEI DER BEFRAGUNG VON SCHAPER U. A. (2008)

Gesellschaftsform	Anteil in %
GmbH & Co. KG	59
GbR	20
Einzelunternehmen	10
stille Gesellschaft	4
KG	3
GmbH	3
OHG	1

Quelle: Schaper u. a. (2008), S. 57; n = 70

Abgefragt wurden u. a. die Rechtsform der Betreibergesellschaft und die Anzahl der Beteiligten. Dominante Gesellschaftsform mit fast 60 Prozent ist die GmbH & Co. KG (siehe Tab. 4), v. a. aus Haftungs- und steuerlichen Gründen.[220] GbR und Einzelunternehmen in einem Fünftel bzw. einem Zehntel der Fälle folgen mit deutlichem Abstand, machen zusammen aber

---

[215] Vgl. ebd., S. 50.
[216] Vgl. ebd., S. 50 f.
[217] Vgl. ebd., S. 51.
[218] Für weitere Charakteristika der Stichprobe vgl. ebd., S. 55 f.
[219] Vgl. ebd., S. 50.
[220] Vgl. ebd., S. 57.

immerhin noch fast ein Drittel der Betreibergesellschaften aus. Das relativ häufige Vorkommen der GbR lässt sich damit erklären, dass die Gesellschaft leicht gegründet werden kann und die Form bekannt ist. Interessant wäre ein regionaler Vergleich. Eine derartige Untersuchung bzw. Statistik scheint jedoch nicht vorzuliegen.

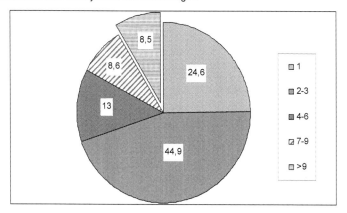

ABB. 4: ANZAHL DER BETEILIGTEN AN DEN BIOGASANLAGEN BEI SCHAPER U. A. (2008)

Etwas weniger als die Hälfte der Anlagen werden von zwei oder drei Landwirten betrieben, ein Viertel der Biogasvorhaben von einem Landwirt allein durchgeführt (siehe Abb. 4).[221] Die Zahl der Beteiligten ist insofern bei einem Großteil der Projekte relativ klein. Mit 8,5 Prozent ist der Anteil derjenigen Vorhaben mit zehn und mehr Beteiligten jedoch nicht zu vernachlässigen. Und auch bei vier bis neun Landwirten (21,6 Prozent) ist eine entsprechende Koordination zu gewährleisten.

Weiter untersuchen Schaper u. a. die Wärmekonzepte, die verfolgt werden. Dies ist in erster Linie die Versorgung anliegender Wohnhäuser und landwirtschaftlicher Gebäude. Öffentliche Einrichtungen und Industrie werden nur bei sechs Anlagen, also in 8,6 Prozent der Fälle, mit Wärme beliefert. Unter den verfolgten Strategien fänden sich jedoch auch Pseudo-Konzepte, die allein dem Ziel dienten, den Kraft-Wärme-Kopplungs (KWK)-Bonus zu erhalten.[222] Eine Einspeisung in das Erdgasnetz wird von 61,4 Prozent der Befragten als betriebswirtschaftlich möglich eingestuft.[223]

Hinsichtlich der Substratversorgung greifen 64,3 Prozent der Betreiber in der Stichprobe auf den Silomaisvertragsanbau zurück, 35,7 Prozent bauen Silomais selbst an. Die Verträge laufen in der Hälfte der Fälle über ein bis zwei Jahre, über fünf bis zehn Jahre in 6,4 Prozent der

---
[221] Vgl. ebd., S. 58.
[222] Vgl. ebd.
[223] Vgl. ebd., S. 59.

Anlagen und in 2,1 Prozent über zehn bis 20 Jahre.[224] Die Rohstoffversorgung wird damit mehrheitlich vergleichsweise kurzfristig gesichert. Eine Preisgleitklausel findet sich lediglich in 17,8 Prozent der Verträge. In drei Vierteln aller Fälle erfolgt eine Kopplung an den Weizenpreis.[225]

In einem weiteren Teil untersuchen die Autoren die Finanzierungsformen der ausgewählten Anlagen. Bei fast allen wurden Bankdarlehen genutzt. In zwei Fällen sind Leasinglösungen integriert worden. Eine Anlage wurde über einen Fonds finanziert. Mezzanine- oder Contracting-Lösungen kommen in der Stichprobe nicht vor.[226]

Die durchschnittliche Fremdkapitalquote liegt in der Stichprobe bei 81,83 Prozent. Der Anteil reicht von 50 bis 100 Prozent. Letztgenannter Wert wird in fast einem Fünftel der Fälle erreicht. 61,4 Prozent der Anlagenbetreiber haben zwei Kredite aufgenommen. Fremdkapital wurde in ca. 48 Prozent von Genossenschaftsbanken, in etwa 45 Prozent von öffentlich-rechtlichen Banken und in 7 Prozent von privaten Banken bereitgestellt. Die Verteilung entspricht damit in etwa der bei den Agrarkrediten insgesamt. Zwei Drittel der Landwirte haben den Kredit bei ihrer Hausbank aufgenommen. Ca. 18 Prozent wechselten ihre Hausbank mit der Finanzierung der Biogasanlage.[227] Die Kooperation mit dem Kreditinstitut wird mehrheitlich als unproblematisch beurteilt. Eine langjährige Zusammenarbeit ist einer Mehrheit der Befragten wichtig. Erkennbar unterschiedlich wahrgenommen wird der Kenntnisstand des Beraters/ der Beraterin. Bei einer Skala von +2 („Kennt sich gut aus") bis -2 wird ein Mittelwert von 0,22 und eine Standardabweichung von 1,19 angegeben.[228]

Der Anteil der Förderkredite am gesamten Kreditvolumen reicht von vier bis 100 Prozent, Letzteres in etwas mehr als einem Viertel der Stichprobe. Im Mittel lag die Förderkreditquote bei rund 68 Prozent. Genutzt werden überwiegend KfW-Programme (35,4 Prozent KfW-Darlehen „Regenerative Energien"; 28,8 Prozent „KfW-Umweltdarlehen"; 15,2 Prozent ERP-Darlehen im Rahmen Existenzgründung), in deutlich geringerem Maße das Programm „Umweltschutz und Nachhaltigkeit" der Landwirtschaftlichen Rentenbank. Weitere Fördermöglichkeiten bestehen in Nordrhein-Westfalen (REN-NRW, AFP-Förderung) sowie über das Junglandwirte-Programm der Landwirtschaftlichen Rentenbank.[229]

Bei den Daten zu den Kreditsicherheiten fällt auf, dass es keine Form gibt, die in allen Fällen zur Anwendung gelangt (siehe Abb. 5). Die Grundschuld auf dem Biogasanlagenstandort, die

---

[224] Vgl. ebd. In den verbleibenden 41,5 Prozent der Fälle müssten demzufolge Vertragslaufzeiten von drei bis fünf Jahren bestehen.
[225] Vgl. ebd., S. 60.
[226] Vgl. ebd., S. 63. Die stille Gesellschaft – 4% der Betreibergesellschaften in der Stichprobe, s. o. – wird allerdings der Mezzaninefinanzierung zugeordnet.
[227] Vgl. ebd.
[228] Vgl. ebd., S. 64.
[229] Vgl. ebd., S. 64 f.

Sicherheitsübereignung der Anlage und die Abtretung der Einspeiseerlöse sind die bedeutendsten Formen von Kreditsicherheiten. Eine Rücklagenbildung wird nur von 13,4 Prozent der Betreiber gefordert.[230]

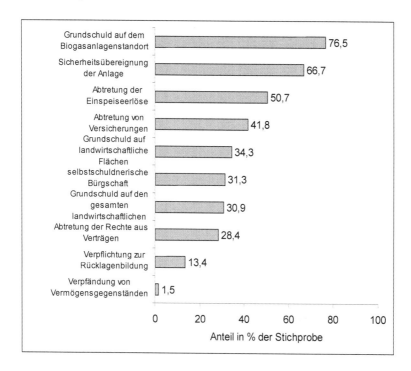

ABB. 5: KREDITSICHERHEITEN IN DER STICHPROBE VON SCHAPER U. A. (2008)

4.5 Granoszewski u. a. (2009)

Die vierte Analyse, auf die an dieser Stelle näher eingegangen werden soll, ist die Studie von Granoszewski u. a. (2009), die im Rahmen des Forschungsverbundes „Nachhaltige Nutzung von Energie aus Biomasse im Spannungsfeld von Klimaschutz, Landschaft und Gesellschaft" an der Universität Göttingen entstanden ist. Untersucht wird die Bewertung von Nutzungskonflikten durch Landwirte und das Entscheidungsverhalten dieser mit Blick auf Investitionen in Biogasanlagen. Hierzu haben die Verfasser eine standardisierte Befragung (n = 159) und ein Experiment durchgeführt. Verwendet wurde für Einschätzungen der Befragten eine fünfstufi-

---

[230] Vgl. ebd., S. 65.

ge Likert-Skala. Gefragt wurde nach persönlichen, externen und betriebsinternen Faktoren, die die Investitionsentscheidung von Landwirten mit Blick auf Biogasanlagen beeinflussen.[231] Ausgangspunkt der Untersuchung ist die Feststellung, es gebe wenige systematische bzw. quantitative Analysen zum Investitionsverhalten von Landwirten, aus denen Schlussfolgerungen gezogen werden könnten, wie diese auf öffentliche Förderungen und Anreize reagierten. Die Entwicklungen auf landwirtschaftlichen Märkten und Änderungen der Förderbedingungen führten zu einem zyklischen Verlauf von Investitionen in Biogasanlagen.[232] Mit der Novellierung des EEG im Jahr 2004 träten vermehrt Energieversorger und Finanzinvestoren auf. Zunehmenden Investitionstätigkeiten stünden einige kritische Stimmen entgegen, die eine Neuausrichtung der Förderung verlangten. Verwiesen wird auf unterschiedliche Konkurrenzen um die Fläche (Nahrungsmittel, Veredelung, Futtermittelerzeugung; Natur- und Landschaftsschutz) und um die Biomasse (stoffliche Verwertung; Konkurrenz zwischen Bioenergienutzern).[233]

Die befragten landwirtschaftlichen Betriebe werden nach Investitionsart in Biogasinvestoren, sonstige Erneuerbare-Energien-Investoren und Nicht-[Energie-]Investoren unterschieden.[234] Nicht in Biogas, jedoch in andere Formen erneuerbarer Energien (Fotovoltaik, Solarthermie, Festbrennstoffe, Biokraftstoffe, Windenergie) investieren 40,3 Prozent der Betriebe in der Stichprobe. Die Gruppe der Biogasinvestoren umfasst 36,5 Prozent der Befragten; Nicht-Investoren sind 23,3 Prozent. Die Fotovoltaik spielt bei den Investitionen in erneuerbare Energien mit 39,6 Prozent die größte Rolle, gefolgt von Biogas mit 36,5 Prozent.[235] Bei den Biogasinvestoren handelt es sich in 56 Prozent der Fälle um alleinige Eigentümer der Anlagen.[236]

Als Motiv werden Wirtschaftlichkeit und Einkommen von den meisten Befragten genannt (74 Nennungen). Betriebliche Diversifizierung (47) und effektivere Ressourcennutzung (38) stehen an Positionen zwei und drei. Als Gründe gegen einen Einstieg in die Erzeugung erneuerbarer Energien werden am häufigsten ungünstige Standortbedingungen (19) und der hohe Kapitalbedarf (18) angeführt. Die meisten Nicht-Investoren haben bereits andere Investitionen getätigt.[237] Nutzungskonkurrenzen würden in moderatem Maße wahrgenommen.[238]

---

[231] Vgl. Granoszewski u. a. (2009), S. 13.
[232] Vgl. ebd., S. 4.
[233] Vgl. ebd., S. 7 f.
[234] Vgl. ebd., S. 23.
[235] Vgl. ebd., S. 22. Dabei ist allerdings zu beachten, dass es sich hier um eine Momentaufnahmen zu einem bestimmten Zeitpunkt handelt; s. auch die Daten zu den Förderprogrammen der Landwirtschaftlichen Rentenbank, Abb. 1 auf S. 4.
[236] Vgl. ebd., S. 29.
[237] Vgl. ebd., S. 24 f.
[238] Vgl. ebd., S. 26.

I. Einleitung

Hinsichtlich der Faktoren, die die Investitionsentscheidungen bestimmen, stellen Granoszewski u. a. fest, dass

- ökologische und moralische Einstellungen bedeutsam seien, zumindest für einen Teil der Entscheider eine repressive Wirkung entfalteten;[239]
- Biogasinvestoren eine stärkere Technologieorientierung als die anderen beiden Gruppen aufwiesen;[240]
- die Investoren in Biogasanlagen über eine deutlich größere Flächenausstattung verfügten;[241]
- Risikoneigung und Unternehmerorientierung maßgeblich seien;[242]
- die Einbindung in den dörflichen Kommunikationszusammenhang eine große Rolle spiele, wobei die Ansichten der Berufskollegen nicht entscheidungsrelevant seien.[243]

Als Ergebnis des Experimentes diagnostizieren die Verfasser zudem begrenzt rationales Handeln der Landwirte.[244]

5. Fazit zum Literaturüberblick: Thesen zum Stand der Biogasfinanzierung in der Landwirtschaft

Zusammenfassend kann aus dem Literaturüberblick eine Reihe von Thesen zur Biogasfinanzierung abgeleitet werden:

A. Finanzierungsformen, Kooperationsformen, Akteure

- Finanzierungsformen

  Bei Biogasanlagen spielt die Kreditfinanzierung durch Banken die größte Rolle [siehe Abschnitte 2.1.3, 4.4].
  Die Bedeutung der Projektfinanzierung nimmt zu. Der Wandel vom Real- über den Personalkredit hin zur verstärkten Projektfinanzierung wird durch Investitionen in erneuerbare Energien verstärkt/beschleunigt/ausgelöst [2.1.3, 2.5]. Projektfinanzierungen sind bei Biogasvorhaben aber seltener als bei Windenergie- und Fotovoltaikprojekten. Dies gilt insbesondere für Non-Recourse-Finanzierungen. Limited-Recourse-Finanzierungen dominieren [3.4, 4.3].

---

[239] Vgl. ebd., S. 27, 40.
[240] Vgl. ebd., S. 29.
[241] Vgl. ebd., S. 33.
[242] Vgl. ebd., S. 39.
[243] Vgl. ebd., S. 41.
[244] Vgl. ebd., S. 35-37, 42.

Die Eigenkapitalquote liegt bei 20-30 Prozent für Projektfinanzierungen, bei Unternehmensfinanzierungen etwas darunter. Ein bis zwei tilgungsfreie Jahre sind üblich [3.4, 4.1-4.4].

Die Refinanzierung erfolgt v. a. über die KfW, aber auch die Landwirtschaftliche Rentenbank. Darlehensprogramme der Hausbanken spielen ebenfalls eine Rolle [4.1-4.4].

Genossenschaftsbanken und Sparkassen dominieren bei der Kreditvergabe. Der Anteil der privaten Kreditinstitute wächst allerdings [2.1.4, 4.4].

Die Bedeutung alternativer Finanzierungsinstrumente ist aktuell gering. Dies gilt insbesondere für Mezzaninekapital, Factoring, ABS, Risikokapital oder Wertpapieremissionen, in etwas weniger starkem Maße aber auch für Leasing [2.1.3, 4.4]. Die Bedeutung alternativer Finanzierungsinstrumente nimmt künftig zu. Die Vielfalt an Finanzierungsformen steigt. Dies gilt insbesondere für den Osten [2.1.3, 4.2, 4.4].

Die Bedeutung der externen Beteiligungsfinanzierung ist aktuell gering, nimmt aber zu [2.1.3, 4.4]. Es wird jedoch auch die gegenteilige These vertreten: Die Bedeutung der externen Beteiligungsfinanzierung bleibt gering [2.1.3]. Die Renditeerwartungen externer Beteiligungskapitalgeber sind vergleichsweise hoch und werden von vielen Projekten nicht erreicht [3.1, 4.3].

Weitere Entwicklungen im Biogasbereich könnten sich analog zu den Entwicklungen im Wind- und Fotovoltaikbereich vollziehen, z. B. eine Entwicklung von Derivaten für den Handel mit Biomethan, um das Risiko derartiger Projekte zu minimieren und sie damit finanzierbar zu machen [3.3].

- Stand des Finanzmanagements

Auch im Biogasbereich werden von Landwirten suboptimale Finanzierungs- und Organisationsstrukturen gewählt. Das Finanzmanagement ist insofern verbesserungsfähig [2.1.1, 4.4, 4.5].

Einschränkend ist anzumerken: Es sind erhebliche Unterschiede zwischen den landwirtschaftlichen Betrieben zu erkennen, in Abhängigkeit von Struktur und Erfahrungen. Und es sind Lerneffekte zu beobachten [2.1.1].

- Kooperationen

Die Kooperationsbereitschaft von Landwirten wächst – im Biogasbereich bei der Beschaffung von Rohstoffen und der gemeinsamen Anlagennutzung. Impulse zur Kooperation gehen in vielen Fällen von Maschinenringen, Lohnunternehmen oder landwirtschaftlichen Beratern aus. Aber: Kooperation erfolgt nur dort, wo erheblicher Druck besteht [2.4.1].

Die Kooperationsformen sind regional unterschiedlich: Mit stärkerer Bindungsintensität im Osten, mit geringerer z. B. in Bayern [2.4.1].

Vertikale Kooperationen sind selten, nehmen aber zu (im Biogassektor: Kooperationen zwischen Landwirten und Energieversorgern) [2.4.1].

Die Kooperation erfolgt im Regelfall zwischen wenigen Landwirten. Es dominieren Einzelanlagen [2.4.1, 4.4, 4.5]. Empirische Untersuchungen weisen aber eine Differenz aus: Bei Schaper u. a. (2008) machen Einzelanlagen ein Viertel aus, in der Stichprobe von Granoszewski u. a. (2009) sind es mehr als die Hälfte. Daraus könnte ein Trend zu Einzelanlagen abgeleitet werden.

Ein zentrales Risiko bei Kooperationen ist die Auseinandersetzung, die gerade deshalb ein Problem darstellt, weil a) Biogasprojekte über eine sehr lange Dauer geplant werden, b) ein Scheitern hohe persönliche Kosten verursacht. Die Wahrscheinlichkeit des Scheiterns nimmt mit der Bindungsintensität zu, weshalb eher geringe Bindungsintensitäten anzutreffen sind [2.4.2].

Kooperationen finden eher unter Landwirten statt und sind unwahrscheinlich zwischen Landwirten und großen Energieversorgern (fehlende Gleichartigkeit). Um die emotionale Komponente zu stärken und Vertrauen aufzubauen, sind „Investitionen" zu tätigen (zeitliche, personelle, finanzielle Ressourcen) [2.4.2].

- Gesellschaftsformen

Gesellschaften mit Haftungsbeschränkung haben eine zunehmende Bedeutung in der Landwirtschaftsfinanzierung. Bei Biogasanlagen dominiert die GmbH & Co. KG [2.4.3, 4.4].

Auch Einzelunternehmen oder GbR spielen eine Rolle. Es gibt insgesamt eine organisatorische Vielfalt, die sich mit der Vertrautheit der Landwirte mit bestimmten Gesellschaftsformen (GbR, GmbH) erklären lässt [2.4.3, 4.4].

Die Bedeutung der Genossenschaft nimmt ab [2.4.3, 4.4].

- Akteure

Es treten bei der Biogasfinanzierung verstärkt neue Akteure auf (Finanzinvestoren, Energieversorger, Kommunen, Hersteller, Projektentwickler) [4.1, 4.2, 4.4].

Die großen Energieversorger setzen v. a. Eigenkapital ein. Das Interesse gilt insbesondere den Gaseinspeiseprojekten. Wirtschaftlichkeit steht zum aktuellen Zeitpunkt nicht im Vordergrund [3.3, 4.3].

Anleger mit ethisch-ökologischen Investitionsmotiven engagieren sich verstärkt im Biogasbereich [4.1].

- Motive der Landwirte

    Zentrale Motive von Landwirten, in Biogasanlagen oder erneuerbare Energien allgemein zu investieren, sind die Steigerung der Wirtschaftlichkeit bzw. die (stabilen) Einnahmen sowie die Möglichkeit der Diversifizierung [4.5].

B. Entwicklungslinien

Die Investitionen in Biogasanlagen verlaufen auf Grund von Entwicklungen auf den Agrarmärkten und Änderungen in den politischen Rahmensetzungen zyklisch [4.1].

Die Anlagengröße nahm bislang zu [4.2, 4.3]. Der Trend dürfte durch die Änderungen des EEG 2009 gebrochen sein.[245]

Die Anlagengröße ist nach oben begrenzt. Großprojekte werden von vielen Akteuren auf Grund der Rohstoffversorgung kritisch gesehen [4.3].

Ohne Wärmenutzung sind Biogaseinlagen, insbesondere NawaRo-Anlagen, nicht wirtschaftlich zu betreiben. Es gibt eine Reihe von Pseudo-Konzepten zur Förderoptimierung [4.3].

Die Direkteinspeisung wird als Zukunftstechnologie gesehen [4.3].

C. Hemmnisse und Probleme

- Eigenkapital

    Eigenkapital fehlt in den meisten Fällen nicht, stellt daher selten ein Hindernis für die Finanzierung von Erneuerbaren-Energien-Vorhaben, insbesondere Biogas, dar. Es ist im Osten im Allgemeinen jedoch weniger vorhanden [2.1.2]. Eigenkapital kann allerdings für landwirtschaftliche Wachstumsbetriebe einen Engpass darstellen, zumal ein erheblicher Wachstumsdruck durch den Strukturwandel in der Landwirtschaft besteht. Die Eigenkapitalanforderungen sind bei ertragsstarken Wachstumsbetrieben aber geringer [2.1.2, 2.3].

- Liquidität

    Liquiditätsschwankungen stellen in Folge des Strukturwandels (Liberalisierung der Weltmärkte, Änderungen der GAP) ein Problem bzw. Hemmnis auch für die Biogasfinanzierung dar [2.2].

---

[245] Vgl. Schaper/Theuvsen (2010), S. 117.

I. Einleitung

- Fremdkapital

  Trotz (vielleicht sogar wegen) der Finanzkrise gibt es keinen Finanzierungsengpass durch restriktive Kreditvergabe von Banken, weil die Landwirtschaft als stabile, sichere Kreditnehmerin gilt. Eine Konzentration auf heimische Märkte erhöht das Interesse bei Banken an Biogasprojekten in der Landwirtschaft. Die Kreditinstitute haben sich in der Vergangenheit stärker mit der Biogasfinanzierung vertraut gemacht und sind daher eher bereit, Kredite in diesem Bereich zu vergeben [3.1, 4.2, 4.3].

  Das Angebot wird allerdings dadurch beschränkt, dass ein erhebliches Fachwissen aufgebaut werden muss bzw. vorhanden sein muss, um landwirtschaftliche Betriebe und Investitionen zu beurteilen [2.1.4]. Der Kenntnisstand der Berater/innen wird als verbesserungsfähig wahrgenommen [4.4].

  Bei begrenzter Wechselwilligkeit der Landwirte entscheiden positive oder negative Erfahrungen der lokalen Hausbank mit über das Kreditangebot und damit die Investitionstätigkeit [2.1, 4.1].

  Die Finanzkrise wirkt sich nur in wenigen Fallgruppen auf Biogasvorhaben aus. Von Finanzierungsengpässen betroffen sind insbesondere Großprojekte und neue Technologien, im Biogassegment evtl. die Gaseinspeisung [3.1].

  Die Kreditprozesse werden wie bei allen Finanzierungsvorhaben (zeit-)aufwendiger [3.1].

  Auf Grund fehlender Sicherheiten (Eigenkapital, Haftungsbeschränkung, langfristige Kapitaldeckungsgrenzen erreicht) gibt es Engpässe im Osten [2.1.2].

  Die Umsetzung von Basel II hat grundsätzlich keine negativen Auswirkungen auf die Kreditvergabe der Banken an Landwirte [2.3].

- Rohstoffsicherung

  Das bedeutendste Problem der Finanzierung von Biogasanlagen stellt die Ressourcensicherung dar. Langfristige Lieferverträge sind schwierig zu bekommen. Tatsächliche Sicherung und Wünsche der Banken sind in vielen Fällen nicht deckungsgleich [4.3, 4.4].

  Derivate für die Sicherung der Substratlieferungen wurden bislang in diesem Bereich nicht entwickelt [3.4].

  Substratlieferverträge beinhalten seit 2007/8 i. d. R. Preisgleitklauseln [4.3].

- Rechtsrisiken

    Rechtliche Aspekte spielen eine große Rolle für die Wirtschaftlichkeit und Durchführbarkeit der Vorhaben (z. B. Genehmigungen, Einspeiseerlöse, Netzzugang) [3.2].

- Politikrisiken

    Politikrisiken sind für die Biogasfinanzierung zentral. Die politischen Entscheidungen werden beeinflusst durch Fragen der öffentlichen Akzeptanz, Nutzungskonkurrenzen und die Entwicklung alternativer Technologien (z. B. Wasserstoffwirtschaft) [3.2, 3.4].

    Neben Überlegungen zum Klimaschutz bzw. zur Umweltverträglichkeit dienen die öffentlichen Mittel bei Biomassevorhaben auch der Agrarförderung bzw. der Förderung ländlicher Räume [4.1].[246]

---

[246] Vgl. BMELV (o. J.), Websites; Heß u. a. (2007), S. 17.

II. Methodik der empirischen Untersuchung

Die unter I.C.1 genannten Fragen wurden im Forschungsprojekt durch unterschiedliche Methoden bearbeitet. Dabei nahmen Experteninterviews mit Akteuren aus dem Biogasbereich eine zentrale Stellung ein. Im Folgenden wird kurz auf einige Grundlagen der Methodenwahl sowie die im Rahmen des Forschungsvorhabens verwendeten Methoden eingegangen. Anschließend werden die Charakteristika des Experteninterviews als wichtigster verwendeter Methode etwas ausführlicher dargestellt. Die Methodenwahl wird dabei näher begründet. Schließlich wird ein Überblick über die Auswahl der Befragten gegeben.

A. Grundlagen der Methodenwahl und verwendete Methoden

1. Anmerkungen zur Methodenwahl

Wie im vorangehenden Kapitel dargelegt wurde, geht es in dieser Arbeit zunächst um eine Beschreibung des *status quo* der Biogasfinanzierung und der Darstellung von Hemmnissen und Problemen aus Sicht unterschiedlicher Akteure bzw. Akteursgruppen. Bei der Wahl einer oder mehrerer geeigneter Methoden können grob qualitative – wie im Fall der Studie der Hypovereinsbank (Tiefeninterviews) oder der forseo GmbH – und quantitative Methoden – so bei den beiden Arbeiten aus der Agrarökonomik an der Universität Göttingen, deren Ergebnisse oben dargestellt wurden – unterschieden werden. Sofern man qualitativen Methoden wie offenen bzw. leitfadengestützten Interviews nicht allein eine „'ergänzende Funktion'"[247] zuschreibt, stellt sich die Frage, nach welchen Kriterien eine geeignete Methode auszuwählen ist. Hierzu wurde in der qualitativen Sozialforschung das Prinzip der Gegenstandsangemessenheit entwickelt.[248] Für die vorliegende Arbeit bedeutet dies insbesondere dreierlei: Die Wahl der Methode müsste erstens dem primär explorativen Charakter und dem Interesse an Sachinformationen auf der einen, an der Problemwahrnehmung der Akteure auf der anderen Seite Rechnung tragen. Zweitens wären für die verschiedenen Fragestellungen ggf. unterschiedliche Methoden zu wählen, wenigstens – bei Wahl einer Interviewmethode – mal offenere, mal stärker strukturierte Fragen zu formulieren.[249] Daneben können drittens Zugangs-

---

[247] Friedrichs (1990), S. 226, mit Verweis auf Scheuch (1967). Pratt (2008) führt Vorurteile mit Blick auf qualitative Methoden auch auf fehlende Einigkeit in der Gemeinschaft qualitativer Forscherinnern und Forscher hinsichtlich der anzuwendenden Gütekriterien zurück.
[248] Vgl. Mruck/Mey (2005), S. 9.
[249] Die Wahl mehrerer Methoden und sukzessive oder parallele Anwendung wird von einigen Wissenschaftlerinnen und Wissenschaftlern zum Programm erhoben (*multi-method approach*, Triangulation), quasi als eigenständige „Methode"; für eine Diskussion vgl. den Newsletter der American Political Science Association (APSA) Organized Section in Qualitative & Multi-Method Research, Fall 2009.

probleme oder Restriktionen eigentlich angestrebter Verfahren, mithin forschungspragmatische Erwägungen dazu führen, dass eine „'Abkürzungsstrategie'"[250] gesucht wird. Alle drei Überlegungen, so wird im Folgenden weiter ausgeführt werden, spielen im vorliegenden Fall eine Rolle. Hinsichtlich des erstgenannten Fragekomplexes [„Stand der Finanzierung"] etwa wären disaggregierte Primärdaten zu Finanzierungsvolumina und -formen sowie Herkunft der Mittel ideal. Derartige Datensätze liegen jedoch nicht vor. Die mit einigem Aufwand durch Schaper u. a. (2008) erhobenen Daten umfassen lediglich ein regional begrenztes Gebiet. Generalisierungen erscheinen vor dem Hintergrund der differierenden Agrarstrukturen in unterschiedlichen Teilen Deutschlands methodisch problematisch. Eigene Primärdatenerhebungen, die Rückschlüsse auf das gesamte Bundesgebiet erlauben, waren auf Grund zeitlicher, personeller und finanzieller Restriktionen nicht möglich. Dies ist der forschungspragmatische Grund für die Wahl einer qualitativen Methode, des Experteninterviews.

Methodologisch erscheint die Wahl angebracht, soweit der dritte Fragenkomplex berührt wird. Hierbei geht es um Wahrnehmungen einzelner Akteure bzw. Akteursgruppen bzw. Fremdwahrnehmungen durch Dritte. Die Vorgabe von Kategorien in standardisierten Befragungen verstärkt die Gefahr, dass strategische Antworten gegeben werden, und verhindert die Entdeckung von Hemmnissen und Problemen bei der Biogasfinanzierung, die vom Interviewer nicht gesehen wurden. Offene Fragen bieten hierbei die Möglichkeit, dass Interviewte eigene Aspekte einbringen und Typologien bilden.

Insbesondere dann, wenn forschungspragmatischen Erwägungen gefolgt wird, sind die aus den Erhebungen gezogenen Schlussfolgerungen mit Vorsicht zu betrachten, d. h. die Limitationen anzuerkennen. Ein Vergleich mit dem oben dargestellten Stand der Literatur sowie ein Rückgriff auf weitere (Primär- bzw. objektive) Daten, soweit sie verfügbar sind, dienen dazu, diesem Problem zu begegnen. Rückkopplungen durch eine Gruppen- bzw. Expertendiskussion, die durchgeführt wurde, sowie Diskussionen und Gespräche im Rahmen von Tagungen und Konferenzen wurden aus dem gleichen Grund gewählt.

2. Im Forschungsprojekt verwendete Methoden

2.1 Überblick

Die Auswertung der vorhandenen Literatur, deren Ergebnisse oben dargestellt wurden, sowie vorhandene Statistiken zu Entwicklungen im Biogasbereich – installierte Leistungen und Anlagenzahlen sowie Daten zu Biomethaneinspeiseprojekten – dienen damit als Referenzpunkt bei der Interpretation der Daten. Ein weiterer Zweck lag in der Grundlage für die Strukturierung der Fragen für die Experteninterviews.

---

[250] Meuser/Nagel (2009), S. 471.

Im Zeitraum von Juli 2009 bis Februar 2010 wurden insgesamt 39 Experteninterviews durchgeführt. Aus pragmatischen Gründen – insbesondere nach zeitlicher Verfügbarkeit der Interviewten – wurden unterschiedliche Formen gewählt: Erstens leitfadengestützte Interviews vor Ort bzw. an einem dritten Ort, die je nach Diskussionsverlauf und zeitlichen Möglichkeiten etwa eine bis zu fast zwei Stunden dauerten; zweitens ca. 25- bis 45-minütige Telefoninterviews, ebenfalls leitfadengestützt; drittens telefonische Kurzinterviews mit einem anderen, kürzeren Fragenkatalog bzw. in einem Fall eine schriftliche Antwort auf die formulierten Fragen.[251]

Am 10.12.2009 wurden in den Räumen der Landwirtschaftlichen Rentenbank vorläufige Ergebnisse der Interviews mit insgesamt sieben Experten diskutiert und die aufgeworfenen Fragen vertieft. Die Fragenkomplexe werden in den vier Kapiteln B-E in Teil III dieser Arbeit erörtert.

Schließlich haben bei der Interpretation der Daten Informationen aus Vorträgen und Gesprächen bei mehreren Veranstaltungen Eingang gefunden:

- dem von der Fachagentur für Nachwachsende Rohstoffe (FNR) und dem Kuratorium für Technik und Bauwesen in der Landwirtschaft (KTBL) veranstalteten Kongress „Biogas in der Landwirtschaft – Stand und Perspektiven" am 15./16.09.2009 in Weimar;
- der vom Gründungs- und Kompetenzzentrum des Genossenschaftsverbandes e. V., genoportal, und der juwi-Gruppe organisierten Tagung „Regionale Energieversorgung gestalten" am 28.10.2009 in Wörrstadt;
- der Messe Agritechnica am 13.11.2009 in Hannover;
- der Jahrestagung des ForschungsVerbundes Erneuerbare Energien (FVEE) „Forschen für globale Märkte erneuerbarer Energien" am 24./25.11.2009 in Berlin sowie
- der von der Deutschen Energie-Agentur (dena) organisierten Veranstaltung „biogaspartner – 'Die Konferenz'" am 26.11.2009 in Berlin.

2.2 Experteninterviews

Nachdem das Experteninterview in der methodologischen Diskussion lange ignoriert wurde, gibt es inzwischen eine Reihe von Abhandlungen zu dieser Form qualitativer Sozialforschung.[252] Das Experteninterview wird von Liebold/Trinczek als eine Mischform charakteri-

---

[251] Zur näheren Charakterisierung s. die Ausführungen unter 2.2 und 2.3 sowie Kapitel B.
[252] Vgl. Meuser/Nagel (2009); Liebold/Trinczek (2009); Bogner u. a. (2009) sowie jeweils die darin zitierte Literatur.

siert.[253] Deren „vermeintlich methodologisch prekäre[r] Status"[254] kann wohl durch die genannten Arbeiten als weitgehend geklärt gelten.

Die im Rahmen dieser Studie durchgeführten Interviews hatten insgesamt eher systematisierenden, z. T. explorativen Charakter.[255] Gerade bei den längeren Experteninterviews vor Ort wurden die Expertinnen und Experten jedoch über das „Kontextwissen"[256] hinaus auch zu eigenem Handeln und das Handeln leitenden Maximen befragt. Entsprechend wurden z. T. offene, z. T. vergleichsweise stark strukturierte Fragen gestellt. Diese wurden je nach Expertin/Experte und Kontext leicht variiert.

Der Interviewleitfaden bei den Gesprächen vor Ort bzw. längeren Interviews (Anzahl: 21, siehe Tab. 5) sowie den Telefoninterviews (14) umfasste im Einzelnen Fragen

- nach den eigenen Tätigkeiten des Unternehmens bzw. der Organisation sowie der Rolle, die erneuerbare Energien für das Unternehmen bzw. die Organisation spielen;
- nach den Motiven von Landwirten, in erneuerbare Energien im Allgemeinen und Biogasanlagen im Besonderen zu investieren;
- zu den Einschätzungen, wohin sich der Biogassektor entwickelt, insbesondere mit Blick auf Größenordnungen, Wärmenutzungskonzepte und Gaseinspeisung;
- nach Finanzierungsformen, insbesondere Unternehmens- vs. Projektfinanzierung, Besonderheiten bei der Finanzierung (z. B. Sicherheiten) sowie alternativen Finanzierungsinstrumenten (Leasing, Contracting, Mezzaninekapital);
- nach denjenigen, die Biogasanlagen finanzieren, d. h. aktiven Kreditinstituten und sonstigen Finanziers;
- ob Änderungen mit der Finanzkrise bzw. der Einführung von Basel II aufgetreten seien;
- nach der Kooperationsbereitschaft von Landwirten, den Kooperations- und Gesellschaftsformen (inkl. eigener Bewertung) sowie den Akteursgruppen, die in Kooperationen einbezogen oder gerade nicht einbezogen werden, wobei insbesondere (a) externe Beteiligungskapitalgeber und (b) Energieversorger angesprochen wurden;

---

[253] Vgl. Liebold/Trinczek (2009), S. 33.
[254] Ebd.
[255] Für die Unterscheidung explorativer, systematisierender und theoriegenerierender Experteninterviews vgl. Bogner/Menz (2009).
[256] Meuser/Nagel (2009), S. 470.

TAB. 5: VERTEILUNG DER INTERVIEWFORMEN BEI DEN EXPERTENBEFRAGUNGEN

Interviewform	Anzahl	Anteil in %
direktes Interview	21	53,85
Telefoninterview	14	35,90
Kurzinterview	3	7,69
schriftliche Beantwortung	1	2,56

- welche zentralen Hemmnisse und Probleme bei Biogasprojekten bestünden, spezifisch welche Engpässe bei der Finanzierung der Anlagen aufträten sowie ob und inwieweit die Technik, das *know how* der Betreiber, die Rohstoffsicherung oder das Genehmigungs- und Vergütungsrecht ein Hindernis darstellten und ob es Probleme beim Kreditverfahren oder den Sicherheitenanforderungen gebe;
- welcher Verbesserungsbedarf bei der Finanzierung allgemein und den Förderprogrammen im Besonderen gesehen wird.

Bei den Kurzinterviews (3 bzw. 4 inkl. schriftlicher Beantwortung) wurde

- nach den Positionen der Organisation zu erneuerbaren Energien allgemein und Biogas im Besonderen;
- nach den Einschätzungen zur Entwicklung im Biogassektor, insbesondere mit Blick auf Wärmenutzungskonzepten und Gaseinspeisung;
- nach den Motiven der Landwirte, in erneuerbare Energien, speziell Biogas, zu investieren sowie
- nach zentralen Finanzierungshemmnissen

gefragt.

Die Fragen aus den Kurzinterviews lassen sich insofern leicht den umfangreicheren Fragenkatalogen zuordnen. An den jeweiligen Anteilen kann zudem abgelesen werden, dass der Versuch unternommen wurde, möglichst viele der Experteninterviews als direkte Interviews durchzuführen.

B. Auswahl der Expertinnen/Experten

Bei der Auswahl der Expertinnen und Experten war es das Ziel, ein möglichst weites Spektrum unterschiedlicher Perspektiven abzubilden.[257] Ansatzpunkte für die Definition der Expertin/ des Experten waren zum einen die Profession und Funktion innerhalb des Unternehmens bzw. der Organisation als Spezialistin/ Spezialist für Biogasanlagen bzw. erneuerbare Ener-

---

[257] Vgl. Meuser/Nagel (2009), S. 468.

gien oder Chef des Finanzressorts. Zum anderen wurden Landwirtschaftskammern, Bauernverbände und Maschinenringe als Kristallisationspunkte von Positionierungen und Erfahrungen, aber auch Beratungseinheiten für Landwirte gewählt.

Auf Grundlage der Literaturrecherchen wurden die folgenden Akteursgruppen gebildet:

1. Kreditinstitute (inkl. Förderbanken),
2. landwirtschaftliche Organisationen und Beratungsunternehmen (Landwirtschaftskammern, Bauernverbände und Maschinenringe, privatwirtschaftliche Beratungsunternehmen),
3. Anlagenhersteller (bzw. Komplettanbieter),
4. Eigenkapitalgeber und Projektentwickler,
5. Energieversorger.

Anlagenhersteller sowie Eigenkapitalgeber und Projektentwickler sind hier auf Grund ihres originären Tätigkeitsspektrums separat aufgeführt. Da einige Anlagenhersteller auch Beteiligungsmodelle anbieten und Projektentwicklungen durchführen, wäre es grundsätzlich auch denkbar, die beiden Gruppen 3 und 4 zusammenzufassen. Bei Eigenkapitalgebern bzw. Emissionshäusern und Projektentwicklern liegen die Tätigkeitsbereiche z. T. so nahe beieinander, dass sie hier gemeinsam aufgeführt werden.

Wie aus Tab. 6 hervorgeht, stellten landwirtschaftliche Organisationen und Beratung mit einem Drittel die größte Gruppe, gefolgt von Kreditinstituten mit 23 Prozent. Anlagenhersteller wurden sechs befragt, genauso viele wie Eigenkapitalgeber bzw. Projektentwickler. Bei den Energieversorgungsunternehmen wurden vier Unternehmen gewählt, die unterschiedlichen Gruppen zugeordnet werden können (großer Energieversorger, Stadtwerk, Gasnetzbetreiber, Energiedienstleistungsunternehmen).

TAB. 6: VERTEILUNG DER EXPERTINNEN UND EXPERTEN NACH AKTEURSGRUPPE

Akteursgruppe	Anzahl	Anteil in %
landwirtschaftliche Organisationen/ Beratung	14	35,90
Kreditinstitute	9	23,08
Anlagenhersteller	6	15,38
Eigenkapitalgeber/ Projektentwickler	6	15,38
Energieversorger	4	10,26

Die Auswahl erfolgte vorwiegend nach Recherchen in der Literatur. Darüber hinaus wurde bei den Experteninterviews nach anderen Unternehmen gefragt (Schneeballsystem). Ersteres sollte garantieren, dass keine völlig zufällige Wahl getroffen wird. Die Abfrage bei Expertinnen und Experten im Schneeballsystem diente sowohl einer Überprüfung der eigenen Einschätzungen als auch als zusätzliche Informationsquelle, um an Namen zu gelangen. Willkür sollte durch die Bestimmung möglichst wichtiger bzw. großer Spieler im Markt eingeschränkt werden, ließ sich jedoch allein schon auf Grund der zeitlichen Verfügbarkeit der Expertinnen und Experten nicht völlig ausschließen. Wegen des Booms beim Anlagenbau in der zweiten Jahreshälfte 2009 kamen einige geplante Interviews nicht zustande. Zudem war es Ziel, auch innerhalb einzelner Akteursgruppen unterschiedliche Perspektiven einzubeziehen.

Bei der geografischen Verteilung ergab sich ein deutliches Übergewicht an Organisationen bzw. Unternehmen, die ihren Sitz in Niedersachsen haben (siehe Tab. 7) – sicherlich in Teilen durch die räumliche Nähe bedingt. Ähnliches gilt für den hohen Anteil, den Expertinnen und Experten aus Schleswig-Holstein einnehmen. Der Wirkungskreis geht jedoch in den meisten Fällen über das Bundesland weit hinaus.

TAB. 7: VERTEILUNG DER EXPERTINNEN UND EXPERTEN NACH SITZ DER ORGANISATION/DES UNTERNEHMENS

Bundesland	Anzahl	Anteil in %
Baden-Württemberg	3	7,69
Bayern	4	10,26
Berlin	1	2,56
Brandenburg	1	2,56
Hamburg	2	5,13
Hessen	2	5,13
Niedersachsen	14	35,90
Nordrhein-Westfalen	3	7,69
Rheinland-Pfalz	2	5,13
Sachsen	1	2,56
Schleswig-Holstein	5	12,85
Thüringen	1	2,56

III. Befunde der empirischen Untersuchung

Im Folgenden werden die Ergebnisse der empirischen Erhebungen dargestellt. Wo statistische Daten zur Verfügung stehen, werden diese kurz skizziert und die Aussagen der Interviewpartner vor diesem Hintergrund bewertet. Zu Beginn wird ein Überblick über die Ergebnisse der Befragungen gegeben, aus dem sich die weitere Gliederung in vier Themenbereiche ergibt:

- die Entwicklungslinien und den zukünftigen Finanzbedarf von Biogasanlagen,
- die Rohstoff- und Flächensicherung als Finanzierungsrisiko,
- Finanzierungsformen und Grenzen der Finanzierung landwirtschaftlicher Betriebe sowie
- Kooperationsmodelle bei der Finanzierung.

Befunde zu den Motiven der einzelnen Akteursgruppen werden im Überblick dargestellt, da hierauf im Weiteren Bezug genommen wird. Ansonsten sind die Zusammenstellungen im Überblick nach den drei genannten Fragenkomplexen (A: Finanzierungsformen, B: Entwicklungslinien, C: zentrale Probleme und Hemmnisse) gegliedert.

A. Überblick, thematische Cluster und Motive von Landwirten

1. Übersicht über Befunde zu Finanzierungsformen, Entwicklungslinien sowie zentralen Problemen und Hemmnissen

1.1 Finanzierungsformen

Im Zusammenhang mit dem Stand der Finanzierung wurde nach der Verteilung von Unternehmens- und Projektfinanzierung, nach Finanzierungsbedingungen (Eigenkapitalquote, Sicherheiten), Refinanzierungsquellen, im Biogassektor aktiven Banken sowie dem Vorkommen alternativer Finanzierungsinstrumente (Leasing, Contracting, Mezzanine, externes Beteiligungskapital) gefragt. Darüber hinaus wurden Fragen zum Kooperationsverhalten von Landwirten, zur Bereitschaft, mit landwirtschaftsexternen Akteuren zu kooperieren, zu Modellen bei der Biomethaneinspeisung, zu Gesellschaftsformen und zur Akzeptanz und Ausgestaltung von Beteiligungsmodellen gestellt (siehe Tab. 8). Die Interviewpartner wurden gebeten, Motive von Landwirten, in Biogasanlagen zu investieren, sowie die eigenen Beweggründe für das Engagement bzw. den Stellenwert der Aktivitäten im Biogasbereich zu benennen. In einigen Interviews wurde gezielt auch nach den Einschätzungen zur Motivation von Energieversorgern gefragt.

Bei den Aussagen zur Unternehmens- und Projektfinanzierung gingen die Interviewteilnehmer, z. T. auf Rückfragen, auf die Definition einer Biogasprojektfinanzierung, die Verteilung zwischen Unternehmens- und Projektfinanzierung, Limited vs. Non-Recourse-Finanzierungen und Entwicklungslinien ein (siehe Tab. 8). Es wurden in den Interviews unterschiedliche Angaben zu den Eigenkapitalquoten – zu tatsächlichen Zahlen und Anforderungen – gemacht. Anforderungen an die Sicherheiten und

TAB. 8: ÜBERBLICK ÜBER THEMEN AUS FRAGENKOMPLEX α - FINANZIERUNGSFORMEN

Gegenstand von Fragen	Unterthemen	Kapitel/ Abschnitt
Unternehmens- vs. Projektfinanzierung	<ul><li>Definition Projektfinanzierung</li><li>Verteilung</li><li>limited vs. non-recourse</li><li>Entwicklungslinien der Finanzierungsformen</li></ul>	D.3
Konditionen	<ul><li>Eigenkapitalquote [Zahlen, Erläuterungen]</li><li>Sicherheiten [Stand/Anforderungen]</li></ul>	D.2 D.2
Refinanzierung	<ul><li>Refinanzierungsquellen/aktive Förderbanken</li><li>KfW vs. Landwirtschaftliche Rentenbank</li></ul>	D.2
Darlehen gebende Kreditinstitute	[Hausbanken, überregionale Banken, große Privatbanken]	D.1
alternative Finanzierungsinstrumente	<ul><li>Leasing [status quo]</li><li>Contracting [status quo]</li><li>Mezzaninekapital [status quo]</li><li>externes Beteiligungskapital [status quo]</li></ul>	D.3 D.3 D.3 D.3, E.2
Kooperationen	<ul><li>unter Landwirten [Anzahl Partner, Formen]</li><li>mit Externen</li><li>Modelle bei der Gaseinspeisung</li></ul>	E.1 E.1 E.3
Gesellschaftsformen	<ul><li>Verteilung</li><li>eG</li><li>Bioenergiedörfer</li></ul>	E.1
Beteiligungs-/Betreibermodelle	<ul><li>Formen</li><li>Bewertung/Akzeptanz</li><li>Einbindung der Landwirte = Unterscheidungsmerkmale verschiedener Modelle</li></ul>	E.2 E.1 E.2
Motive der Landwirte	<ul><li>Entscheidungssituation aktuell</li><li>Entstehung des Engagements/Ereignisse</li></ul>	A.2
Motive und Interessen weiterer Akteursgruppen	<ul><li>Position landwirtschaftlicher Organisationen</li><li>Interessen der Kreditinstitute/ Bedeutung erneuerbarer Energien</li><li>Motive und Interessen von Energieversorgern [Gaseinspeisung]</li><li>Aktivitäten von Kommunen</li></ul>	A.2 D.1 E.3 E.1

der aktuelle Stand wurden beschrieben. Eingegangen wurde ferner auf übliche Refinanzierungsquellen. In den Antworten wurden zum Teil Unterschiede zwischen den Programmen von KfW und Landwirtschaftlicher Rentenbank herausgestellt. Bei den im Biogasbereich aktiven Kreditinstituten wurde eine Unterteilung in lokale Banken bzw. Hausbanken, überregional tätige, z. T. auf Projektfinanzierungen spezialisierte Kreditinstitute sowie große private Kreditinstitute vorgenommen. Geschildert wurde zudem der *status quo* alternativer Finanzierungsinstrumente – von Leasing, Contracting, Mezzaninekapital und externem Beteiligungskapital. Auf Letzteres wurde in den Interviews z. T. separat und ausführlicher eingegangen, weshalb die Beteiligungs- bzw. Betreibermodelle in Tab. 8 getrennt aufgeführt sind.

Hinsichtlich der Kooperationen wurde auf die Anzahl landwirtschaftlicher Partner und Kooperationsformen unter Landwirten, auf die Kooperationsbereitschaft mit externen Akteuren – auch hier ist eine Überschneidung mit Fonds- oder Beteiligungsmodellen zu sehen –, auf die Darstellung und Bewertung unterschiedlicher Modelle zur Gaseinspeisung sowie verschiedene Gesellschaftsformen eingegangen. Bei letztgenanntem Punkt erwähnten einige Interviewpartner Bioenergiedörfer, so dass weitere Aussagen zu dieser Kooperationsform ebenfalls an dieser Stelle dargestellt werden. Explizite Nachfragen wurden hinsichtlich der eG gestellt, d. h. inwieweit diese Gesellschaftsform vorkomme.

Bei der Darstellung der Motive von Landwirten ließen sich auf die aktuelle Entscheidungssituation bezogene Argumente sowie Beschreibungen der Entstehung des Engagements bzw. die Nennung von Ereignissen unterscheiden.

Landwirtschaftliche Organisationen wurden gebeten, ihre Position zu erneuerbaren Energien allgemein und Biogas im Besonderen darzustellen. Kreditinstitute gaben zu Beginn der Interviews wieder, welchen Stellenwert erneuerbare Energien und Biogas für ihre Bank besäßen. Die Frage nach den Motiven von Energieversorgern wurde zum einen an diese selbst gerichtet. Zum anderen wurden Einschätzungen anderer Akteursgruppen eingeholt. Einige Befragte gingen daneben auf die Aktivitäten von Kommunen ein.

1.2 Entwicklungslinien

Die Fragen nach Entwicklungslinien im Biogasbereich umfassten die Bitte um Darstellung allgemeiner Marktperspektiven und Trends sowie konkrete Rückfragen zu Größenklassen, Wärmenutzung und Gaseinspeisung. Bei den allgemeinen Trends gingen einige Befragte auf technische Entwicklungen und verschiedene Anlagenkonzept ein (siehe Tab. 9). Hierbei wurden Effizienzsteigerungen, Brennstoffzellen, Organic Rankine Cycle (ORC)-Verfahren, Satelliten-BHKW und der Einsatz unterschiedlicher (Ko-)Substrate genannt – wobei einige dieser Entwicklungen einer verbesserten Wärmenutzung dienen.

TAB. 9: ÜBERBLICK ÜBER THEMEN AUS FRAGENKOMPLEX β - ENTWICKLUNGSLINIEN

Gegenstand von Fragen	Unterthemen	Kapitel/ Abschnitt
Marktperspektiven	<ul><li>Investitionstätigkeit</li><li>rechtliche Rahmensetzung</li><li>Agrarmarktentwicklungen</li><li>Szenarien</li><li>weitere Trends: Ertragssteigerungen, Repowering</li></ul>	B.1
Technik und Anlagenkonzepte	<ul><li>Effizienzsteigerungen</li><li>Brennstoffzellen</li><li>ORC [Querbezug Wärmenutzung]</li><li>Satelliten-BHKW [Querbezug Wärmenutzung]</li><li>(Ko-)Substrate</li></ul>	B.2
Größenklassen	<ul><li>Unterteilung der Größenklassen</li><li>Verteilung</li><li>regionale Unterschiede</li><li>Obergrenzen, Großanlagen</li><li>Betriebszweigentwicklung/Entwicklungspfad</li></ul>	B.4
Wärmenutzung	<ul><li>Stand, Entwicklung</li><li>Bewertung</li></ul>	B.5
Biomethaneinspeisung	<ul><li>Bewertung [Querbezug Wärmenutzung]</li><li>Marktperspektiven</li><li>Konzepte [Neubau, Umbau, Zusammenlegung, Zusammenführung/Mikrogasnetze]</li><li>Kooperationsmodelle [s. o. – A]</li></ul>	B.6

Bei den allgemeinen Marktperspektiven wurde auf die Investitionstätigkeit sowie auf rechtliche Rahmensetzungen und das Agrarmarktumfeld, die als wesentliche Einflussfaktoren auf die Entwicklungen im Biogassektor benannt wurden, eingegangen. Es wurden darüber hinaus mögliche Szenarien beschrieben und Ertragssteigerungen sowie Repowering als weitere Trends erwähnt.

Hinsichtlich der Größenklassen wurden unterschiedliche Aspekte beleuchtet, die in Tab. 9 wiedergegeben sind. Dabei wurden Beschreibungen aktueller Entwicklungen, aber auch Bewertungen vorgenommen. Gleiches gilt für die Wärmenutzungskonzepte und die Biomethaneinspeisung. Bei letzterer ergibt sich ein Querbezug zu verschiedenen Kooperationsmodellen, die z. T. auch innerhalb von Fragenkomplex A im Zusammenhang mit Kooperationen zwischen Landwirten und Externen erörtert wurden.

1.3 Zentrale Probleme und Hemmnisse

Die Interviewpartner wurden zunächst allgemein nach den Problemen und Hemmnissen im Biogasbereich befragt. Hieran schlossen sich konkrete Rückfragen zu Betreibern, Ressourcensicherung, Technik, Recht (Genehmigungs-, Vergütungsrecht), Finanzierung und politischen Rahmenbedingungen an. Die Interviews endeten in den meisten Fällen mit einer Frage nach dem Verbesserungsbedarf, den die Interviewten sähen. Die Aussagen hierzu wurden überwiegend den hier dargestellten Themenfeldern zugeordnet (separat z. B. die Förderprogramme, siehe Tab. 10b). Sofern sie Entwicklungen im Biogassektor berührten, wurden sie in die Beschreibungen zu den im vorangehenden Abschnitt skizzierten Themen integriert.

Bei der Ressourcensicherung bezogen sich die Antworten entweder auf die Rohstofflieferung, Pachtpreise und Nutzungskonkurrenzen, die Gärrestentsorgung oder den Stand von Terminmärkten bzw. Derivaten als Risikomanagementinstrument. Dabei nahm der Themenbereich Rohstofflieferung den größten Raum ein, wo auf Anforderungen von Kreditinstituten, verschiedene Sicherungsinstrumente, die Ausgestaltung von Lieferverträgen und Inflationsrisiken eingegangen wurde (siehe Tab. 10a).

Bei technischen Problemen und Hemmnissen kann zwischen Nennungen zur Anlagentechnik selbst (Bewertung, einzelne Probleme, Finanzierung innovativer Technologien) und solchen zur den Herstellern (Auswahl, Insolvenzrisiko, Bürgschaften) unterschieden werden.

Einzelne allgemeine Rechtsprobleme sowie spezifische genehmigungs- und vergütungsrechtliche Fragestellungen, auf die in den Interviews eingegangen wurde, sind in Tab. 10a wiedergegeben. In einigen Interviews wurde gezielt nach Auswirkungen der Einführung des § 19 EEG 2009 und die Rechtssprechung des Bundesverfassungsgerichtes hierzu gefragt, d. h. die (rückwirkende) Zusammenfassung von Anlagen und damit geringere Grundvergütung. Ebenso wurde um Darstellung von Erfahrungen mit der Arbeit der Umweltgutachter gebeten.

In Tab. 10b sind die Themen und Unterthemen aufgeführt, die als Finanzierungshemmnisse erörtert wurden. Gezielte Rückfragen bezogen sich auf die Auswirkungen der Finanzkrise, die z. T. jedoch auch eigenständig genannt wurden, auf Eigenkapital als Finanzierungsengpass sowie auf die Sicherheiten. Die allgemeinen Finanzierungsprobleme, die erwähnt wurden, beziehen sich im Regelfall auf die Kreditvergabe durch Banken (Finanzierungsverhalten, regionales Kreditangebot, Kreditprüfung, Probleme zwischen Markt- und Markfolgeseite, Kreditrating). Indirekt gilt dies auch für mentale Hemmnisse, die Landwirte („Investitionsverhalten von Landwirten") aufwiesen, wenn es um größere Darlehensbeträge gehe.

Bei den politischen Rahmenbedingungen wurde v. a. die Verlässlichkeit thematisiert. Zudem gingen die Befragten auf mögliche künftige Entwicklungen des EEG sowie die Forderungen nach einem Einspeisegesetz ein.

TAB. 10: ÜBERBLICK ÜBER THEMEN AUS FRAGENKOMPLEX γ – ZENTRALE PROBLEME UND HEMMNISSE

a) Anlagenbetreiber, Ressourcensicherung, Technik und Recht

Gegenstand von Fragen	Unterthemen	Kapitel/ Abschnitt
Management/Anlagenbetreiber	• Anlagenkonzept/Planung, allgemeine Managementfähigkeiten	B.2
Ressourcensicherung		
Rohstofflieferung	• Forderungen von Kreditinstituten, Eintritt in Verträge	C.1
	• Sicherungsinstrumente [eigene/ Pachtflächen, Lieferverträge, Spotmarkt, Handelskonzerne]	C.2
	• Lieferverträge [Laufzeiten, Preisgestaltung, Vertragskultur, Vertragscontrolling]	C.3
	• Inflationsrisiko/Preisrisiken	C.1
Pachtpreise/Flächenkonkurrenzen		C.1
Gärrestentsorgung		C.1
Terminmärkte/Derivate		C.4
Technische Probleme und Hemmnisse		
Anlagentechnik	• Bewertung	B.2
	• angesprochene Problemfelder: Fehler des Betreibers, unbefriedigende Ergebnisse, Nachrüstungen, unseriöse Geschäftspraktiken	
	• innovative Technologien [Bankenperspektiven]	
Hersteller	• Auswahl der Hersteller	B.2
	• Insolvenzrisiko	
	• Vertragserfüllungsbürgschaften	
Rechtliche Probleme und Hemmnisse		
allgemeine Rechtsprobleme	• Rechtssicherheit	B.3
	• Umgang von Landwirten mit rechtlichen Vorgaben	
	• Verbesserungsvorschläge/Wünsche	
Genehmigungsrecht	• Bewertung	B.3
	• Akzeptanz in der Öffentlichkeit	
	• Verfahren [Nachforderung, Auflagen, Dauer]	
	• Privilegierung [Anforderungen, Verwertung im Insolvenzfall]	
	• uneinheitliche Genehmigungspraxis	
Vergütungsrecht	• Grundvergütung [§ 19 EEG, Satellit]	B.3
	• Boni [KWK, Gülle, TA Luft]	
	• Umweltgutachter	
	• Kooperation der Energieversorger	

b) Finanzierung, Förderprogramme und politischer Rahmen

Gegenstand von Fragen	Unterthemen	Kapitel/ Abschnitt
Finanzierungsprobleme und -hemmnisse		
allgemeine Finanzierungsprobleme	▪ Finanzierungsverhalten von Banken/Fremdkapitalbeschaffung ▪ Investitionsverhalten der Landwirte ▪ Biomethaneinspeisung ▪ regionales Kreditangebot ▪ Kreditprüfung/-verfahren [Dauer, Personal] ▪ Markt vs. Marktfolge ▪ Rating ▪ Auswirkungen der Finanzkrise	D.1
Eigenkapital/Liquidität/Bonität	▪ Eigenkapitalengpass, -beschaffung ▪ Liquiditätsprobleme landwirtschaftlicher Betriebe	D.2
Sicherheiten	[Engpass, Bürgschaftsprogramme, Versicherungen, Grundschuld]	D.2
Refinanzierung	▪ Landwirtschaftliche Rentenbank- und KfW-Programme, Marge ▪ Subventionswert	D.2
Förderprogramme und politischer Rahmen		
Förderprogramme	[Verbesserungsvorschläge/Wünsche]	D.2
Politische Rahmenbedingungen	▪ Verlässlichkeit, politische Unsicherheiten ▪ Ausrichtung des EEG ▪ Forderungen nach einem Einspeisegesetz	B.3

1.4 Thematische Cluster

Auf Grund der Überschneidungen und um eine Darstellung des Entwicklungsstandes mit der Erörterung von Problemen und Hemmnissen zu verknüpfen, werden die genannten Themen unterschiedlichen Clustern zugeordnet (siehe Spalte Kapitel/Abschnitt in Tab. 8-10):

- Zunächst werden im folgenden Abschnitt (A.2) Motive von Landwirten und Positionen landwirtschaftlicher Organisationen dargestellt. Auf diese wird in den weiteren Erörterungen an geeigneter Stelle Bezug genommen.

- Die Entwicklungen im Biogasbereich sind eng an rechtliche Rahmensetzungen geknüpft. Daher werden rechtliche Probleme und politische Risiken innerhalb dieses Themenblocks (B.3) erörtert. Technische Entwicklungen und technische Probleme und Hemmnisse werden ebenfalls gemeinsam mit Problemen, die sich auf den Anlagenbetreiber beziehen (B.2), diskutiert.

- Das Problem der Ressourcensicherung mit den genannten Facetten wird auf Grund seiner Bedeutung separat in Kapitel C erläutert.

- Finanzierungsformen und Finanzierungsprobleme werden in Kapitel D nebeneinander gestellt. Refinanzierung, die Bedeutung von Fördergeldern und Empfehlungen zu Förderprogrammen werden dabei gemeinsam besprochen.
- Kooperationsmodelle könnten eine Antwort auf verschiedene der erörterten Probleme darstellen. Der Stand von Kooperationsvorhaben im Biogasbereich, Motive der Akteure und Einschätzungen zu anderen Akteursgruppen werden daher in einem separaten Kapitel beschrieben (Kapitel E). Hierbei wird gesondert auf Modelle zur Gaseinspeisung eingegangen (E.3).

2. Befunde zu den Motiven von Landwirten und Positionen landwirtschaftlicher Organisationen

2.1 Motive von Landwirten: Ergebnisse der Interviews

2.1.1 Antworten von landwirtschaftlichen Organisationen und Beratungsunternehmen

- **Motive bei der Investition**

Bei den Antworten auf die Frage nach den Motiven von Landwirten lassen sich zwei verschiedene Ansatzpunkte unterscheiden: Zum einen werden Beweggründe für (aktuelle) Investitionsentscheidungen erwähnt, zum anderen Entwicklungslinien aufgezeigt bzw. Ereignisse als Impuls für Tätigkeiten im Biogassektor aufgelistet.

Als Gründe für Investitionsentscheidungen werden genannt:

- Diversifizierung bzw.
  die Absicherung schwankender Marktpreise, das Ziel, sich vom Markt unabhängig zu machen, ein weiteres Standbein, die Suche nach Alternativen angesichts der schwierigen wirtschaftlichen Lage in anderen Bereichen, die Stabilisierung der Betriebe;
- sichere Einnahmen bzw.
  ein fester Absatzmarkt, eine monatliche Liquidität durch die kontinuierliche Einspeisung;
- eine aktuell hohe Rentabilität bzw. strategisch die Erschließung eines Zukunftsmarktes;
- das Schließen regionaler Stoffstromkreisläufe, gerade in veredelungsschwachen Regionen.

Ein Interviewpartner erwidert auf die konkrete Nachfrage zum Thema Diversifizierung, dies werde seit einem halben bis Dreivierteljahr diskutiert, sei bei den Landwirten aber weniger im Kopf. Vielmehr stünde die Rentabilität der Anlagen im Mittelpunkt. Einige Befragte bewerten

den Blick ausschließlich auf hohe Vergütungssätze negativ („macht blind", „Gier") und verweisen dabei auf die mit den Investitionen verbundenen Risiken.
Als Impulse für Investitionen in den Biogassektor wird verwiesen:
- auf die Voraussetzungen zur Biogasproduktion, die in landwirtschaftlichen Betrieben gegeben seien (Gülle bzw. Rohstoffe);
- die Nutzung von Stilllegungsflächen, zunächst für Biokraftstoffe, dann für Biogas bzw. nachwachsende Rohstoffe;
- die Einführung des Güllebonus durch das EEG 2009.

- *Investitionsbereitschaft*

Mit Blick auf die Investitionsbereitschaft werden in einem Interview auf negative Erfahrungen mit anderen Investments (Weiterverarbeitung der Produkte zu Tiefkühlkost in Frostereien, Produktion von Kartoffelstärke) erwähnt, woraus eine gewisse Zurückhaltung auch bei Investitionen in Biogasanlagen resultiere. Zudem gebe es Mentalitätsunterschiede bzw. Kulturen in den Regionen, die zu beachten seien und dazu führten, dass Ackerbauern in der einen Region eine geringere, Veredelungsbetriebe in einer anderen Region eine größere Investitionsbereitschaft zeigten.

2.1.2   Antworten von Kreditinstituten

Als Motive der Landwirte werden von Befragten aus Kreditinstituten genannt:
- Diversifizierung, eine stärkere Unabhängigkeit von Märkten;
- stabile, regelmäßige Einnahmen, Kalkulationssicherheit;
- eine alternative Einnahmequelle, zusätzliches Einkommen, wieder Überschüsse erwirtschaften zu können, Lebensqualität;
- eine leichte Expansionsmöglichkeit, z. B. zum Einstieg für eine Fremdarbeitskraft (bessere Auslastung);
- „Gier oder Angst" – erläutert als Gewinnstreben oder wirtschaftlicher Druck im Betrieb;
- Biogas passe in die Erkenntnisumwelt der Landwirte, sie hätten die Ausgangsbasis für die Biogasproduktion, Biogas sei nah dran am originären Geschäft;
- die Gülleverwertung;
- ein Anreiz durch das EEG;
- niedrige Preise auf den Agrarmärkten 2004.

Bei Biogas herrschten, im Gegensatz zu Investitionen in Windkraft und Fotovoltaik (Landrente), unternehmerische Überlegungen vor.

2.1.3　Antworten von Anlagenherstellern sowie Projektentwicklern/Eigenkapitelgebern

Nicht alle Anlagenhersteller wurden zu den Motiven von Landwirten befragt. Die, bei denen ausreichend Zeit für eine Beantwortung der Frage blieb, erwähnen drei Aspekte:
- Landwirte wollten von der extremen Abhängigkeit wegkommen.
- Autarkie bzw. Versorgungssicherheit spiele bei einigen Landwirten als Motiv eine Rolle.
- Der Faktor Neid [auf Nachbarn bzw. Nachbarbetriebe] sei hoch.

Von den Projektentwicklern bzw. Eigenkapitalgebern wird als Motiv der Landwirte der Aufbau eines zweiten oder dritten Standbeines genannt.

2.2　Positionen landwirtschaftlicher Verbände

Gefragt wurde bei einzelnen landwirtschaftlichen Organisationen nach der Position, die diese mit Blick auf erneuerbare Energien allgemein und Biogas im Besonderen vertreten. Hervorgehoben werden in den Antworten als Ziele die Entwicklung des ländlichen Raumes, der Klimaschutz sowie die Versorgungssicherheit. Alle Möglichkeiten erneuerbarer Energien sollten ausgeschöpft werden, d. h. auch die Biokraftstoffproduktion. Betont wird von den meisten, Biogas biete ein zusätzliches Standbein für Landwirte. Selbige sollten jedoch primär Lebensmittelproduzentinnen/-produzenten bleiben. Hinsichtlich des Diversifizierungsgrades wird von einer befragten Person die Empfehlung wiedergegeben, maximal ein Drittel des Portfolios in erneuerbare Energien zu investieren, davon wiederum ein Drittel in Biogas.
Bestehende Konflikte werden ebenfalls benannt und die Rolle der eigenen Organisation in vielen Fällen in einer Moderation zwischen den Parteien gesehen: Die Organisation wirke nach Möglichkeit bei der Konzeptentwicklung mit bzw. bringe sich ein, um Steigerungen der Pachtpreise am Standort zu verhindern. Kleinere Anlagen für die dezentrale Energieproduktion werden bevorzugt, größere Anlagen akzeptiert, soweit die Region dies vertrage. Aus den genannten Konfliktfeldern ergeben sich unterschiedliche Interessenlagen innerhalb der Landwirtschaft, denen die Verbände Rechnung tragen müssen.
Politisch wird die Forderung erhoben, die Biogasförderung stabil bis 2012 fortzuführen und den NawaRo-Bonus nicht in Frage zu stellen.

2.3　Schlussfolgerungen

In Übereinstimmung mit der im ersten Teil formulierten These wird von den meisten Befragten auf eine Steigerung der Wirtschaftlichkeit und eine Diversifizierung als Motiv für die Investition von Landwirten in Biogasanlagen verwiesen. Für Implikationen für das Investitions- und Finanzierungsverhalten sowie verschiedene Kooperationsmodelle sei auf die Kapitel D und E verwiesen.

Daneben wird eine Reihe weiterer Beweggründe genannt, die auf der Grundlage der hier verwendeten Methodik nicht gewichtet werden können. Durch die Nennung externer Ereignisse als Auslöser für die Investitionen wird jedoch die Bedeutung politischer Rahmensetzungen auf der einen Seite und Marktentwicklungen in konkurrierenden landwirtschaftlichen Betriebszweigen bzw. auf den Agrarmärkten auf der anderen Seite unterstrichen. Biogasförderung ist demnach aus landwirtschaftlicher Perspektive zu einem wesentlichen Element der Agrarförderung geworden. Im Zusammenspiel mit politischen Volatilitäten und Schwankungen landwirtschaftlicher Erzeugerpreise ergibt sich auf diese Weise zudem ein zyklisches Investitionsverhalten, auf das näher in Kapitel B eingegangen wird.

B. Entwicklungslinien und zukünftiger Finanzbedarf für Biogasanlagen

1. Allgemeine Marktentwicklungen und Marktperspektiven

1.1 Daten zur Entwicklung des Biogassektors

Nach Windenergie, Wasserkraft und biogenen Festbrennstoffen stand Biogas im Jahr 2008 mit einem Anteil von 8,7 Prozent an der Strombereitstellung erneuerbarer Energien in Deutschland an vierter Stelle bei den regenerativen Stromquellen.[258] Im Wärmemarkt nehmen biogene gasförmige Brennstoffe nach biogenen Festbrennstoffen und biogenen flüssigen Brennstoffen mit 4,9 Prozent den dritten Rang ein. 1,3 Prozent des Stromverbrauchs wurden im Jahr 2008 aus Biogasanlagen bzw. BHKW bereitgestellt. Der Bestand an Biogasanlagen hat zwischen 1999 und 2008 bzw. 2009[259] beständig zugenommen. Ein Wachstumssprung ist nach 2004, der ersten Novelle des EEG, zu erkennen (siehe Abb. 6). In den Jahren 2007 und 2008 fiel der Zuwachs etwas geringer aus (siehe auch Tab. 11). Für 2009/10 wird wieder mit einem verstärkten Wachstum gerechnet.

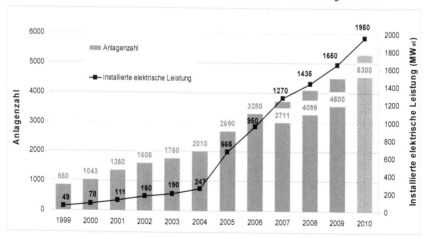

ABB. 6: ANLAGENBESTAND UND INSTALLIERTE LEISTUNG VON BIOGASANLAGEN IN DEUTSCHLAND 1999-2010 (PROGNOSE)

Quelle: FNR (2010), Websites

---

[258] Vgl., auch zu den folgenden Zahlen, BMU (2009b), S. 12-15.
[259] Bei den Zahlen für 2009 handelt es sich, in der Quelle als solche nicht kenntlich gemacht, wie bei den Zahlen für 2010 um Prognosen. Endgültige Zahlen für 2009 liegen derzeit nicht vor. Die Schätzung des Fachverbandes Biogas, der ebenfalls zitiert wird, weicht von den hier angegebenen Werten ab, siehe dazu die Ausführungen zu den Größenklassen unten.

TAB. 11: ANLAGENBESTAND, INSTALLIERTE LEISTUNG UND WACHSTUM VON BIOGASANLAGEN IN DEUTSCHLAND 1999-2009

Jahr	Anlagenanzahl	Wachstum	Jahr	elektrische Leistung [MW]	Wachstum
1999	850	.	1999	49	.
2000	1.043	22,71 %	2000	78	59,18 %
2001	1.360	30,39 %	2001	111	42,31 %
2002	1.608	18,24 %	2002	160	44,14 %
2003	1.760	9,45 %	2003	190	18,75 %
2004	2.010	14,20 %	2004	247	30,00 %
2005	2.690	33,83 %	2005	665	169,23 %
2006	3.280	21,93 %	2006	950	42,86 %
2007	3.711	13,14 %	2007	1.270	33,68 %
2008	4.099	10,46 %	2008	1.435	12,99 %
2009	4.500	9,78 %	2009	1.650	14,98 %

Quelle: FNR (2010), Websites

1.2 Wahrnehmungen der Interviewteilnehmer/innen

Die genannten Eckdaten finden sich auch in den Antworten der unterschiedlichen Interviewteilnehmer/innen wieder. Landwirtschaftliche Organisationen und Beratungsunternehmen, Kreditinstitute, Anlagenhersteller, Projektentwickler/Eigenkapitalgeber sowie Energieversorger wurden nach Trends und Entwicklungslinien im Biogassektor gefragt. Einige allgemeine Entwicklungen und Marktperspektiven werden von den erstgenannten vier Gruppen aufgezählt – neben technischen Neuerungen, Entwicklungen bei Wärmenutzungskonzepten und Veränderungen durch die Gaseinspeisung, auf die unten detaillierter eingegangen wird.

- **Antworten von landwirtschaftlichen Organisationen und Beratungsunternehmen**
*Von Vertretern landwirtschaftlicher Organisationen und Beratungsunternehmen wird geäußert, Energie sei ein Markt der Zukunft. Durch die Novellierung des EEG sei er für viele interessant geworden, die Nachfrage steige. Mehrere Befragte verweisen auf die höheren Erträge durch das neue EEG: Die Steigerungen werden in einem Fall mit 80.000 Euro, im anderen Fall mit 120.000-150.000 Euro pro Jahr bei einer 500-kW-Anlage angegeben. Einen Boom habe es, so ein Interviewpartner, mit jeder Novellierung des EEG gegeben. Eine zunehmende Investitionstätigkeit in diesem Segment ist jedoch nicht in allen Teilen Deutschlands zu verzeichnen. So wird in einem Interview aus einer Mittelgebirgsregion berichtet, die Investitionen seien allgemein zurückgegangen. Die Zurückhaltung sei auch im Biogassektor zu beobachten, trotz der Novellierung des EEG.
Weitere Entwicklungen bzw. Charakteristika des Marktes, auf die in den Experteninterviews hingewiesen wird, sind:*

- *mehr Gestaltungsmöglichkeiten durch das neue EEG, die Investitionen in Biogasanlagen attraktiver machen;*
- *Verschärfungen des Baurechts, um das Wachstum der Biogasanlagen zu bremsen;*
- *ein leichter Rückgang des Booms;*
- *die Notwendigkeit des NawaRo-Bonus, um in Ackerbauregionen wirtschaftlich Biogasanlagen betreiben zu können.*

Zukunftsszenarien werden in zwei Interviews entworfen: Ein Befragter weist auf die Methanemissionen in der Landwirtschaft hin. Er gehe davon aus, dass es einen politischen Druck geben werde, dem zu begegnen. Die Frage sei lediglich, ob ordnungsrechtliche Eingriffe vorgenommen oder Fördermaßnahmen geschafften würden. So könne es sein, dass Auflagen zur Abriegelung und energetischen Nutzung erlassen würden. In einem zweiten Interview wird auf künftig steigende Rohstoffpreise verwiesen, die dazu führten, dass es zu einem Anstieg der Sanierungsfälle komme. Daneben werde es ein Einspeisegesetz für Biomethan geben. Anlagen würden zusammengefasst werden, um das Gas einzuspeisen.

- *Antworten von Kreditinstituten*

Im Jahr 2008 sei relativ wenig gebaut worden. 2009 habe es wieder einen Aufschwung gegeben. Erklärt wird die Zurückhaltung mit einem Abwarten wegen der politischen Unsicherheiten (EEG-Novellierung). Zudem sei der Biogasmarkt durch die Entwicklungen auf den Agrarmärkten um mindestens ein Jahr zurückgeworfen worden.
Es gebe im Jahr 2009 eine Reihe von Anlagen, die nachgerüstet bzw. erweitert würden, um die Wirtschaftlichkeit zu erhöhen.

- *Antworten von Anlagenherstellern*

Die befragten Anlagenhersteller schätzen, es gebe noch ein bis zwei Jahre einen Boom bei der Installation landwirtschaftlicher Biogasanlagen. Danach werde es überwiegend größere Anlagen mit Biomethaneinspeisung geben. Der aktuelle Boom wird zum einen auf das novellierte EEG zurückgeführt, zum anderen auf die geringen Milch- und Getreidepreise. Er sei daher durch externe Rahmenbedingungen verursacht, nicht durch Entwicklungen im Biogassektor an sich.
Für die Anlagenhersteller besitzt die Erschließung internationaler Märkte hohe Priorität.

- *Antworten von Projektentwicklern/Eigenkapitalgebern*

Die Einschätzungen der befragten Unternehmen zu den allgemeinen Marktperspektiven differieren beträchtlich:

- *Es handele sich um einen stetig wachsenden Markt.*
- *Der Markt erhole sich gerade wieder.*
- *Die Anzahl der Standorte sei begrenzt. Es träten verstärkt Nutzungskonkurrenzen zutage.*
- *Es gebe aktuell ein Wachstum durch die gesunkenen Rohstoffpreise. Der Boom werde noch drei Jahre andauern. Dann schwäche sich die Marktentwicklung ab.*

Als weitere Trends wurden genannt: Ertragssteigerungen bei Energiepflanzen und Repowering auch im Biogasbereich.

1.3 Schlussfolgerungen

Erwartet wird von den Expertinnen und Experten zunächst ein weiterer Boom im Biogasbereich. Die Schätzungen umfassen dabei einen Zeitraum von zwei bis drei Jahren. Hiernach wird eine Sättigung des Marktes angenommen. Gegenläufige Effekte zum Boom resultieren demnach aus:

- Verschärfungen des Genehmigungsrechts,
- Nutzungskonkurrenzen und steigendem politischen Druck,
- künftig steigenden Rohstoffpreisen.

Sollte eine Sättigung des Marktes bei Neubauten von Biogasanlagen eintreten, bliebe noch ein Repowering bzw. ein Ersatz des lokalen BHKW durch eine Gasaufbereitungs- und -einspeiseanlage. Die Entwicklungen hingen jedoch, so alle Befragten einstimmig, extrem von den rechtlichen und politischen Rahmenbedingungen für die Gaseinspeisung ab, auf die im dritten Abschnitt dieses Kapitels eingegangen wird. Als zweiter Faktor werden die Agrarmärkte genannt, die Gegenstand der Erörterungen von Kapitel C sind.

2. Technische Entwicklungen und Probleme und die Bedeutung des Anlagenbetreibers

Ein Teil der Antworten auf die Frage nach Trends betrifft Entwicklungen der Biogastechnik. Daneben wurden Hemmnisse und Probleme in diesem Bereich erfragt. Als erfolgskritischer Faktor wird auf die Frage nach Hemmnissen und Problemen allgemein die Person des Betreibers genannt. Die Ergebnisse der Befragungen zu diesen drei Aspekten werden in den folgenden Unterabschnitten 2.1-2.3 beschrieben.

2.1 Ergebnisse der Befragungen zu technischen Entwicklungen

- **Antworten der landwirtschaftlichen Organisationen und Beratungsunternehmen**
  Bei den technischen Entwicklungen wird von Vertreterinnen und Vertretern landwirtschaftlicher Organisationen und Beratungsunternehmen eine steigende Effizienz der Anlagen, konkret gestiegene Wirkungsgrade der BHKW, sowie die Weiterentwicklung von Brenn-

III. Befunde der empirischen Untersuchung

stoffzellen genannt. Ein Experte unterstreicht die ökonomische Bedeutung der Effizienzsteigerungen und rechnet vor, pro Prozent Wirkungsgradsteigerung ergäben sich zusätzliche Erträge in Höhe von 15.000 Euro pro Jahr bei einer 500-kW-Anlage.

Bei den Anlagenkonzepten wird der Einsatz von Satelliten- (Insel-, externe) BHKW genannt. Diese seien eine Antwort auf den Tarifsprung bei 500 kW, dienten jedoch (auch) einer besseren Wärmenutzung. Erweiterungen spielten eine Rolle. Als weiterer Trend wird der verstärkte Einsatz von Rest- und Nebenprodukten zusammen mit Energiepflanzen erwähnt. Ein Interviewpartner äußert die Einschätzung, ein Ausstieg aus dem EEG lohne sich, wenn sich die Energiepreise verdoppelten.

- *Antworten der Kreditinstitute*

Mit Blick auf technische Neuerungen werden in einem Interview eine effizientere Wärmenutzung mittels ORC-Verfahren (Organic Rankine Cycle)[260] genannt. Daneben bewertet eine Interviewpartnerin das Testen neuer Substrate als einen Trend. Sie nennt als Beispiele Zuckerrüben, Substratmischungen und reine Pferdemistanlagen.

- *Antworten der Anlagenhersteller*

Die befragten Anlagenhersteller geben eine Steigerung der Motoreneffizienz sowie die Nutzung unterschiedlicher Einsatzstoffe als Entwicklungstrends an. Es werde künftig nicht ausschließlich Mais, sondern auch Zuckerrübe, Ganzpflanzensilage (GPS) oder Gras (nicht rein, 70 Prozent) eingesetzt. Daneben wird die Reststoffverwertung erwähnt.

Aus den Antworten kann man ersehen, dass nicht alle Gesprächspartner bei der Frage nach Entwicklungen im Biogassektor technische Aspekte nennen. Wo dies geschieht, werden unterschiedliche Technologien oder Bereiche erwähnt. Häufiger werden Effizienzsteigerungen der Motoren (BHKW) und eine Diversifizierung bei den Inputstoffen angegeben. Beide Entwicklungen haben Auswirkungen auf ein bzw. das zentrale Risiko bei Biogasprojekten: die Sicherung der Rohstoffe. Die im nächsten Kapitel ausgeführten Probleme in diesem Bereich könnten durch einen solchen technologischen Fortschritt ein wenig verringert werden.

2.2 Ergebnisse der Befragungen zu technischen Problemen und Hemmnissen

2.2.1 Anlagentechnik als Hemmnis

- *Antworten der landwirtschaftlichen Organisationen/Beratungsunternehmen*

Technische Probleme gebe es, so die Interviewten, bei einzelnen Systemen, z. T. in Verbindung mit Fehlern des Betreibers. Erwähnt wurden unseriöse Geschäftspraktiken eini-

---

[260] Beim ORC-Verfahren wird die BHKW-Abwärme genutzt, um ein organisches Arbeitsmittel zu erhitzen. Mit dem Dampf wird eine Turbine betrieben und auf diese Weise elektrischer Strom erzeugt. Für eine kurze Beschreibung des ORC-Verfahrens vgl. z. B. FNR (2007), S. 134 f.

ger kleiner Unternehmen, auf die Landwirte in der Beratung hingewiesen würden. Einige Anlagen lieferten unbefriedigende Ergebnisse. Der Erhaltungsaufwand steige. Bei notwendigen Nachrüstungen ergebe sich dann für einige Landwirte ein Problem, wenn etwa 50.000 Euro nachzufinanzieren seien. Dem stehe aktuell jedoch eine Entlastung durch die Novellierung des EEG 2009 entgegen.

- **Antworten der Kreditinstitute**

Die Technik stelle, so die Befragten aus Kreditinstituten, kein Hemmnis bei der Umsetzung von Biogasvorhaben dar. Die Branche arbeite inzwischen professionell. Zwar gebe es im Einzelnen technischen Verbesserungsbedarf. Dies sei für die Kapitaldienstfähigkeit jedoch nicht relevant.

Gleichwohl gibt es bei den Banken klare Präferenzen für bestimmte Hersteller bzw. Techniken oder Anforderungen an die Technik. Die Anlage dürfte nicht zu groß dimensioniert sein, so ein Interviewpartner. Es müssten Reserven beim Fermenter vorhanden sein, wurde in einem anderen Interview geäußert.

Die Mehrheit der Kreditinstitute finanziert nach eigenen Angaben keine innovativen Technologien. Es müsse eine Mindestzahl an Referenzanlagen vorhanden sein – in einem Interview mit drei bis fünf beziffert. Ein Kreditinstitut präzisiert diese Vorgabe dahingehend, dass die Technik sich am Markt etabliert haben müsse. Dann gehe man langsam darauf zu. Der Interviewpartner bringt folglich eine stärkere Zurückhaltung zum Ausdruck, als sie bei anderen Gesprächen geäußert wurde. Einige Banken entscheiden fallbezogen und nach Qualität des Betreibers, ob sie auch innovative Technologien finanzieren. Eine Befragte stellt fest, eigen konfigurierte Anlagen[261] liefen z. T. besser als standardisierte Komplettsysteme.

- **Antworten der Projektentwickler/Eigenkapitalgeber**

Grundsätzlich sei die benötigte Technik vorhanden, auch wenn kleinere Probleme auftauchten und Verbesserungen möglich seien. Es stelle sich jedoch, so ein Interviewteilnehmer, die Frage, wie lange die Anlage im Jahr laufe (Volllaststunden). Eine Betriebsführungsgarantie bekomme man nicht – gerade eine solche wurde allerdings in einem anderen Interview erwähnt.

Die Gesprächspartner sind sich einig, dass die Biogastechnik im Allgemeinen ausgereift ist. Kritische Punkte, die in einzelnen Interviews genannt werden, umfassen:
  - die Bedienung der Anlagen durch die Betreiber (Anzahl der Volllaststunden);

---

[261] Bei eigen konfigurierten Anlagen bzw. Eigenkonstruktionen werden einzelne Komponenten, an den jeweiligen landwirtschaftlichen Betrieb angepasst, zusammengestellt, z. T. auch in Eigenarbeit verändert oder durch den Betreiber gebaut.

- bei einigen weniger ausgereiften Anlagenkonzepten auch Nachrüstungen und damit ein Nachfinanzierungsbedarf;
- damit zusammenhängend die Auswahl des Herstellers, worauf im Folgenden noch näher eingegangen wird.

Wo technischer Entwicklungsbedarf besteht, hat dies im Regelfall keine Auswirkungen auf die Kapitaldienstfähigkeit. Kreditinstitute bevorzugen „etablierte Technik". Einige Banken sind bereit, bei guten Betreibern im Einzelfall auch innovative(re) Technologien zu finanzieren. Ein Blick auf die jeweiligen Kreditinstitute zeigt jedoch, dass hierfür eine hinreichend lange Erfahrung im Biogassektor und Spezialisierung sowie qualifiziertes Personal notwendig ist, um die entsprechenden Bewertungen vornehmen zu können.

2.2.2 Auswahl des Anlagenherstellers

- *Antworten der landwirtschaftlichen Organisationen/Beratungsunternehmen*

In den Befragungszeitraum fiel die Bekanntgabe der Insolvenz der Schmack Biogas AG. Dies nehmen einige Interviewpartner zum Anlass, auf das Insolvenzrisiko beim Anlagenhersteller hinzuweisen. Erwähnt wird zudem der Fall der Farmatic Biotech Energy AG, die 2004 Insolvenz anmelden musste.

Als zweites Problem innerhalb dieses Themenfeldes wird eine Zunahme der Anlagenkosten genannt. Allerdings erwartet der Interviewpartner ein Ende des Kostenanstiegs ähnlich wie bei der Fotovoltaik.

- *Antworten der Kreditinstitute*

Die Interviewten aus Kreditinstituten sind sich einig, dass es eine Reihe von guten Herstellern gebe, deren Anlagen erprobt seien und die – darauf weisen einige Befragte hin – eine Schulung für die Betreiber der Anlagen und die Begleitung, zumindest in den ersten Jahren, anböten. Präferiert werde eine schlüsselfertige Übergabe der Anlagen, am besten durch einen Generalübernehmer (GÜ).

Die Banken analysieren im Rahmen der Kreditprüfung auch die finanzielle Situation des Herstellers. Es würden Vertragserfüllungs- und Gewährleistungsbürgschaften des Anlagenherstellers gefordert. In einem Interview wird von einem Fall eines insolventen GÜ berichtet. Ein Interviewteilnehmer sagt, es sei zurzeit schwierig, Vertragserfüllungsbürgschaften zu bekommen. Nach der Insolvenz der Schmack Biogas AG sollte, so wird in einem anderen Interview geäußert, das Thema der Solvenz des Herstellers ein größeres Augenmerk bekommen.

Der aktuelle Boom führe dazu, dass nicht ausreichend qualifiziertes Personal für die Bauleitung zur Verfügung stehe. Insofern wäre es, so wird bei einem Interview hervorgeho-

ben, ein seriöses Zeichen, wenn ein Unternehmen sage, es nähme keine Aufträge mehr an.

- **Antworten der Anlagenhersteller**
  Die Anlagen einiger Hersteller würden inzwischen nicht mehr finanziert. Vor einigen Jahren habe man alle möglichen Anlagen gebaut und Fremdkapital hierfür bekommen. Inzwischen gebe es im Biogasbereich eine Entwicklung wie bei der Windenergie, d. h. ein Konzentrations- und Konsolidierungsprozess, auch durch die Vorschriften der Banken.

- **Antworten der Projektentwickler/Eigenkapitalgeber**
  Auf die Notwendigkeit einer guten Prüfung des Generalunternehmens bzw. GÜ verweisen mehrere Befragte. Notwendig seien gute Garantien (Gewährleistungs-, Betriebsstunden-, Effizienzgarantien) der Hersteller. Als Problem wird in einem Interview die Insolvenzgefahr genannt. Die meisten Hersteller seien mittelständisch geprägt. Sie könnten mit ihrer Bilanz keine hinreichende Gewähr bieten, um einen EPC-Auftrag (Engineering, Procurement, Construction) – wie es im Bereich anderer erneuerbarer Energien üblich ist – zu übernehmen.

Die mittelständische Prägung des Biogassektors führt zusammen mit der geringeren Standardisierung als bei anderen erneuerbaren Energien und der Notwendigkeit, die Anlagen an jeden einzelnen Standort anzupassen, zu einem – gelegentlich offenbar unterschätzten – Insolvenzrisiko des Herstellers. Im Einzelfall können hieran Projekte scheitern. Als Risikomanagementinstrument dienen neben der sorgfältigen Prüfung und Auswahl der Hersteller Vertragserfüllungs- und Gewährleistungsgarantien bzw. -bürgschaften. In Boomphasen kann die Forderung hiernach jedoch nicht immer durchgesetzt werden.

Neben den allgemeinen Auswahlkriterien von Banken kann hier ein Grund für den in einigen Interviews erwähnten Konzentrationsprozess in der Branche gesehen werden: Hersteller, die keine Garantien geben können, haben – jenseits von Boomphasen – Schwierigkeiten, Aufträge im gewünschten Umfang zu erhalten.

Weitere Risiken in Phasen starken Zubaus von Anlagen werden im Mangel an qualifiziertem Personal und in hohen und steigenden Anlagenpreisen gesehen.

2.3 Ergebnisse der Befragungen zu Problemen und Hemmnissen im Zusammenhang mit dem Anlagenbetreiber

- **Antworten der landwirtschaftlichen Organisationen/Beratungsunternehmen**
  Betont werden von einigen Befragten die Bedeutung der Unternehmerpersönlichkeit sowie die Notwendigkeit, den Antrag gut aufzubereiten und zu präsentieren.

Mit Blick auf die Managementleistungen von Landwirten in der Vergangenheit äußert ein Experte, die Landwirtschaft habe lange mäßiges Wirtschaften toleriert. Hinsichtlich des Anlagenkonzeptes wird eine fehlende Wärmenutzung bei vielen Anlagen bemängelt. Einige Betreiber hätten überhaupt kein richtiges Konzept für ihre Anlage, weder für die Wärmenutzung noch die Rohstoffversorgung, oder ließen das wirtschaftliche Potenzial des Betriebes außer Acht. Als weitere Planungsfehler werden ein höherer Arbeitsaufwand sowie ein zu niedrig angesetzter Finanzierungsbedarf genannt. Es sollten lieber eineinhalb Ernten mitfinanziert werden. Werde der Kapitalbedarf künstlich niedrig gehalten, komme es zu einem Nachfinanzierungsbedarf – mit einer Gefährdung des Anlagenbetriebes oder der Notwendigkeit, einen persönlichen Kredit aufzunehmen.

- *Antworten der Kreditinstitute*

Alle Kreditinstitute betonen die Bedeutung des Betreibers, der über das notwendige know how und Engagement verfügen müsse. Der menschliche Risikofaktor lasse sich allerdings nur schwer in Zahlen fassen. Probleme gebe es insbesondere bei der kaufmännischen Betriebsführung.
In einem Interview wird die Arbeitskraft als limitierender Faktor benannt.

- *Antworten der Anlagenhersteller*

Die Bedeutung des Betreibers sei deswegen so hoch, weil man nicht einfach wechseln könne. Es bestehe eine gewisse Abhängigkeit. Grundsätzlich wird in diesem Bereich jedoch kein Hemmnis gesehen: Es gebe Schulungen. Die verwendeten Anlagen seien zu 90 Prozent vollautomatisiert. Wer vernünftig seinen landwirtschaftlichen Betrieb bewirtschafte, könne ohne Probleme eine Biogasanlage betreiben.
Als Beispiel für einen typischen Planungsfehler wird in einem Interview darauf hingewiesen, Landwirte versuchten, das zu finanzierende Kapital möglichst gering zu halten. Die „vermiedenen Kosten" holten sie jedoch irgendwann wieder ein.

Der Bewertung des Anlagenbetreibers kommt aus Sicht aller Befragten eine große Bedeutung zu. Genannt werden auch Schwächen bei der kaufmännischen Betriebsführung und Planungsfehler durch die Betreiber. Nicht zuletzt durch die Vollautomatisierung der Anlagen und angebotene Schulungen besteht nach Einschätzung aller Befragter hier jedoch kein zwingendes Hemmnis für die Umsetzung von Biogasprojekten. Ausreichend qualifizierte Betreiber sind kein Engpassfaktor.

2.4 Schlussfolgerungen

Insgesamt scheint die Anlagentechnik kein Hemmnis mehr zu sein. Die bestehenden technischen Probleme können sich aber sehr wohl auf die Rendite des Anlagenbetreibers auswirken. Für die Kapitaldienstfähigkeit und damit die Kreditvergabe spielen sie eine untergeordnete Rolle – vorausgesetzt, es wird ein Hersteller gewählt, der für die finanzierende Bank akzeptabel ist. Schulungen für Anlagenbetreiber und ein Blick auf die Erfolgsbilanz als landwirtschaftlicher Unternehmer dienen aus Sicht der Geldgeber der Minderung des Betreiberrisikos, das als relevant, aber (qualitativ) in seiner Höhe bestimmbar und begrenzbar angesehen wird.

Ein Problem für die Finanzierung von Biogasanlagen stellt dagegen offenbar die Bonität bzw. Solvenz des Anlagenherstellers angesichts der ausstehenden Marktbereinigung dar. Die Schmack Biogas AG war dabei ein aktueller, gleichwohl nicht der einzige Fall in einer mittelständisch geprägten Branche.

Eine erhöhte Wirtschaftlichkeit könnte durch Effizienzsteigerungen erzielt werden. Ein Vergleich der Angaben zu den zusätzlichen Gewinnen durch den Gülle-Bonus nach Novellierung des EEG (ca. 80.000 Euro; siehe Abschnitt 1.2) und der Ertragssteigerungen bei höherer Motoreneffizienz des BHKW (ca. 15.000 Euro pro Prozent Wirkungsgradsteigerung; siehe Abschnitt 2.1) zeigt jedoch auch, dass politischen Rahmensetzungen eine sehr viel größere Bedeutung für die Rentabilität der Anlagen zukommt.

3. Politische und rechtliche Probleme und Hemmnisse

Auf den politischen und rechtlichen Rahmen sowie Probleme und Hemmnisse in diesem Bereich wird im Folgenden näher eingegangen. Dabei werden zunächst die in den Interviews genannten allgemeinen Rechtsprobleme und -hemmnisse wiedergegeben. Spezifisch gefragt wurde nach Genehmigungsrecht (3.2) und Vergütungsrecht (3.3), hier u. a. nach den Aktivitäten von Umweltgutachtern und Problemen durch Zusammenfassungen von Anlagen (§ 19 EEG 2009). Schließlich werden die von Interviewteilnehmern erwähnten Aspekte politischer Rahmenbedingungen aufgegriffen.

3.1 Rechtliche Probleme und Hemmnisse allgemein

- *Antworten der landwirtschaftlichen Organisationen/Beratungsunternehmen*

  In den Befragungen von Interviewpartnern aus landwirtschaftlichen Organisationen und Beratungsunternehmen kommen zwei Aspekte hinsichtlich rechtlicher Risiken und Hemmnisse allgemein zur Sprache:

    - *Rechtssicherheit herzustellen sei nahezu unmöglich. Mit der Einrichtung der Clearingstelle EEG sei allerdings ein Instrument geschaffen worden, um rechtliche Unsicherheiten deutlich zu verringern.*
    - *Landwirte neigten dazu, rechtliche Vorgaben zu dehnen, was Risiken mit Blick auf Genehmigungen und Vergütung berge.*

- **Antworten der Kreditinstitute**
Verwiesen wird in mehreren Interviews auf einige Probleme mit dem EEG, die ausführlich in der Literatur erörtert würden. Als Beispiele werden die Aufhebung des Ausschließlichkeitsprinzips, der Nachweis der Güllemenge, der zeitliche Begriff beim Landschaftspflegebonus und die Nutzwärmequote für Rindviehbetriebe genannt. Ein Interviewpartner aus einem Kreditinstitut sagt, die relativ lange Bauzeit stelle insofern ein Problem dar, als dass in der Zwischenzeit Änderungen in der Rechtslage eingetreten sein könnten, bevor die Biogasanlage an das Netz angeschlossen werde.

- **Antworten der Anlagenhersteller**
Mehr rechtliche Sicherheit bei der Ausgestaltung des Netzanschlusses bei Einspeiseprojekten wünscht sich ein Interviewteilnehmer. Man müsse alles individuell mit dem Netzbetreiber aushandeln, was sehr aufwändig sei. Dadurch, dass der Anschlusspreis mitfinanziert werden müsse, der Netzanschluss jedoch nicht im Eigentum des Kreditnehmers bleibe bzw. sei, ergebe sich ein Problem bei den Kreditsicherheiten.

- **Antworten der Projektentwickler/Eigenkapitalgeber**
Gewünscht werden für die Biogaseinspeisung klarere Regeln in der GasNZV, um die Diskussionen zwischen Anlagen- und Netzbetreibern abzukürzen. Jeder Netzbetreiber habe seinen eigenen Standard.

Allgemeine rechtliche Probleme, die in den Interviews mit landwirtschaftlichen Organisationen und Beratungsunternehmen sowie Kreditinstituten zur Sprache kommen, betreffen damit zum einen die (fehlende) Möglichkeit, Rechtssicherheit zu erlangen – bedingt durch unklare rechtliche Regelungen oder die Möglichkeit von Rechtsänderungen während der Bauzeit. Zum anderen werden Risiken erwähnt, die sich aus dem Verhalten landwirtschaftlicher Anlagenbetreiber im Zusammenhang bzw. im Umgang mit rechtlichen Bestimmungen ergeben. Anlagenhersteller und Projektentwickler/Eigenkapitalgeber nennen in dieser Kategorie Risiken bei Einspeiseprojekten und die Notwendigkeit, rechtliche Bestimmungen zu verändern, um die Transaktionskosten in Folge notwendiger Aushandlungsprozesse zu verringern.

3.2   Genehmigungsrechtliche Aspekte

3.2.1   Ergebnisse der Expertenbefragungen

- **Antworten der landwirtschaftlichen Organisationen/Beratungsunternehmen**
Die Mehrheit der Interviewten sieht in genehmigungsrechtlichen Fragen kein zentrales Hemmnis für die Durchführung von Biogasprojekten. Die Umsetzung von Wärmenutzungskonzepten, um eine breitere Zustimmung im ländlichen Raum zu erzielen, und die

Abdeckung von Gärrestlagern hätten zur Folge, dass die Projekte aufwändiger würden, so ein Befragter. Regionale Unterschiede in der genehmigungsrechtlichen Praxis werden hervorgehoben.
Erwartet wird, dass die Auflagen künftig höher sein werden.
Ein Problem, das in einem Interview angesprochen wird, ist die Verwertung im Insolvenzfall bei Anlagen, die privilegiert im Außenbereich errichtet wurden.

- **Antworten der Kreditinstitute**

Die Frage, ob es genehmigungsrechtliche Hemmnisse für Biogasprojekte gebe, wird von den Mitarbeiterinnen und Mitarbeitern der Kreditinstitute unterschiedlich beantwortet. So sagt ein Interviewpartner, dies stelle kein Problem dar, auch nicht bei Genehmigungen nach Bundesimmissionsschutzgesetz (BImSchG). Vor drei bis vier Jahren habe es hier Schwierigkeiten gegeben. Inzwischen habe man Absprachen mit den Genehmigungsbehörden getroffen. In eine ähnliche Richtung geht die Aussage, es könne im Einzelfall schwierig sein, die erforderlichen Genehmigungen zu bekommen. Dann sei das Projekt aber nicht gut.

Diejenigen, die in der genehmigungsrechtlichen Praxis ein Problem sehen, merken an:
- *Es gebe, gerade bei BImSchG-Verfahren, immer wieder Nachforderungen und neue Auflagen.*
- *Probleme träten regional dort auf, wo die Anlagendichte hoch sei.*
- *Die Genehmigungspraxis sei regional sehr uneinheitlich (Sondergebiete, Ausgleichs- und Ersatzmaßnahmen).*
- *Privilegiertes Bauen sei nur dem landwirtschaftlichen Betrieb, nicht aber der für die Errichtung und den Betrieb gegründeten Projektgesellschaft möglich.*

Angesprochen wird auch von einigen Vertreterinnen und Vertretern von Banken das Problem der Zweitverwertung bei Privilegierung: Ein Befragter äußert, es handele sich hierbei um ein rein theoretisches Problem, das bislang nicht aufgetreten sei und für das es immer eine Lösung geben werde. Im Zweifel schalte man den bzw. einen Landwirt vor. In einem anderen Interview wird auf die Rechtsabteilung verwiesen, die immer den worst case betrachte. Daher werde die Sicherheit mit Null angesetzt, auch wenn es bei Eintritt des Verwertungsfalles eine Lösung gebe. Die Folge ist in diesem Fall allerdings eine Verteuerung des Kredits.

- **Antworten der Anlagenhersteller**

Die befragten Anlagenhersteller sprechen vier Problembereiche an:
- *Es gebe im Vorwege einer Genehmigung ein Akzeptanzproblem, Ängste in der Bevölkerung. Auch wenn im Nachhinein die Bedenken nicht mehr bestünden,*

müsse dies im Vorfeld stärker adressiert werden. Durch den öffentlichen Widerstand verzögerten sich Genehmigungsverfahren auch bei Einspeiseanlagen.
- *Jenseits der Privilegierung seien Genehmigungsverfahren schwierig. Einige Bundesländer unterwanderten den § 35 BauGB durch Festlegung einer Beteiligungsquote von Landwirten. Probleme mit der Privilegierung bestünden nicht, wenn der Landwirt die Anlage treuhänderisch halte. Dies sei jedoch eine Umgehung der Regelungen.*
- *Ähnlich wie bei den Banken dauerten die Verfahren länger als früher. Die Anforderungen seien in starkem Maße gestiegen. Dadurch könnten einige Anlagenhersteller die Aufträge, die in ihren Büchern stünden, nicht realisieren.*
- *Die einzelnen Landkreise handhabten die gesetzlichen Vorgaben in unterschiedlicher Weise: Es gebe verschiedene Dokumente, die einzureichen seien. Die Auflagen seien im Einzelnen überall andere.*

- **Antworten der Projektentwickler/Eigenkapitalgeber**

Außer einem Befragten sehen die interviewten Projektentwickler und Eigenkapitalgeber im Bereich des Genehmigungsrechtes einige Probleme, die eine Umsetzung von Vorhaben erschwerten. Dabei führen einige Unternehmen Genehmigungsverfahren nach BImSchG durch, während andere lediglich Anlagen bis 500 kW elektrischer Leistung bauen. Als Hemmnis genannt werden die langen Verfahrensdauern, insbesondere in den neuen Bundesländern (sechs bis acht, z. T. zehn bis zwölf Monate). Es gebe immer mehr rechtliche Regelungen und Auflagen, die zu beachten seien.

Unterschiedliche Einschätzungen zur Bedeutung genehmigungsrechtlicher Hemmnisse können durch die regional unterschiedliche Praxis der Genehmigungsbehörden bedingt sein. Die unterschiedliche Handhabung gesetzlicher Bestimmungen, insbesondere zum privilegierten Bauen, wird von allen Akteursgruppen als ein Problem hervorgehoben. Darüber hinaus werden durch die Gruppen unterschiedliche genehmigungsrechtliche Aspekte erwähnt. Alle Befragten beklagen die längere Dauer des Genehmigungsverfahrens und die höheren Anforderungen der Behörden bei der Genehmigung.

3.2.2　Ergebnisse des Expertenworkshops

Beim Expertenworkshop im Dezember 2009 werden einige Fragen zum privilegierten Bauen im Außenbereich vertieft. Angesprochen wird hierbei ein Erlass des Landes Schleswig-Holstein, wonach der Landwirt einen Kapitalanteil von 51 Prozent an der Anlage bzw. der Projektgesellschaft zu halten habe. In Nordrhein-Westfalen seien dies lediglich 20 Prozent.

Der Erlass sei durch keine rechtliche Vorschrift gedeckt und hemme die Entwicklung von Gemeinschaftsanlagen.
Generell wird angemerkt, im Osten seien es viele landwirtschaftliche Betriebe gewohnt, Genehmigungsverfahren, auch solche nach BImSchG, zu durchlaufen. Daher werde z. T. zunächst privilegiert gebaut, um dann nach Erteilung der nötigen baurechtlichen und/oder immissionsschutzrechtlichen Genehmigung die Anlage auf mehr als 500 kW elektrischer Leistung zu erweitern.

Die Diskussion konzentriert sich folglich auf Probleme im Zusammenhang mit dem privilegierten Bauen und damit zusammenhängend der Grenze für die Größe von Biogasanlagen. Zunehmende Auflagen, wie sie von einigen Interviewpartnern erwartet werden, können in den westlichen Bundesländern die Dynamik beim Zubau von Biogasanlagen bremsen. Im Osten dagegen ist in der Verfahrensdauer ein größeres Hemmnis zu sehen, wenn – wie von den Teilnehmern am Workshop erwähnt – landwirtschaftliche Betriebe hier stärker mit den Formalia von Genehmigungsprozessen vertraut sind.

3.3 Vergütungsrechtliche Aspekte und Netzanschluss

3.3.1 Vergütungen gemäß EEG 2009

Als zweites rechtliches Themenfeld werden Fragen der Vergütung und z. T. auch des Netzanschlusses angesprochen. Bevor die Ergebnisse der Befragungen zu vergütungsrechtlichen Hemmnissen und Problemen dargestellt werden, wird an dieser Stelle ein kurzer Überblick über die Vergütungssätze für eingespeisten Strom aus Biogasanlagen gegeben (siehe Tab. 12).

Die Grundvergütung und die Boni, deren Höhe in Tab. 12 ausgewiesen ist, sind nach Anlagengröße bzw. elektrischer Leistung gestaffelt. Neben der Grundvergütung gibt es einen Bonus für nachwachsende Rohstoffe (NawaRo-Bonus), für den Einsatz von Gülle (Gülle-Bonus) und von Landschaftspflegematerial mit Detailregelungen in Anlage 2 zum EEG (Landschaftspflege-Bonus), den Bonus für Kraft-Wärme-Kopplung (KWK-Bonus), dessen Details in Anlage 3 geregelt sind, sowie den Bonus für Emissionsminderungen, d. h. eine geringere Formaldehydbelastung gem. der Technischen Anleitung zur Reinhaltung der Luft (TA Luft), und den Technologie-Bonus für den Einsatz als innovativ eingestufter Technologien. Die Degression beträgt gem. § 20 Abs. 2 Nr. 5 EEG 2009 1,0 Prozent pro Jahr.

TAB. 12: VERGÜTUNGSSÄTZE FÜR EINGESPEISTE ELEKTRISCHE ENERGIE AUS BIOGAS GEM. EEG 2009

	Elektrische Leistung der Anlage			
	bis 150 kW	150 bis 500 kW	500 kW bis 5 MW	5 MW bis 20 MW
	Vergütungssätze in ct/kWh			
Grundvergütung (§ 27 Abs. 1)	11,67	9,18	8,25	7,79
NawaRo-Bonus (§ 27 Abs. 4 Nr. 2, Anlage 2)	7,0	7,0	4,0	-
Gülle-Bonus (§ 27 Abs. 4 Nr. 2, Anlage 2)	4,0	1,0	-	-
Landschaftspflege-Bonus (§ 27 Abs. 4 Nr. 2, Anlage 2)	2,0	2,0	-	-
KWK-Bonus (§ 27 Abs. 4 Nr. 3, Anlage 3)	3,0	3,0	3,0	3,0
Emissionsminderungs-Bonus (§ 27 Abs. 5)	1,0	1,0	-	-
Technologie-Bonus (§ 27 Abs. 4 Nr. 1)	2,0	2,0	2,0	-

3.3.2 Einschätzungen der Interviewteilnehmer/innen

- *Antworten der landwirtschaftlichen Organisationen/Beratungsunternehmen*

Mit Blick auf Vergütungsrecht und Anschluss der Anlagen werden drei Aspekte diskutiert:

- Die neu eingeführte Begrenzung beim KWK-Bonus wird von einem Interviewpartner als inhaltlich nicht sinnvoll bezeichnet. Zugleich weist er jedoch darauf hin, die Landwirte seien bei der Umsetzung der Wärmekonzepte „kreativ", um den Bonus zu erhalten.

- Die meisten Interviewten haben bislang keine negativen Äußerungen zur Arbeit der Umweltgutachter vernommen. Ein Befragter erwartet für Ende 2009 Engpässe und Schwierigkeiten.

- Gelegentliche Probleme gebe es mit den Energieversorgern, die die Regelungen zum Netzanschluss und zur Vergütung unterschiedlich interpretierten.

- *Antworten der Kreditinstitute*

Auch in den Interviews mit Kreditinstituten werden hinsichtlich vergütungsrechtlicher Regelungen drei Aspekte angesprochen: erstens die Anerkennung und Auszahlung der Boni, zweitens die Arbeit der Gutachter und drittens Probleme durch die Einführung des § 19 EEG und die Rechtsprechung des Bundesverfassungsgerichtes.[262] Ein Befragter sagt, die Energieversorger hätten unterschiedliche Herangehensweisen bei der Auszahlung der Vergütungen. Unsicherheiten bestünden hinsichtlich des Güllebonus: Die Gutachter seien uneinig, ob der Bonus schon dann entfalle, wenn an nur einem einzigen Tag gegen die Voraussetzungen verstoßen werde. Gerade für kleine Anlagen sei der Güllebonus jedoch essentiell. Ein Interviewpartner moniert, die Prüfung der Gutachter dauere sehr lange, weil es zu wenig gebe. Zwei Befragte erwarten zunehmende Probleme bei Vergütungen. Bei einem Kreditinstitut wird explizit auf die Notwendigkeit einer Vorprüfung hingewiesen. Mehrere Banken argumentieren mit dem Vorsichtsprinzip bei der Kalkulation: Auf Grund der Unsicherheiten werde ein Bonus im Zweifel nicht eingerechnet.

Schwierigkeiten mit der Zusammenfassung von Anlagen gebe es, so die Interviewpartner, bei einigen Banken. In den meisten Fällen würden jedoch die geringeren Vergütungen durch höhere Zahlungen nach dem novellierten EEG 2009 (mehr als) ausgeglichen. Die Befragten verweisen allerdings auf die Unsicherheit, die durch die Einführung des § 19 EEG 2009 sowie den Beschluss des Bundesverfassungsgerichts entstanden sei, selbst wenn – auch dies wird als Zeichen von Unstetigkeit gewertet – die rückwirkende Anwendung von der neuen Bundesregierung gekippt werde.

- *Antworten der Anlagenhersteller*

Vergütungsrechtliche Hemmnisse stellen die befragten Anlagenhersteller nicht fest. Allerdings merkt ein Interviewpartner an, man rechne nie mit doppeltem Bonus bei Satelliten-BHKW.
Mit dem Thema Umweltgutachter habe man sich rechtzeitig befasst, so ein Interviewter. Es gebe gute Kontakte, sagte ein anderer Befragter. Es wird jedoch auch die Ansicht vertreten, dass sich hier ein Hemmnis auftue, da Umweltgutachter zunehmend eigene Interpretationen entwickelten.

- *Antworten der Projektentwickler/Eigenkapitalgeber*

Vergütungsrechtliche Probleme werden von den meisten befragten Projektentwicklern und Investoren nicht gesehen. Es gebe einige offene Interpretationsfragen beim Güllebonus. Für den Luftreinhaltungsbonus böten einige Hersteller Garantien an. Bei den Umweltgutachtern habe man einen hohen Standard erreicht.

---

[262] Vgl. BVerG, Beschluss v. 18.02.2009 – 1 BvR 3076/08, dort auch Literaturverweise, zit. in: NVwZ 2009, S. 1025-1030, ZUR 2009, S. 260-263. Zum Anlagen-Splitting und die Änderungen durch die neue Bundesregierung vgl. auch Schomerus (2010).

Die Einschätzungen zu vergütungsrechtlichen Hemmnissen bei der Umsetzung von Biogasprojekten variieren damit zwischen den Befragten. Während von landwirtschaftlichen Organisationen und Beratungsunternehmen sowie Kreditinstituten einzelne Probleme benannt werden (Begrenzung beim KWK-Bonus, Umweltgutachter, Verhalten der Energieversorger, Zusammenfassung von Anlagen), stellen Anlagenhersteller und Projektentwickler/Eigenkapital-geber mehrheitlich keine Schwierigkeiten in diesem Bereich fest. Dass die Änderung in der Rechtslage – oder nach Interpretation der damaligen Bundesregierung die Klarstellung derselbigen – mit § 19 EEG 2009 in den Interviews mit Kreditinstituten z. T. ohne explizite Rückfrage erwähnt wird, von anderen auf direkte Nachfrage in ihrer Wirkung als problematisch bewertet wird, zeigt die Verunsicherung, die dieses Ereignis auf Seiten von Finanziers hervorgerufen hat.

3.3.3 Ergebnisse des Expertenworkshops

Auch beim Expertenworkshop ist die Regelung in § 19 EEG Gegenstand der Diskussionen. So wird von einem Teilnehmer hervorgehoben, es sei hier eine rückwirkende Änderung des Rechts vorgenommen worden, die für Investoren einen großen Vertrauensverlust bedeute, selbst wenn dies durch den Koalitionsvertrag im Herbst 2009 geheilt worden sei. Er verweist in diesem Zusammenhang auch auf Risiken durch politische Wechsel. In der Diskussion wird deutlich, dass der Sachverhalt von Akteuren im Biogasbereich unterschiedlich rechtlich gewürdigt wird. Unabhängig von der Position innerhalb der Kontroverse um das Anlagen-Splitting dürfe jedoch, so ein Vertreter eines Kreditinstituts, eine einmal gewährte Vergütung aus Gründen des Bestandsschutzes nicht wieder zurückgenommen werden.

Mögen die rechtlichen Würdigungen der Vorgänge rund um die Regelungen zur Zusammenfassung von Anlagen auch unterschiedlich ausfallen, so muss bei der rechtspolitischen und ökonomischen Bewertung wohl konstatiert werden, dass das durch Finanziers subjektiv wahrgenommene Rechtsrisiko – wenigstens aktuell – gestiegen ist.

3.4 Politische Rahmenbedingungen

Diese Fragen leiten direkt über zu einem an vielen Stellen in Interviews und beim Workshop betonten Problems bei der Biogasfinanzierung bzw. im Biogassektor allgemein: der Abhängigkeit von politischen Rahmensetzungen.

3.4.1 Ergebnisse der Experteninterviews

- **Antworten der landwirtschaftlichen Organisationen/Beratungsunternehmen**
  Mit Blick auf den aktuellen Boom stellt ein Interviewpartner fest, es bestehe ein Zwang zur schnellen Projektierung. Dies könne nicht funktionieren. Damit ergebe sich in vielen Fäl-

len ein Nachfinanzierungsbedarf. Dann sehe die Wirtschaftlichkeit der Anlage ganz anders aus. Dies treffe allerdings nur die Betreiber.

Kritisch angemerkt wird, einige Marktteilnehmerinnen/-teilnehmer seien beunruhigt, es fehle an Verlässlichkeit der Politik.

Einige Stimmen würden laut, man solle die Regelungen des EEG vereinfachen – wobei dann geringere Gestaltungsmöglichkeiten bestünden. Fehlallokationen müssten behoben werden. Auch weist ein Interviewteilnehmer darauf hin, es gebe Gutachten, deren Bewertung der Biogasproduktion in Deutschland negativ ausfalle. Demgegenüber vertritt eine Person die Einschätzung, es werde Bestand haben, was aktuell vorhanden sei.

- **Antworten der Kreditinstitute**

Interviewpartner aus Kreditinstituten monieren, es gebe immer mal wieder Änderungen der Rechtsprechung und in den rechtlichen Rahmenbedingungen. Politische Unsicherheiten seien ein Thema. Man könne sich nicht mehr auf den Gesetzgeber verlassen. Es wird der Wunsch nach Verlässlichkeit auf lange Frist geäußert.

Auf die Frage des Umgangs mit politischen Risiken äußerte ein Interviewpartner, dies sei der Grund, warum ohne Haftungseinbindung des Betreibers/des Landwirts kein Projekt durch das Kreditinstitut finanziert werde.

Verbesserungswünsche umfassen eine größere Klarheit im Gesetzentwurf und in der Auslegung sowie mehr Stabilität. Es sollten nicht alle zwei Jahre Änderungen vorgenommen werden. Ein Interviewteilnehmer bewertet allerdings die gegenwärtigen Regelungen des EEG als Überförderung. Er gehe davon aus, dass künftig in stärkerem Maße Reststoffe verwertet würden.

- **Antworten der Anlagenhersteller**

Es gebe eine gewisse Verunsicherung wegen des § 19 EEG 2009. Bei Banken werde nicht mehr an die Investitionssicherheit geglaubt.

Ein Befragter erwartet Änderungen im EEG, die Mais-Monokulturen verhinderten.

- **Antworten der Projektentwickler/Eigenkapitalgeber**

Der Technologiebonus sei zu gering, um den Know How-Vorsprung in Deutschland zu sichern. Wenn gerade die Kosten gedeckt würden, setze ein Investor das Vorhaben nicht um, da die Investition mit Risiken verbunden sei.

- **Antworten der Energieversorger**

Unterschiedliche Aussagen treffen die Interviewteilnehmer zur Forderung nach einem EGE: Man müsse raus aus dem EEG bzw. eine Alternative zum EEG für das aufbereitete Biogas schaffen, so ein Befragter. Der Vertreter eines anderen Unternehmens stellt den

Forderungen nach einem EGE technische Schwierigkeiten sowie den fehlenden Absatz im Sommer entgegen und bezeichnet den Vorschlag als volkswirtschaftlich schädlich. Die Selbstverpflichtung sei, so ein Interviewpartner, unrealistisch. Es werde schwierig, die politischen Zielvorgaben zu erreichen. Die EEG-Vergütung sei zu gut. Man könne die Rohbiogasmengen dadurch gar nicht akquirieren. Kleinanlagen würden zudem bevorzugt. Daneben wurde geäußert, die Biogaspotenziale seien in einigen Landkreisen ausgereizt. Man müsse die Verteilung ausgewogen gestalten. Die Halbwertszeit von Gesetzen sei gering. Diese hielten nur zwei bis vier Jahre. Schließlich sei die Teller-Tank-Diskussion absurd. Sie könne jedoch nicht ignoriert, sondern müsse politisch aufgearbeitet werden.

Die Aussagen der Interviewten zeigen, dass von allen Akteursgruppen in fehlender Konstanz auf Seiten des Gesetzgebers ein Problem gesehen wird. Zugleich machen die, auch innerhalb von Akteursgruppen, unterschiedlichen Wünsche, die mit Blick auf die Änderung einzelner rechtlicher Bestimmungen oder die Einführungen eines EGE geäußert werden, deutlich, dass mit jeder Prüfung des EEG bzw. des Rechtsrahmens allgemein Änderungen zu erwarten sind. Eine Bewertung politischer Risiken setzt folglich die Kenntnis der verschiedenen Positionen und der Aushandlungsprozesse voraus.

3.4.2   Ergebnisse des Expertenworkshops

Die Abhängigkeit von politischen Rahmensetzungen wird auch beim Expertenworkshop erörtert. Die Entwicklungen im Biogasbereich seien stark subventionsgetrieben. Dies sei typisch für die Landwirtschaft allgemein. Einige Experten sprechen im Zusammenhang mit dem novellierten EEG 2009 von einer Überförderung. Analog zur Entwicklung in der Fotovoltaik sei zu erwarten, dass der Ruf nach einer Reduktion der Förderung erschalle. Die Frage sei daher, wie lange der aktuell geltende Rahmen Bestand habe. Hier sei insofern Vorsicht bei kleinen Anlagen geboten.

Insgesamt werde durch das EEG nicht das Kostenoptimum gefördert. (Betriebs-)wirtschaftliches Optimum und politische Zielsetzungen fielen auseinander. Demgegenüber betont ein Teilnehmer, es gebe eine Reihe von Synergieeffekten für den landwirtschaftlichen Betrieb, die bei den Wirtschaftlichkeitsberechnungen nicht berücksichtigt würden. Diese wurden bei der Aufzählung der Motive von Landwirten in Abschnitt A.2 genannt und scheinen demnach insbesondere bei kleinen Anlagen eine Rolle zu spielen. Ziel des Güllebonus, der zu einem verstärkten Bau eben solcher Anlagen geführt habe, so ein anderer Teilnehmer des Workshops, seien ökologische Gründe (Reduktion der Methanemissionen in der Landwirtschaft) sowie die Landwirtschaftsförderung.

Diskutiert wird kurz auch eine mögliche Kopplung der Boni an die Rohstoffpreisentwicklung.

3.5 Schlussfolgerungen

Rechtliche und politische Unsicherheiten nehmen einen großen Stellenwert bei der Bewertung von Biogasprojekten ein, auch wenn die Einschätzungen, ob genehmigungs- und vergütungsrechtliche Hemmnisse für die Umsetzung dieser Vorhaben bestünden, nicht bei allen Befragten gleich ausfällt. Als Risiken werden

- fehlende Rechtssicherheit (regionale Unterschiede, Privilegierung, fehlende öffentliche Akzeptanz und Verfahrensdauern; § 19 EEG),
- hinsichtlich Zeitpunkt und Ergebnis unsichere Verhandlungen mit dem Gasnetzbetreiber bei Einspeiseprojekten in Folge der rechtlichen Regelungen in der GasNZV,
- zunehmende Auflagen und genehmigungsrechtliche Anforderungen,
- Unsicherheiten auf Grund des Übertretens rechtlicher Vorgaben durch Landwirte sowie
- insgesamt längere Verfahrensdauern

benannt.

Anders als genehmigungsrechtliche Unsicherheiten – Genehmigungen werden zur Voraussetzung für die Auszahlung von Krediten gemacht – spielen vergütungsrechtliche Fragen auch für Banken eine große Rolle bei der Projektbewertung. Der Verlust an Vertrauen, den die Rechtsetzung und -sprechung zum Anlagen-Splitting[263] hervorgerufen hat – unabhängig von der Position in der Kontroverse –, führt nach Meinung einiger Befragter dazu, dass Kreditinstitute zurückhaltender bei der Finanzierung von Biogasanlagen agieren, zumal dies lediglich ein Beispiel für die starken Abhängigkeiten von politischen Rahmensetzungen ist.

Bei der Projektprüfung legen mehrere befragte Kreditinstitute hinsichtlich der Sicherheiten bei privilegiertem Bauen sowie der Boni auf Grund von Rechtsunsicherheiten den Bewertungen ein Worst Case-Szenario zugrunde, was die Finanzierungen für die Anlagenbetreiber verteuert.

4. Größenklassen der Biogasanlagen

Eine weitere Entwicklungslinie betrifft die Verteilung der Biogasanlagen auf verschiedene Größenklassen. In der Literatur wird bis 2007/2008 ein Trend zu größeren Anlagen konstatiert. Daraus folgt automatisch ein größerer Finanzbedarf, der in vielen Fällen nicht mehr von einzelnen landwirtschaftlichen Betrieben gedeckt werden kann. Dies ist der Hintergrund für die Diskussion dieser Fragestellung im Rahmen des Forschungsvorhabens.

---

[263] Von Anlagen-Splitting wird gesprochen, wenn mehrere kleine Anlagen anstelle einer einzigen großen Anlage errichtet werden, um die höhere Vergütung für kleinere Leistungsklassen zu erhalten.

TAB. 13: GRÖßEN LANDWIRTSCHAFTLICHER BIOGASANLAGEN IN DEN EINZELNEN BUNDESLÄNDERN

Bundesland	Anzahl Anlagen (2008)	installierte elektrische Leistung in MW_{el}	durchschnittliche Anlagengröße in kW_{el}
Brandenburg	98	55	561,2
Niedersachsen	650	350	538,5
Sachen-Anhalt	131	70	534,4
Schleswig-Holstein	202	105	519,8
Thüringen	104	52	500
Mecklenburg-Vorpommern	162	76	469,1
Sachsen	139	54	388,5
Saarland	8	3	375
Rheinland-Pfalz	84	29	345,2
Hessen	81	27	333,3
Nordrhein-Westfalen	280	90	321,4
Baden-Württemberg	552	133	240,9
Bayern	1400	333	237,9

Quelle: Fachverband Biogas e. V.

4.1 Daten zu Größenordnungen von Biogasanlagen und Trends

Die durchschnittlichen Anlagengrößen variieren von Bundesland zu Bundesland beträchtlich (siehe Tab. 13). Sie liegen zwischen ca. 240 kW_{el} in Bayern und 560 kW_{el} in Brandenburg. Detaillierte Statistiken zur Verteilung der Anlagengrößen sind nicht verfügbar, wenigstens nicht öffentlich zugänglich.[264]

Die durchschnittliche Anlagengröße im gesamten Bundesgebiet hat sich von va. 58 kW im Jahr 1999 auf ca. 350 kW in 2008 erhöht (siehe Tab. 14). Der stärkste Zuwachs wird zwischen 2004 und 2005 verzeichnet, also mit Beginn des (ersten) Biogasbooms. Legt man die Zahlen der FNR zugrunde, nimmt auch im Jahr 2009 die mittlere Größe der Anlagen zu, stärker sogar als im Vorjahr. Geht man von der Prognose des Fachverbandes Biogas aus, hier mit einem (*) markiert, so nimmt die durchschnittliche elektrische Leistung erstmalig innerhalb des betrachteten Zeitraumes ab. Dies wäre die oben an verschiedenen Stellen bereits angedeutete Trendumkehr.

Eine Ursache für eine Zunahme der mittleren Anlagengröße trotz verstärkten Baus kleiner Anlagen könnte ein Ausgleich durch große Anlagen zur Biomethaneinspeisung sein. Der Fachverband Biogas scheint dagegen davon auszugehen, dass der Zubau bei Hofanlagen stärker ist, als dies in den Daten der FNR zum Ausdruck kommt.

---

[264] Vgl. aber DBFZ (2009), S. 24.

TAB. 14: ENTWICKLUNG DER DURCHSCHNITTLICHEN GRÖßE VON BIOGASANLAGEN IN DEUTSCHLAND 1999-2009

Jahr	durchschnittliche elektrische Leistung [kW]	Zunahme absolut	Zunahme in %
1999	57,65	.	.
2000	74,78	17,14	29,73 %
2001	81,62	6,83	9,14 %
2002	99,50	17,88	21,91 %
2003	107,95	8,45	8,49 %
2004	122,89	14,93	13,83 %
2005	247,21	124,33	101,17 %
2006	289,63	42,42	17,16 %
2007	342,23	52,59	18,16 %
2008	350,09	7,86	2,30 %
2009	366,67	16,58	4,74 %
2009*	334,73	-15,36	-4,39 %

Quellen: FNR (2010), Websites; Fachverband Biogas e. V. (2009)

Zunächst wird im Folgenden auf die Interviewergebnisse zu den Größenklassen eingegangen. Die Biomethaneinspeiseprojekte sind Gegenstand des Abschnitts 6, der auf die Erörterung von Wärmekonzepten – zu denen die Einspeisung ebenfalls zu zählen ist – folgt.

4.2 *Ergebnisse der Experteninterviews*

- *Antworten von landwirtschaftlichen Organisationen und Beratungsunternehmen*

Die meisten Befragten nehmen eine Dreiteilung der Anlagen hinsichtlich ihrer Leistung in kleine Anlagen bzw. Hofanlagen, mittelgroße Anlagen und Großanlagen vor. Die Trennlinien und die Verteilung zwischen den ersten beiden Klassen scheinen regional unterschiedlich zu sein. Die erste Grenze wird zwischen 250 kW und 370 kW gezogen. Als Unterscheidungsmerkmal zwischen mittelgroßen und großen Anlagen wird die Privilegierung genannt. Keine Einigkeit herrscht bei der Einschätzung, ob künftig mehr Hofanlagen oder mittelgroße Anlagen gebaut würden. Einige Interviewpartner gehen davon aus, dass es verstärkt Hofanlagen und Großanlagen zur Einspeisung geben wird.

- *Antworten von Kreditinstituten*

Eine regionale Unterscheidung treffen die Interviewteilnehmer aus Kreditinstituten: Im Süden bzw. speziell in Bayern gebe es durch die Novellierung des EEG verstärkt vergleichsweise kleine Hofanlagen (< 200 kW). In nördlicheren Regionen bzw. im Osten, so eine Mehrheit der Befragten, bewege man sich schnell auf 250 kW bzw. 350-500 kW zu. Letztgenannte Größenklasse werde inzwischen wieder verstärkt gebaut. Bei einem Kre-

ditinstitut werden in dieser Hinsicht unterschiedliche Entwicklungen in verschiedenen Landkreisen beobachtet. In einem Teil der Region würden die Anlagen wieder größer. Dagegen dominierten kleine Anlagen in einem anderen Teil der Region. Ein Interviewter sagt, hinsichtlich der elektrischen Leistung seien die Anlagen breit gestreut. In einem Interview wird die Einschätzung geäußert, 500-kW-Anlagen seien seltener, eher im Zusammenhang mit Satelliten-BHKW zu sehen.

Für einige Banken kam der Trend zur kleinen Hofbiogasanlage offenbar überraschend. Es gebe, so ein Kreditinstitut, wieder einen Trend hin zur Landwirtschaft, nachdem in den letzten Jahren verstärkt industrielle Anlagen gebaut worden seien.

Eine Grenze sehen auch die Befragten bei den Banken bei 500 kW bzw. rund 600 kW, d. h. bei der Grenze gemäß § 35 Abs. 1 Nr. 6 lit. d BauGB.[265] Größere landwirtschaftliche Anlagen seien denkbar, wenn Kommunen Sondergebiete auswiesen.

Großprojekte werden von den befragten Kreditinstituten eher kritisch gesehen. Als Problem wird die Substratsicherung genannt, die kaum gewährleistet werden könne.

Ein Interviewpartner verweist bei der Anlagengröße auf einen Entwicklungspfad, dem die Anlagen folgten. Begonnen werde mit einer etwas kleineren Leistung. Hieran schließe sich bei entsprechenden positiven Erfahrungen eine Erweiterung der Biogasanlage an.

- *Antworten von Anlagenherstellern*

Bei der Frage, welche Trends sie hinsichtlich der Größenklassen von Biogasanlagen sähen, gehen die befragten Anlagenhersteller auf drei Aspekte ein:

- Hofanlagen (190/250 kW) gebe es verstärkt durch die Novellierung des EEG. Der Einsatz von Gülle in diesen Anlagen sei gut. Die Anlagen hätten jedoch zwei Nachteile – die geringere Wirtschaftlichkeit und eine oft fehlende Wärmeabnahme und damit keinen optimalen Wirkungsgrad.
- Als optimale Anlagengröße sahen die meisten eine 500-kW-Biogasanlage (in einem Fall 500 kW bis 1 MW). Hier gebe es ein Optimum an Förderung. Eine 500-kW-Anlage mit Wärmenutzung, d. h. einem Investitionsvolumen von 2,4 oder 2,5 Millionen Euro, sei für Banken interessanter.
- Eine Obergrenze wird bei 2-3 MW, was einer Fläche von 1.000-1.500 Hektar entspreche, von einem Befragten bei 5 MW gesehen. 20 MW seien logistisch schwierig umzusetzen. Entscheidender Kostenfaktor sei der Transport.

---

[265] In Schleswig-Holstein gilt gemäß ministeriellem Erlass eine äquivalente Feuerungswärmeleistung des BHKW von 1,5 MW als Bezugspunkt für die Berechnung der Grenze der Privilegierung.

- **Antworten von Projektentwicklern/Eigenkapitalgebern**

Die Befragten geben an, es sei kein Trend zu größeren Anlagen zu verzeichnen wie bis 2007/8. Durch die Novellierung des EEG würden verstärkt kleinere Anlagen gebaut. Es gehe jedoch, abgesehen vom Süden Deutschlands, stärker in Richtung 370-500 kW auf Grund der höheren Wirtschaftlichkeit. Dies sei der Grund, warum alle Betreibermodelle mit 500-kW-Anlagen umgesetzt würden.

Die maximale sinnvolle Anlagengröße ergebe sich durch die Grenzen der Substratversorgung (von Thünensche Kreise). Standard der Technik seien 5 MW. 10-MW-Anlagen seien noch möglich, aber grenzwertig. Damit verlasse man jedoch den Bereich landwirtschaftlicher Biogasanlagen.

- **Antworten von Energieversorgern**

Zwei Interviewpartner von Energieversorgern äußern sich zur optimalen Größe von Biogasanlagen: Großprojekte seien nicht gut für die Branche. Die Ökobilanz stimme nicht. Eine betriebswirtschaftlich sinnvolle Größe seien 190 bis 500 kW. Die Anlagen müssten in den Stoffkreislauf eingebunden werden und der Stabilisierung des Betriebes dienen.

Von allen Akteursgruppen wird damit ein Bruch im Trend zu größeren Anlagen als Folge der EEG-Novellierung gesehen. Bei der Verteilung auf drei Größenklassen (kleine, mittelgroße, große Anlagen) wird zwischen dem Süden Deutschlands auf der einen und dem Norden und Osten auf der anderen Seite differenziert: mehr kleine und große Anlagen im Süden; verstärkt mittelgroße und große Anlagen im Norden und Osten. Über die große Bedeutung rechtlicher Rahmensetzungen für die Bestimmung der optimalen Anlagengröße herrscht unter den Befragten Einigkeit. Als viertes Thema taucht bei der Frage nach der Entwicklung der Anlagengröße die Bestimmung eines Optimums bzw. einer maximalen Anlagengröße auf. Die Bewertungen großer Anlagen und die Angaben zur maximal sinnvollen Größe divergieren zwischen den Gesprächspartnern.

4.3 Ergebnisse des Expertenworkshops

Beim Expertenworkshop wird festgestellt, es gebe bei der Entwicklung der Anlagengröße eine Spreizung in a) kleine, hofnahe Anlagen und b) große Anlagen mit Gaseinspeisung. Damit sei der Trend zu steigenden Anlagengrößen gebrochen. Welche Größenordnungen in welchem Verhältnis angetroffen würden, sei jedoch eine Frage der regionalen Gegebenheiten, insbesondere der Rohstoffverfügbarkeit. Damit müsse man bei der Einteilung der Größenklassen die jeweiligen Besonderheiten der Region berücksichtigen.

Neben den reinen Größenklassen wird auch über die Größenentwicklung innerhalb eines Betriebes diskutiert: Viele Landwirte bauten zunächst eine kleinere Anlage, die aber erweite-

rungsfähig sei. Auf diese Weise werde den Entwicklungsstufen des Betriebes Rechnung getragen und könne mit der kleineren Anlage zunächst Akzeptanz im Umfeld geschaffen werden. Dies sei eine Variante, die bei einer landwirtschaftlichen Unternehmensfinanzierung denkbar sei. Ein Investorenprojekt könnte auf diese Weise nicht funktionieren. Als Problem wird jedoch eingewendet, die Anlage müsse sich – auch ohne Erweiterung – von Anfang an rechnen, um finanzierungswürdig zu sein. Man habe bei einem „Stufenprojekt" in der ersten Stufe hohe spezifische Investitionskosten.

4.4 Schlussfolgerungen

Der Trend zu immer größeren Biogasanlagen ist durch die Novellierung des EEG gebrochen. Je nach Region werden verstärkt kleine Hofanlagen (190-250 kW/370 kW) oder mittelgroße landwirtschaftliche Anlagen (370-500 kW) gebaut. Großanlagen werden von den meisten Befragten kritisch gesehen. Eine Obergrenze liege aus Gründen der Rohstoffversorgung – je nach Gesprächspartner – bei 2 MW bis 5 MW. Neben den kleinen Anlagen zur Biogasproduktion im Süden Deutschlands bzw. den mittelgroßen im Norden und Osten werden zunehmend größere Anlagen zu Biomethaneinspeisung errichtet. Damit ergibt sich im Süden eine Spreizung bei der Anlagengröße (klein oder groß). Im Osten und Norden, wo überwiegend mittlere und große Anlagen errichtet werden, nimmt die Durchschnittsgröße der Biogasanlagen zu.

Im Ergebnis zeigt sich, auch aus Diskussionen beim Workshop, dass für die landwirtschaftliche Unternehmensfinanzierung optimale Entwicklungsprozesse zu definieren sind, die eine Erweiterung und Lerneffekte zulassen (Stufenkonzept). Die Schwierigkeit wird je nach Ausgangsbedingungen darin liegen, die erste Stufe immer noch rentabel auszugestalten. Demgegenüber sind Investorenprojekte von vornherein auf eine bestimmte Größenordnung (mittlere oder große Anlagen) ausgelegt, die im Zeitverlauf nicht verändert wird. Sehr große Anlagen werden von den meisten Akteuren kritisch gesehen.

5. Wärmenutzungskonzepte

Neben den Größenordnungen wird in den Interviews explizit nach Wärmenutzungskonzepten gefragt. Beim Workshop spielen diese in den Diskussionen zunächst keine größere Rolle. Auf die Überlegungen im Zusammenhang mit Kooperationsmodellen wird an entsprechender Stelle in Kapitel E eingegangen.

5.1 Einschätzungen der Befragten und Ergebnisse des Workshops

- **Antworten der landwirtschaftlichen Organisationen und Beratungsunternehmen**
  Die Aussagen landwirtschaftlicher Organisationen und Beratungsunternehmen zur Wärmenutzung bei den Biogasanlagen unterscheiden sich z. T. deutlich. Expertinnen/Exper-

ten, die eine steigende Bedeutung konstatieren und betonen, es werde keine Wärme mehr verschenkt, stehen Interviewpartner gegenüber, die von schlechter Nutzung der Wärme, Problemen bei der Umsetzung sinnvoller Wärmekonzepte und einer Reihe von Neuanlagen ohne Wärmekonzept berichten. Das Motiv der Landwirte sei, so ein Experte, eine Optimierung der Einspeisevergütung, nicht die sinnvolle Nutzung der Wärme, etwa aus ökologischen Gründen.

- **Antworten der Kreditinstitute**

Alle Befragten aus Kreditinstituten verweisen auf die große Bedeutung von Wärmekonzepten, um die Wirtschaftlichkeit der Anlagen zu sichern. Die Konzepte würden im Verlauf der Projektentwicklung oft deutlich besser. Die Bank biete sich hier mit ihren Erfahrungen als Beraterin an. Gelegentlich werde dann auch der Ort des BHKW in Rücksprache mit der Kommune verschoben.

Einschränkend äußern einige Interviewpartner, um den – für die Wirtschaftlichkeit essentiellen – KWK-Bonus zu erhalten, würden in Teilen wenig sinnvolle Konzepte umgesetzt. Oft sei zudem die Euphorie groß. Ein Abnehmer müsse jedoch erst einmal überzeugt werden.

- **Antworten der Anlagenhersteller**

Ein sinnvolles Wärmekonzept sei wichtig, wobei sinnvoll nicht mit der Positivliste des EEG gleichzusetzen sei. Landwirte sollten sich zusammentun und ein lokales Wärmenetz betreiben.

- **Antworten der Projektentwickler/Eigenkapitalgeber**

Wärmekonzepte seien sinnvoll, so ein Interviewteilnehmer, wenn man das Gesamtpaket betrachte. Bei kleinen Anlagen überstiegen jedoch die Gutachterkosten möglicherweise den KWK-Bonus. Die Wärmenutzung rechne sich nur dann, wenn zugleich fossile Energieträger im Betrieb eingespart würden.

Ein anderer Befragter gibt an, es würden nur Projekte mit Wärmekonzept umgesetzt. Als Varianten nennt er: einen Wärmeliefervertrag mit dem Landwirt zum halben Energiepreis oder die Wärmelieferung an einen Schlachthof, eine Kommune, Hühnermastbetriebe.

- **Antworten der Energieversorger**

Biogasanlagen dürften, so ein Interviewteilnehmer, nicht ohne gutes Wärmekonzept betrieben werden – aus wirtschaftlichen Gründen und weil es einen rechtlichen Druck in diese Richtung geben werde.

- **Ergebnisse des Workshops**

  Beim Workshop wird in einem Eingangsstatement auf die zunehmende Bedeutung von Wärmekonzepten verwiesen. Anders als noch vor zwei oder drei Jahren seien sie für die Wirtschaftlichkeit einer Anlage oft wichtig.

5.2 Schlussfolgerungen

Aus ökologischen, bei hohen Rohstoffpreisen aber auch aus wirtschaftlichen Gründen ist ein gutes Wärmekonzept nach Meinung der Interviewpartner notwendig. Es wird sogar eine entsprechende Rechtsänderung erwartet, um diese Entwicklung zu forcieren. Die meisten Befragten unterscheiden zwischen einem sinnvollen Ansatz und der Positivliste des EEG bzw. den Praktiken von Landwirten, um den KWK-Bonus zu erhalten. Kooperationen könnten der Umsetzung sinnvoller Wärmekonzepte dienen (siehe Kapitel E).

Auch hier könnte die Novellierung des EEG einen Trend gebrochen haben, wenn die Beobachtung mancher Expertinnen und Experten korrekt ist, dass verstärkt (Klein-)Anlagen ohne Wärmekonzept gebaut werden.

6. Gasaufbereitung und Einspeisung von Biomethan

Die Aufbereitung von Rohbiogas und Einspeisung von Biomethan wird als eine Alternative zu einem lokalen Wärmekonzept gesehen. Auf Grund der Rahmenbedingungen, auf die im Folgenden kurz eingegangen wird, und der noch notwendigen technologischen Weiterentwicklungen lohnt sich derzeit die Einspeisung nur bei großen Biogasanlagen – neben den notwendigen gastechnischen und -wirtschaftlichen Fachkenntnissen ein Grund, warum Kooperationsmodelle eigenen Typs entwickelt wurden und erprobt werden (siehe Kapitel E). In diesem Zusammenhang wird die Gaseinspeisung im Rahmen des Workshops diskutiert. Im Folgenden werden daher zunächst die Ergebnisse aus den Interviewpassagen zusammengefasst, in denen es um die Entwicklungen im Biogassektor und die Marktpotenziale von Biomethan geht.

6.1 Rahmenbedingungen

Bei der Einspeisung aufbereiteten Rohbiogases (Biomethan) in das Erdgasnetz hat die Bundesregierung mit ihrem in Meseberg verabschiedeten Integrierten Energie- und Klimaprogramm (IEKP) eine Zielvorgabe von 6 Mrd. m³ bis 2020 und 10 Mrd. m³ bis 2030 ausgegeben.[266] Danach hat die dena ein Investitionsvolumen von 10 bis 12 Mrd. Euro errechnet.[267]

---

[266] Das Ziel findet sich auch in § 41a GasNZV.
[267] Vgl. dena (2009).

Betrachtet man die Zahl und das Einspeisevolumen der Biogaseinspeiseanlagen in Deutschland, so kann man einen deutlichen Anstieg seit Inbetriebnahme der ersten Anlage 2006 erkennen.[268] Mit einer geschätzten Einspeiseleistung von 23.900 Nm³/h in 35 Anlagen bis Ende 2009[269] ist die Zielvorgabe allerdings noch in weiter Ferne – selbst bei Vollauslastung wären es „nur" 0,2 Mrd. Nm³ im Jahr.

Rechtliche Grundlagen für den Netzzugang, Netzanschluss und den Transport bilden die GasNZV, die Gasnetzentgeltverordnung (GasNEV) und die Anreizregulierungsverordnung (ARegV). Mit dem IEKP wurde ein eigener Teil 11a in die GasNZV zur Regelegung der Einspeisung von Biogas eingefügt.[270]

Marktgängige Verfahren zur Rohbiogasaufbereitung sind die Druckwechseladsorption, physikalische Wäschen (Druckwasserwäsche, Genosorb®-Wäsche) und Aminwäschen. Daneben gibt es eine Reihe weiterer Verfahren (Membrantrennverfahren, kryogene Verfahren, absorptive CO_2-Abtrennverfahren), die sich z. T. noch in der Entwicklung befinden.[271]

Einspeiseprojekte lohnen sich zurzeit nur bei großen Anlagen, d. h. ab ca. 500 Nm³/h Rohbiogas (etwa 1.000 kW$_{el.}$), mit Gesamtinvestitionskosten von rund 3,8 Mio. Euro, wobei das Optimum bei 1.400 Nm³/h Rohbiogas bzw. 699 Nm³/h aufbereitetem Biogas liegt.[272] Umrüstungen bestehender Biogasanlagen („Repowering") sind denkbar, bislang aber nur an vier Standorten erfolgt.[273] Eine Zusammenführung mehrerer kleiner Anlagen mit gemeinsamer Aufbereitung wird diskutiert.[274]

6.2 Einschätzungen der Befragten

- **Antworten von landwirtschaftlichen Organisationen und Beratungsunternehmen**

  Alle Befragten bezeichnen die Biogaseinspeisung als Zukunftsthema. Die meisten Interviewpartner von landwirtschaftlichen Organisationen und Beratungsunternehmen äußern sich jedoch mehrheitlich skeptisch bezüglich der Realisierung von Projekten. Angeführt werden hohe Logistikkosten, höhere Genehmigungsanforderungen sowie dadurch bedingte Probleme hinsichtlich der Wirtschaftlichkeit der Anlagen. Ein Wärmekonzept, d. h. die eigene oder fremde ganzjährige Wärmeabnahme, sei besser und könne von Landwirten allein umgesetzt werden. Einspeiseprojekte könnten nur mit Energieversorgern umgesetzt werden bzw. würden bislang mit diesen umgesetzt, so zwei Interviewte. Ein Be-

---

[268] Vgl. dena (2009), Websites.
[269] Vgl. ebd.
[270] Vgl. zum rechtlichen Rahmen Pielow/Schimansky (2009).
[271] Vgl. Fraunhofer UMSICHT (2009), S. 34.
[272] Vgl. ebd., S. 117 f.
[273] Vgl. dena (2009), Websites.
[274] Vgl. Gaul/Bensmann (2009), S. 36 f.

fragter hebt hervor, dass die Gaseinspeisung als Option interessant sei, falls sich der Strommarkt nicht so entwickele wie gedacht.

Mit Blick auf die Errichtung unterscheiden die Interviewpartner Neuinvestitionen, die Erweiterung von Bestandsanlagen bzw. den Austausch des BHKW durch eine Aufbereitungsanlage, sobald das BHKW abgeschrieben sei, sowie die Zusammenlegung von Bestandsanlagen oder die Zusammenführung des Rohbiogases über Mikrogasnetze.

- **Antworten von Kreditinstituten**

Die Einspeisung wird von allen Befragten als ein Zukunftsmarkt, ein Trend gesehen, insbesondere bei Investorenmodellen. Als Ansätze werden der Bau großer Biogasanlagen oder die Zusammenführung mehrerer kleinerer Biogasanlagen über Mikrogasnetze genannt. Letzteres sei eine Option nach acht Jahren, wenn die Motoren ausgetauscht werden müssten. Das Interesse sei bei Landwirten vorhanden, aber nicht so groß wie bei den Energieversorgern.

Interessant sei die Einspeisung, so eine Einschätzung, insbesondere dort, wo keine externe Wärmenutzung möglich sei. Als limitierender Faktor wird die Substratversorgung erwähnt.

- **Antworten von Anlagenherstellern**

Die Entwicklung, so auch die Anlagenhersteller, gehe eindeutig in Richtung Biomethaneinspeisung. Als Grund wird genannt, es gebe wenige Standorte mit einem guten Wärmekonzept. Es habe sich allerdings noch keine Technologie durchgesetzt. Die Branche sei noch recht jung, weshalb auch die Erwartungen, die an ein Erneuerbares-Gas-Einspeisegesetz (EGE) geknüpft würden, nicht erfüllt werden könnten. Insbesondere sei die Technik noch nicht so weit, um eine Einspeisung bei Kleinanlagen wirtschaftlich zu betreiben. Die Mindestgröße betrage 350 Nm² Biomethan, d. h. 1,4 $MW_{el.}$.

Die Befragten unterscheiden drei Modelle:

(1) Stadtwerke oder große Energieversorger betreiben die Anlagen allein. Die Landwirte sind reine Rohstofflieferanten.

(2) Die Landwirte erzeugen Rohbiogas. Stadtwerke übernehmen die Aufbereitung und Einspeisung des Gases [Kombi-Modell].

(3) Landwirte übernehmen die gesamte Wertschöpfungskette bis einschließlich zur Aufbereitung.

Favorisiert wird die Arbeitsteilung gemäß Kernkompetenzen und damit Modell (2).

- **Antworten von Projektentwicklern/Eigenkapitalgebern**
  Die meisten Befragten sagen, es gebe einen eindeutigen Trend in Richtung Biomethaneinspeisung. Ein Unternehmen fokussiert sich auf derartige Projekte. Als unmittelbare Gründe für die Entwicklungen werden die Erleichterungen durch die Novelle der GasNZV sowie die zunehmende Nachfrage nach Biomethan genannt. Ein mögliches Konzept sei es, das Gas mehrerer Anlagen an einem Punkt zu sammeln.
  Zwei Einschränkungen werden in den Interviews gemacht:
    - Der wirtschaftliche Betrieb der Anlagen sei erst ab einer Leistung von 1,5 MW_{el} gewährleistet. Dieser Wert werde jedoch sinken.
    - Es gebe nicht so viele Standorte, an denen Substrate in ausreichender Menge zur Verfügung stünden.

  Ein Interviewteilnehmer rechnet vor, dass sich Einspeiseprojekte nicht lohnten.

- **Antworten von Energieversorgern**
  Es gebe für das aufbereitete Gas unterschiedliche Märkte: Dezentrale BHKW, Tankstellen. Die Bereitschaft der Kunden, mehr zu zahlen, sei jedoch begrenzt. Der Markt entwickle sich. Derzeit sei jedoch unklar, wie groß das langfristige Potenzial sei, ob es sich um einen irrationalen Überschwang handele oder wie lange sich der Markt halte.
  Wolle man Rohbiogas aus mehreren Anlagen für die Aufbereitung zusammenführen, sei bei vier bis fünf Kilometern eine Grenze erreicht.

6.3 Schlussfolgerungen

Die Gaseinspeisung wird mehrheitlich als ein Zukunftsmarkt gesehen. Dass zahlreiche Akteure in diesen Markt drängen, kann damit erklärt werden, dass sie sich eine Option offen halten wollen. Das langfristige Potenzial ist jedoch noch höchst unsicher. Trotz der Umsetzungsprobleme gehen einige Akteure von hohen Kostensenkungen analog zu Lernkurven bei anderen erneuerbaren Energien aus.

Als Probleme werden die hohen Logistikkosten, höhere Genehmigungsanforderungen und die fehlende Wirtschaftlichkeit genannt. Auch die großen Anlagenleistungen, die erforderlich sind, um einen auskömmlichen Betrieb zu gewährleisten, werden hierzu gerechnet. Priorität hat daher aktuell die Wärmenutzung vor Ort.

Die Erreichung der ehrgeizigen politischen Ziele zur Gaseinspeisung wird dennoch als wenig realistisch angesehen. Die Ziele werden auch nicht von allen Akteuren geteilt.

7. Fazit zu Entwicklungen im Biogassektor

Im Rahmen dieses Kapitels wurden Entwicklungslinien, Trends und Perspektiven im Biogassektor dargestellt:

- die Zyklen mit geringerem Wachstum 2007/2008 und einem aktuellen Boom, ausgelöst durch die Novellierung des EEG und günstige Agrarmarktbedingungen;
- der vermehrte Bau kleinerer Anlagen und damit möglicherweise eine Trendumkehr bei der Entwicklung der Anlagengrößen;
- technische Entwicklungen, v. a. Effizienzsteigerungen bei den BHKW und der Einsatz unterschiedlicher Substrate;
- eine größere Bedeutung des Wärmenutzungskonzeptes;
- die Biomethaneinspeisung als Zukunftsmarkt mit unsicherer Perspektive und aktuell, relativ zu anderen Biogasprojekten gesehen, geringer Rentabilität;
- zunehmende genehmigungsrechtliche Hürden und lokale Widerstände gegen Biogasanlagen;
- eine stärkere Beachtung des Risikos der Insolvenz des Herstellers von Biogasanlagen und der möglichen rechtlichen und politischen Veränderungen auf der Erlösseite der Biogasanlagen durch die Kredit gebenden Banken.

C. Rohstoff- und Flächensicherung als Finanzierungsrisiko

Im vorangehenden Kapitel wurde bereits die Bedeutung der Agrarmärkte für die Entwicklung im Biogassektor erläutert. In Zeiten hoher Rohstoffpreise ist eine zunehmende Zurückhaltung bei Investoren inkl. Landwirten auf der einen Seite, aber auch Kreditinstituten auf der anderen Seite zu beobachten. Die Ressourcensicherung wurde von allen Interviewteilnehmern als das entscheidende Problem, das jeweils zu lösen ist, gekennzeichnet.

Im Folgenden wird daher näher auf einzelne Aspekte dieses Themenfeldes eingegangen. Dabei werden Aussagen der Expertinnen und Experten in den Interviews und beim Workshop zusammengestellt und die Bedeutung für die Finanzierung von Biogasanlagen erörtert.

1. Problembeschreibungen

Zunächst wird auf Problembeschreibungen der Befragten eingegangen. In den Experteninterviews wurde explizit gefragt, inwieweit die Rohstoff- bzw. Flächensicherung ein Hemmnis bei der Finanzierung von landwirtschaftlichen Biogasanlagen darstelle. Antworten hierzu werden unter 1.1 wiedergegeben. Beim Workshop war diesem Themenfeld eine Einheit gewidmet (siehe 1.2). Weiter vertieft wurden Sicherungsinstrumente allgemein (Abschnitt 2) sowie speziell die Ausgestaltung von Substratlieferverträgen (Abschnitt 3).

1.1   Ergebnisse der Experteninterviews

- **Antworten von landwirtschaftlichen Organisationen und Beratungsunternehmen**

Von Banken werde eine Garantie der Rohstoffversorgung verlangt, z. T. werde gefordert, was niemand geben könne. Grundsätzlich wird in der Lieferung von Rohstoffen ein großes Risiko gesehen. Altanlagen ohne Flächenbindung hätten gravierende wirtschaftliche Probleme.

Die Volatilität der Rohstoffmärkte und langfristig höhere Rohstoffpreise – wenn auch nicht mit so starken Ausschlägen wie 2007 – führten dazu, dass gerade bei einigen Ackerbauern Skepsis hinsichtlich der Zukunft von Biogasanlagen herrsche. Einige Expertinnen/Experten nennen zudem das Inflationsrisiko als Problem bzw. das Risiko, dass die Betriebskosten steigen. Dem stünde eine feste Vergütung auf der Einnahmenseite gegenüber.

Hohe, steigende Pachtpreise, zumindest in Veredelungsregionen, werden ebenfalls als Problem benannt. Ein Interviewpartner erwähnt die Diskussionen in der Landwirtschaft über Flächenkonkurrenzen und die Pachtpreisdiskussion als Hemmnis für die Investition von Landwirten in Biogasanlagen.

Bei kleinen Betrieben sei oft die gesamte Ackerfläche gebunden. Eine Lösung bestehe daher darin, mit mehreren Landwirten gemeinsam eine KG zu gründen und eine Anlage zusammen zu errichten.

- *Antworten von Kreditinstituten*

  Die Inputsicherung wird von den Kreditinstituten als zentrales Hemmnis bewertet. Forderungen an das Rohstoffkonzept umfassen:
  - *Die Hälfte des Ressourcenbedarfs müsse über Eigenbesitz bzw. Gesellschafter gedeckt werden. Verträge außerhalb des Gesellschafterkreises, so eine andere Meinung, stellten ein hohes Risiko dar.*
  - *Zehn Jahre Rohstoffsicherheit müsse gewährleistet werden.*
  - *Hinsichtlich des Preises äußern die meisten Befragten den Wunsch nach Festlegung von Korridoren oder Festpreisen. Unerwünscht sei die Vereinbarung von Marktpreisen. Ein Interviewpartner sagt, entscheidend sei nicht die Preisbindung, sondern die Verfügbarkeit der Rohstoffe. Es müsse sichergestellt sein, dass jederzeit die erforderliche Menge im Betrieb vorhanden sei bzw. aus der Region bezogen werden könne. Dann könnten für einen kürzeren Zeitraum auch einmal etwas höhere Preise gezahlt werden.*
  - *In einem Fall wird der Wunsch nach Preisobergrenzen und Pönalen als Vertragsinhalte geäußert.*

  Schwierig sei es gelegentlich, dreiseitige Verträge abzuschließen bzw. in Substratlieferverträge einzutreten.

  Die Pachtpreise seien in einigen Regionen enorm hoch. Die Bank achte auf das Preisniveau. Denn sofern es sich bei den Anbauflächen für Substrate um Pachtflächen handele, sei entscheidend, wie lange die Verträge liefen und wann und wie Preisanpassungen erfolgten.

  Das Thema der Gärrestentsorgung sei früher diskutiert worden, habe faktisch aber nie ein Problem dargestellt. Beim Interview in einem Kreditinstitut wird jedoch auf eine Rahmenbedingung hingewiesen: Zurzeit sei Dünger sehr teuer, so dass die Gärreste gefragt seien. Dies müsse aber nicht so bleiben. Hier ist mithin ein weiteres Preisrisiko zu sehen.

- *Antworten von Anlagenherstellern*

  Die Banken achteten inzwischen stärker auf die Rohstoffsicherung. Die Auflagen seien erhöht worden: von 50 Prozent auf 75 Prozent der benötigten Fläche im Eigenanbau der Anlagenbetreiber. Während einige Interviewpartner die Erfüllung der Bedingungen als Problem sehen, äußern andere, die Sicherung der Substratlieferungen sei derzeit ohne

große Schwierigkeiten möglich. Es gebe eine Reihe von Preismechanismen, die für beide Seiten wirtschaftlich interessant seien.

- **Antworten von Projektentwicklern/Eigenkapitalgebern**

  Fremdkapital werde nur gegeben, wenn die Substrate langfristig gesichert seien. Angesichts der Risiken wird dies von allen Befragten im Ansatz als sinnvoll betrachtet. Hinsichtlich der Flächensicherung sei die Akzeptanz von Pachtverträgen bei den Banken unterschiedlich hoch. Zu den konkreten Vorstellungen der Banken führen die Interviewteilnehmer aus:

  - *Banken forderten eine Absicherung über zehn Jahre mit Preisbindung bzw. wenigstens einer fixen Preisstaffelung.*
  - *Banken wünschten eine Sicherung über die volle Laufzeit des Kredites bzw. über 15 Jahre mit Festpreis.*

  Die Einschätzung, ob dies zu erreichen sei, variiert:

  - *Dies sei nicht mehr abbildbar. Eine Rohstoffsicherung sei nur erreichbar über 50 Prozent der Laufzeit, da dann jedoch zu 100 Prozent.*
  - *Je nach Region seien die Wünsche schwer zu erfüllen.*
  - *Ohne Preisgleitklausel unterschreibe kein Landwirt mehr einen Vertrag. Schon mit einer solchen Klausel seien Verträge über zehn oder 15 Jahre schwierig. Dies gelte umso mehr, wenn in der Nachbarschaft ein oder zwei Anlagenbetreiber Verträge auf Jahresbasis abschlössen.*
  - *Die Bereitschaft bei Landwirten, langfristige Verträge abzuschließen, sei wieder gewachsen.*
  - *Mittlerweile bekomme man wieder Verträge über sieben bis 15 Jahre.*

  Werde das von der Bank gesetzte Ziel nicht erreicht, ergäben sich höhere Eigenkapitalanforderungen und damit eine geringere Rendite.

- **Antworten von Energieversorgern**

  Banken erwarteten eine Absicherung über 14 bis 16 Jahre bei Einspeiseanlagen.

  Eines der größten Probleme bei Biogasanlagen sei, dass Dreiviertel der Einnahmen durch die Stromerlöse erzielt würden, für die fixe Preise bestünden. Ein Viertel, das über den Wärmeverkauf generiert werde, müsse damit jegliche Schwankungen der Substratpreise abfedern. Mit diesem Preisrisiko werde die Finanzierung von Biogasanlagen zunehmend schwierig.

1.2 Ergebnisse des Workshops

Im Rahmen des Workshops werden drei Probleme näher beschrieben: das Anforderungsprofil an ein Rohstoffkonzept, die Pachtpreisproblematik und die Konkurrenz durch Großprojekte im Umfeld der eigenen Biogasanlage.

- **Anforderungen der Kreditinstitute**

  Die Bank fordere eine langfristige Absicherung der Substratmenge – nicht zwingend des Preises. Ein Preiskorridor sei zwar angenehm, aber nicht zwingend notwendig. Es komme insbesondere auf die Sicherung der Menge an.[275]

  Den Kreditinstituten, die aus dem landwirtschaftlichen Bereich kämen, sei bewusst, dass schon einmal nachverhandelt oder auf dem Spotmarkt eingekauft werde. Bei der Ressourcensicherung komme es daher insbesondere darauf an, die Region in den Blick zu nehmen und zu schauen, ob es im Falle von Ernteschwankungen Sicherheitspuffer gebe.

  Ein Vertreter einer Bank gibt an, man habe eine 75 Prozent-Regel: Dieser Anteil müsse über die Finanzierungslaufzeit abgesichert werden – entweder über den eigenen Betrieb oder durch Lieferverträge. Innerhalb der Region, in der die Bank schwerpunktmäßig aktiv sei, reiche jedoch auch eine Sicherstellung von 50 Prozent der Ressourcen über die gesamte Kreditlaufzeit, wenn weitere 25 Prozent über fünf bis sechs Jahre gesichert seien. Außerhalb des Geschäftsbereiches gelte dann die strengere Regel.

  Werde die Zielgröße bei der Substratsicherung nicht erreicht, würden zwar keine zusätzlichen Bürgschaften gefordert. Man könne aber darüber nachdenken, den Eigenkapitalanteil zu erhöhen, z. B. auf 40 Prozent. Im Regelfall sei das aber nicht im Interesse des Projektes und damit auch nicht der Bank, selbst wenn die Kapitaldienstfähigkeit erhöht werde. Eine Erhöhung der Eigenkapitalanforderungen sei noch nicht vorgekommen bzw. die Fälle seien nicht bedeutend.

- **Pachtpreise**

  Pachtpreissteigerungen seien im Geschäftsbereich zu beobachten, so ein Vertreter eines Kreditinstituts. Die Preise seien allerdings bereits vor der Biogas-Zeit z. T. recht hoch gewesen. Jetzt habe es mitunter weitere Steigerungen gegeben. Bei diesen spielten jedoch andere Faktoren mit hinein.

- **Konkurrenz durch Großanlagen**

  Mehrere Teilnehmer schildern Fälle, in denen durch die Konkurrenz großer Anlagen im Umfeld einer Biogasanlage die Substratversorgung zu einem massiven Problem gewor-

---

[275] Zur Ausgestaltung von Lieferverträgen, insbesondere den Preisgleitklauseln, siehe die Ausführungen unten, Abschnitt 3.2.

den sei. Als Konsequenz seien die Preise für Maissilage enorm gestiegen, ohne dass dies in Kostensteigerungen oder Ähnlichem begründet gewesen wäre. Die Teilnehmer des Workshops sind sich einig, dass besonders große Projekte auf diese Weise einen schädlichen Einfluss auf die Biogasbranche insgesamt ausübten.

1.3 Schlussfolgerungen

Die Ressourcensicherung wird von den Befragten als ein zentrales Problem angesehen. Preisschwankungen auf den Agrarmärkten können die Wirtschaftlichkeit der Anlagen massiv gefährden. Wichtiger als die Preissicherung sei jedoch, so einige Befragte, die Menge abzusichern, um einen geregelten Betrieb der Biogasanlage zu gewährleisten. Beide Aspekte, Preis und Menge, müssen daher bei der Bewertung der Wirtschaftlichkeit und der Kapitaldienstfähigkeit der Projekte und möglicher Risikomanagementmaßnahmen (siehe Abschnitt 2) beachtet werden.

Die Angaben zur Menge, die nach Vorgabe der Banken zu sichern ist, schwanken zwischen 50 und 75 Prozent. In einem Interview wurde geäußert, die Anforderungen seien von 50 Prozent auf 75 Prozent gestiegen. Uneinigkeit herrschte darüber, inwieweit diese Bankenforderungen erfüllbar seien. Dies könnte auf regionale bzw. lokale Unterschiede zurückzuführen sein, worauf Aussagen einzelner Gesprächspartnerinnen/-partner hinweisen.

Als weitere Probleme wurden

- die Gärrestentsorgung,
- das Risiko von Pachtpreisanstiegen für die Wirtschaftlichkeit der Biogasanlage sowie
- eine geringere Investitionsbereitschaft von Landwirten auf Grund der Volatilität der Märkte und der Pachtpreisdiskussionen

genannt. Dass die ersten beiden Aspekte nicht in allen Interviews zur Sprache kommen, könnte darauf hindeuten, dass ihnen eine geringere Bedeutung als der Mengen- und Preissicherung zukommt. Alternativ könnten wiederum regionale bzw. lokale Unterschiede zur Erklärung herangezogen werden.

Für die Erfüllung der Bankenforderungen stehen unterschiedliche Sicherungsinstrumente zur Verfügung, zu denen Aussagen von Interview- und Workshopteilnehmern getroffen werden. Diese werden im Folgenden wiedergegeben. Eines der Instrumente ist der (langfristige) Substratliefervertrag, auf den im dritten Abschnitt separat eingegangen wird.

2. Sicherungsinstrumente

2.1 Ergebnisse der Experteninterviews

- **Antworten von landwirtschaftlichen Organisationen und Beratungsunternehmen**

Ein großer Teil der Ressourcen werde im Regelfall über den Betrieb des Anlagenbetreibers bzw. der Gesellschafter beschafft (unterschiedliche Aussagen: 60-75 Prozent, 60-70 Prozent, 40-70 Prozent). Der Rest werde durch Lieferverträge oder über die Nachbarschaft gesichert.

Auf die Frage nach Terminmärkten bzw. Derivaten als Risikomanagementinstrument antwortet ein Vertreter aus dieser Akteursgruppe, gehandelt werde mit Kontrakten über maximal ein Jahr. Terminkontrakte seien zu teuer. Das Preisrisiko bleibe daher. Eine Rohstoffsicherung sei aber über die Warenzentralen möglich.

- **Antworten von Kreditinstituten**

Am besten seien diejenigen Projekte, so wird in einem Interview gesagt, bei denen die Beteiligungs- und die Substratlieferquote identisch seien.

Terminmärkte spielten aktuell keine Rolle. Derartige Instrumente könnten jedoch wichtig werden, wenn ein Preiskorridor nicht mehr durchsetzbar sei.

- **Antworten von Anlagenherstellern**

Andere Sicherungsmaßnahmen bzw. Bezugsquellen, die angesprochen werden – neben einfachen Substratlieferverträgen – umfassen:
  - Alternativverträge mit einem zweiten Landwirt in der Region;
  - die Absicherung über Raiffeisen-Warenzentralen oder BayWa AG;
  - für kleinere Mengen auch den Einkauf über den Spotmarkt.

- **Antworten von Energieversorgern**

Langfristige Verträge seien politisch, d. h. von den Landwirten und landwirtschaftlichen Verbänden, nicht mehr gewollt. Handelsunternehmen schlössen keine Verträge ab. Diese täten sich schwer, weil Maissilage kein Handelsprodukt sei.

Aus den Antworten lässt sich ablesen, dass es eine Reihe von Sicherungsinstrumenten gibt, die zudem kombiniert werden können. Genannt werden

- die Sicherung über eigene Flächen des Anlagenbetreibers bzw. der Kooperationspartner;
- der Abschluss von Lieferverträgen;
- alternativ zu einem (höheren) Anteil eigener Flächen der Abschluss eines Alternativvertrages mit einem zweiten Landwirt;

- die Absicherung über eine Warenzentrale, die vertraglich die Pflicht zur Lieferung übernimmt;
- der Bezug kleinerer Mengen über den Spotmarkt.

Durch adäquates Risikomanagement dürften damit – abgesehen von lang andauernden Hochpreisphasen und/oder bei starken regionalen Engpässen – die Unsicherheiten bei der Rohstoff- und Flächensicherung gut zu handhaben sein.

2.2 Ergebnisse des Workshops

Im Rahmen des Workshops werden im Wesentlichen zwei Instrumente und deren Eignung diskutiert: die Sicherung der Ressourcenlieferung über den eigenen Betrieb und Lieferverträge. Ein Diskussionsteilnehmer vertritt die Ansicht, das Problem der Rohstoffsicherung sei einfach nicht zu lösen. Es handele sich dabei quasi um ein „geduldetes Risiko". Eine vertragliche Vereinbarung biete für den Fall eines größeren Preisanstiegs keine Sicherheit. Daher seien Kooperationsmodelle, auch für kleinere Anlagen, und die Teilhaberschaft der Lieferanten der Vertragslösung vorzuziehen.

Dem stellen andere Teilnehmer entgegen, man müsse eine Vertrauensbasis aufbauen, langfristig Vertrauen schaffen. Der Vertrag müsse für beide Seiten auskömmlich sein. Dann müsse er auch im Wesentlichen erfüllt werden, auch wenn auf der Grundlage der gemeinsamen Basis bei besonderen Lagen Anpassungen vorgenommen werden könnten. Man müsse von vornherein davon überzeugt sein, dass der Vertrag grundsätzlich eingehalten werde. Eine Kooperation löse das Grundsatzproblem nicht, wenn die Lieferanten lediglich mit fünf bis zehn Prozent beteiligt seien. Es müssten schon Anteile von 30 bis 40 Prozent sein.

Als Regulativ für höhere Preisforderungen von Lieferanten werden a) ein eigenes Flächenpotenzial des Betreibers, b) die Möglichkeit des Einsatzes unterschiedlicher Substrate, c) die Lagerhaltung, was jedoch eine gewisse Liquidität des landwirtschaftlichen Betriebes voraussetze, und d) das Abwarten bzw. Suchen nach alternativen Bezugsquellen genannt. Es gebe immer irgendwo noch Maissilage zu kaufen. Diese vier Optionen können zugleich als unterschiedliche Sicherungsinstrumente angesehen werden, nicht nur als Mittel in Vertrags- bzw. Lieferverhandlungen.

In der Diskussion werden zudem zwei unterschiedliche Ansätze, mit dem Problem umzugehen, angesprochen: Eine Investorengesellschaft bzw. ein Fonds gehe im Allgemeinen strikter vor, müsse möglichst fix einen sehr großen Anteil absichern – nach Möglichkeit 100 Prozent. Dagegen komme es einem Landwirt im Regelfall stärker darauf an, den Betrieb und damit auch die Biogasanlage in mehreren Schritten weiterzuentwickeln, wozu auch das Rohstoffkonzept zähle. Insofern sei ein Landwirt als Anlagenbetreiber in der Wahl der Instrumente bzw. deren Ausgestaltung freier.

2.3 Schlussfolgerungen

Als wichtiges Instrument zur Sicherung der Rohstoffversorgung werden eigene Flächen bzw. Substrate aus dem eigenen Betrieb angesehen – entweder direkt mit dem Ziel, diese in der Anlage zu veredeln, oder als Regulativ in Verhandlungen mit Lieferanten. Einige Interviewpartner bzw. Workshopteilnehmer äußern eine Präferenz für Kooperationsmodelle, um das Rohstoffproblem zu lösen. Als eine in der Praxis bewährte Regel wird die Identität von Liefer- und Beteiligungsquote genannt.

Andere Bezugsquellen umfassen den Spotmarkt für kleinere Mengen oder Warenzentralen bzw. Handelskonzerne, wobei keine Einigkeit besteht, ob diese für einen Substratbezug in Frage kämen. Terminmärkte sind bislang wenig entwickelt. Die Eignung zur Risikoabsicherung wird von den Befragten als eher gering angesehen.

Bei der Vertragslösung wird die gemeinsame Vertrauensbasis herausgestellt – auch um Probleme mit einer anderen Vertragskultur zu lösen. Auf die in diesem Zusammenhang genannten Hemmnisse und Schwierigkeiten wird im Folgenden näher eingegangen.

3. Substratlieferverträge

3.1 Ergebnisse der Experteninterviews

- **Antworten von landwirtschaftlichen Organisationen und Beratungsunternehmen**

Vertreter landwirtschaftlicher Organisationen und Beratungsunternehmen machen unterschiedliche Angaben wurden zur Laufzeit der Verträge:

- *Die zusätzlichen, d. h. nicht über den eigenen Betrieb abgedeckten, Rohstoffe besorgten sich die Anlagenbetreiber über den Markt. Wichtig sei zu schauen, ob in einer Region das Potenzial vorhanden sei. Zurzeit würde man allerdings auch Verträge über drei bis vier Jahre bekommen.*
- *Vor zwei Jahren seien keine längerfristigen Verträgen angeboten worden.*
- *Verträge würden von Jahr zu Jahr vereinbart.*
- *Fünf Jahre seien üblich.*

In der Mehrzahl der Antworten wird damit auf Schwierigkeiten bei der Vertrags- im Gegensatz zur gesellschaftsrechtlichen bzw. Kooperationslösung hingewiesen. Hinzu komme eine geringe Vertragstreue: Es hätten 2007 und 2008 viele nicht zu ihren Verträgen gestanden. Die Lieferanten nutzten ihre Stellung aus und forderten höhere Preise, die in vielen Fällen gezahlt worden seien. Vor Gericht ziehe kaum jemand. Daneben gebe es Landwirte, die einen Vertrag abgeschlossen hätten, dann jedoch selbst eine Anlage errichteten.

Bei größeren Anlagen sei zudem das Vertragscontrolling eine Aufgabe für sich, da hier z. T. 20-25 Lieferanten mit je eigenen Verträgen aufträten.
Ein Befragter zieht aus den geschilderten Problem und auf Grund der bestehenden lokalen Zwänge, in die die Landwirte eingebunden seien, den Schluss, als Lösung komme entweder eine Kooperation oder die Eigenversorgung in Frage. Ein Bezug über den Markt bzw. Lieferverträge solle nicht gewählt werden.

- *Antworten von Kreditinstituten*

  Eine Absicherung sei nicht für die komplette Zeit möglich, der Abschluss langfristiger Verträge schwierig, so einige Interviewteilnehmer. Einen Festpreis bekomme man nicht mehr. Das Problem sei, so eine andere Befragte, auf bestimmte Regionen begrenzt. Man erhalte auch Verträge mit einer längeren Laufzeit als fünf Jahre. Ein Interviewpartner stellt fest, es kehre langsam mehr Besonnenheit ein, d. h. der Markt für Substrate entspanne sich. Angesprochen wird weiterhin die landwirtschaftliche Vertragskultur, die nicht den Vorstellungen von Banken entspreche. Genannt werden der Vertragsabschluss per Handschlag, fehlende Vertragstreue bei der Lieferung von Rohstoffen und ein Befremden seitens der Anlagenbetreiber gegenüber der Forderung der Banken nach Abschluss eines Gesamtvertrages (Substratlieferung, dingliche Sicherung der Leitung, Bewegungsrechte), auch bei befreundeten Familien. Trotz bestehender Verträge werde ein Teil der Substrate über den Spotmarkt beschafft. Bei Streitigkeiten um die Substratlieferung habe die Bank in der Vergangenheit schon als Mediator fungiert. Die Preise seien in den Fällen angepasst worden.

- *Antworten von Anlagenherstellern*

  Die Angaben zur Laufzeit, die man derzeit bekommen könne, schwanken zwischen fünf und zehn Jahren. Letzteres bekomme man regelmäßig in allen Regionen, im Osten Deutschlands auf Grund der größeren Betriebsflächen allerdings leichter, sagt ein Interviewpartner. Ein anderer stellt fest, Verträge bis zu fünf Jahren Laufzeiten mit Kopplung des Preises an Marktkennzahlen und Korridor seien realistisch. Die Banken sähen dies ein und akzeptierten es daher auch.

  Bei den Verträgen gebe es Probleme mit der landwirtschaftlichen Vertragskultur: Die Schriftstücke gälten nichts mehr, wenn die Preise stiegen. Durch die faktische Macht der Lieferanten gebe es daher im Regelfall Nachverhandlungen.

- *Antworten von Projektentwicklern/Eigenkapitalgebern*

  Als Problem wird die Vertragstreue von Landwirten genannt. Einige zahlten lieber eine Vertragsstrafe, als zu einem niedrigeren Preis zu liefern, wenn die Rohstoffkurse hoch

stünden. Sie nutzten aus, dass sie am längeren Hebel säßen. Daraus ziehen die Interviewpartner den Schluss, Projekte könnten nur umgesetzt werden, wenn ein partnerschaftliches Verhältnis geschaffen werde. Eine Anlage müsse Preisschwankungen durchstehen können.

- **Antworten von Energieversorgern**

  Ein Interviewpartner sagt, langfristige Verträge – über mindestens zehn Jahre – seien notwendig. Ein Teil könne an landwirtschaftliche Preise gebunden werden. Der größte Anteil müsse jedoch preislich vorhersehbar gemacht werden. Die Lage sei aktuell sehr unterschiedlich.

Die Gesprächspartner äußern insgesamt divergierende Einschätzungen zum Markt für Biogassubstrate. Dies betrifft sowohl die grundsätzliche Verfügbarkeit von langfristigen Lieferverträgen als auch mögliche Bezugsdauern. Erklärt werden kann die Unterschiedlichkeit der Bewertungen durch regionale Unterschiede, wie in einigen Interviews zu erkennen gegeben wird.

In zwei Punkten besteht dagegen Einigkeit:
- Die meisten Gesprächsteilnehmer heben Unterschiede in der Vertragskultur von Landwirten und anderen Akteuren (Kreditinstituten, aber auch Energieversorgern) hervor.
- Dadurch bedingt wird von den Interviewpartnern die Notwendigkeit herausgestellt, eine Vertrauensbasis zwischen den Akteuren aufzubauen. Dies gilt nicht nur für Kooperationsmodelle, sondern auch für den Substratbezug in langfristigen Vertragsbeziehungen.

Die Umsetzung von Biogasprojekten ohne eigene Substratbasis erscheint als nicht sinnvoll. Kann die Mindestmenge nicht aus eigenem Anbau gesichert werden, verbleiben nur Kooperationen mit (anderen) Landwirten (siehe hierzu Kapitel E).

3.2 Ergebnisse des Workshops

Beim Workshop werden Fragen zu Vertragstypen und -elementen, Preisgleitklauseln, Strafzahlungen, zur landwirtschaftlichen Vertragskultur sowie der Unternehmerpersönlichkeit diskutiert.

- **Vertragstypen und Umfang der Vertragsregelungen**

  Ein Diskussionsteilnehmer unterscheidet Anbau- bzw. Flächenverträge (Vergütung pro Hektar) und Liefer- bzw. Tonnenverträge (Vergütung pro Tonne). Noch vor zwei Jahren habe man, wenn überhaupt, nur einen Flächenvertrag bekommen. Damit sei das Risiko der Erntemenge vollständig an die Biogasanlage übertragen worden. Inzwischen funktionierten Tonnenverträge wieder besser.

Es sei bei den Verträgen ein zunehmender Grad an Detailtiefe zu beobachten. Geregelt würden Preis, Menge und Qualitätsparameter. So gebe es vertragliche Vereinbarungen mit Festlegung des Trockensubstanz (TS)-Gehalts bzw. organischen Trockensubstanz (oTS)-Gehalts.

- *Preisgleitklauseln*

Üblich sei ein fixer Preis über eine Vertragslaufzeit von fünf bis sechs Jahren. Darüber hinaus erfolge eine Anpassung des Preises – entweder an bestimmte Preisentwicklungen gebunden oder mit festen Dynamiken, z. B. Erhöhungen um 1,5 oder 3 Prozent.

Ein Teilnehmer verweist darauf, dass Preisgleitklauseln zwar immer wieder im Gespräch seien, jedoch real gar nicht so häufig vorkämen. Er schildert die eigene Beobachtung, dass von 35 Landwirten, die drei verschiedene Verträge angeboten bekommen hätten – 1.) einen festen Preis über sechs Jahre, 2.) einen festen Preis über zehn Jahre mit fixer Erhöhung um 1,5 Prozent ab dem sechsten Jahr, 3.) einen zehnjährigen Vertrag mit Preisanpassungsklausel –, niemand Variante 3.) gewählt habe. Dabei sei die Preisanpassungsklausel originär eine Forderung der Landwirte gewesen. Dies entspricht auch den Ergebnissen der Erhebung von Schaper u. a. (2008), in deren Stichprobe vergleichsweise wenige Verträge mit einer solchen Klausel vertreten waren.

Man könne neben der Entwicklung der Rohstoffpreise auch die Kostenseite zum Ausgangspunkt für die Preisanpassungen nehmen. Die Agrarmarktpreise gäben Opportunitätskosten wieder, die nicht real anfielen.

- *Strafzahlungen*

Von einem Diskussionsteilnehmer wird nach den Erfahrungen mit Strafzahlungen als Vertragselement gefragt. Ein anderer Workshopteilnehmer sagt, man habe eine Schadensersatzregel in Verträge aufgenommen. Eigentlich aber könne man diese Option nicht ziehen. Das komme nur in Frage, wenn das Verhältnis stark zerrüttet sei. Andere pflichten bei, dass man bei Anwendung solcher Klauseln keine Substrate in der jeweiligen Region mehr bekomme. So etwas spreche sich herum.

Derartige Klauseln stellen mithin keine Lösung für das eigentliche Problem dar: Die soziale Bestrafung hebt die Grenzen opportunistischen Verhaltens nach Abschluss der Verträge wieder auf. Der Nutzen für den Anlagenbetreiber kann lediglich darin liegen, ein Signal an den Vertragspartner zu senden, die Aushandlung des Vertrags mithin zu erleichtern. Die Einforderung der Strafzahlung stellt eine *ultima ratio* dar, um im Extremfall Verluste zu verringern.

- **Landwirtschaftliche Vertragskultur**

Wie bei den Experteninterviews wird auch beim Workshop die Vertragskultur als ein Problem diskutiert. Bei höheren Preisen würden Verträge nicht immer eingehalten. Trotz bestehender Verträge, etwa mit Lohnunternehmen, werde am Spotmarkt eingekauft. Bei der Vereinbarung von Preiskorridoren gebe es nach unten hin ein Akzeptanzproblem: Lieferanten sagten bei niedrigen Preisen, sie wollten nicht mehr liefern. Gerade gegenüber großen Energieversorgern fehle die Vertrauensbasis. Hier seien langfristige Zusagen kaum zu bekommen.

Allerdings nehme die Akzeptanz langfristiger Verträge zu. Ein Grund sei die Aufnahme in die Prüfung beim privilegierten Bauen. Langfristige Absicherungen seien Voraussetzung für eine Genehmigung. Der Absturz des Weizenpreises sei hilfreich gewesen. Man erkenne einen gewissen Lernprozess, auch wenn der Risikomanagementgedanke noch nicht fest verankert sei. Bei Pachtverträgen seien langfristige Vereinbarungen akzeptiert. Und schließlich fordere die Finanzverwaltung Verträge. Halte sich ein Landwirt nicht daran, könne dies gravierende steuerliche Nachteile mit sich bringen.

Zu erwarten ist mithin, dass sich bei der Ausgestaltung und dem Umfang der Substratlieferverträge in der nahen Zukunft Änderungen ergeben.[276]

- **Unternehmerpersönlichkeit**

Die Unternehmerpersönlichkeit wird von mehreren Teilnehmern hervorgehoben. Es gebe Landwirte, die kein Problem mit der Rohstoffsicherung hätten. Sie bekämen immer Verträge. Geschick und Managementqualitäten führten dazu, dass sie selbst in wirtschaftlich schwierigen Zeiten Gewinn erwirtschafteten.

3.3 Schlussfolgerungen

Lieferverträge stellen ein oft genutztes Sicherungsinstrument dar. Dabei ist den Banken bewusst, dass – je nach Region und Zeitpunkt bzw. Marktverhältnissen – eine Absicherung im gewünschten Maße nicht immer voll erreicht werden kann. Dies wird offenbar akzeptiert, umso eher, je vertrauter das Kreditinstitut mit der Region und dem Landwirt ist.

Die Interview- und Workshopteilnehmer beobachten darüber hinaus Änderungen in der Vertragskultur, d. h. eine zunehmende Akzeptanz langfristiger Bindungen und des Abschlusses von Verträgen. Eine zunehmende Detailtiefe ist eine weitere Entwicklung in diesem Bereich. Preisgleitklauseln (z. B. Bindung an Rohstoffpreise) spielen in der Praxis nicht die ihnen in einem Teil der Literatur und in Diskussionen zugewiesene Rolle.

---

[276] Insofern wäre eine Wiederholung der Untersuchung von Schaper u. a. (2008) hilfreich, um einen gewissen Paneldatensatz aufzubauen. Bei einer solchen Datenerhebung sollten die vorgenannten Vertragselemente berücksichtigt werden.

4. Fazit zur Rohstoff- und Flächensicherung

Die Rohstoff- und Flächensicherung bildet das zentrale Problem bei Biogasprojekten. Banken stellen daher für die Finanzierung Anforderungen an die zu sichernde Menge, in Teilen auch an die Preismechanismen (möglichst fix oder Korridor).

Zur Sicherung gibt es eine Reihe von Instrumenten, deren Eignung unterschiedlich beurteilt wird. Dazu zählen die Absicherung über den eigenen Betrieb und die Kooperation in einer gemeinsamen Gesellschaft – auf Letzteres wird unten in Kapitel E eingegangen –, sowie langfristige Substratlieferverträge als bedeutendstes Mittel.

Landwirtschaftliche Vertragskultur, die Notwendigkeit, eine Vertrauensbasis zu schaffen und zur Beurteilung der Projekte Kenntnisse der regionalen Verhältnisse (Anbauflächen, Erträge) zu erwerben, dürften die Eintrittsbarrieren für außenstehende Financiers deutlich erhöhen. Dies bietet Chancen für spezialisierte Kreditinstitute, verringert für die Landwirte allerdings das Kreditangebot – worauf u. a. im Folgenden näher eingegangen wird.

D. Finanzierungsformen und Grenzen der Finanzierung landwirtschaftlicher Betriebe

Im Mittelpunkt dieses Kapitels steht die Bestandsaufnahme zu Bedingungen der (Fremd-) Kapitalaufnahme, Finanzierungsformen und Problemen bzw. Hemmnissen bei der Finanzierung von Biogasanlagen. Antworten zu Fragen aus dem Themenkomplex α [„Finanzierungsformen" inkl. Kooperation] werden daher im Folgenden ebenso dargestellt wie solche zu Finanzierungsproblemen sowie deren Bewertung bzw. Einordnung aus Themenkomplex γ [„Zentrale Probleme und Hemmnisse"]. Verbesserungsvorschläge der Interviewten, die insbesondere auf die Förderprogramme zielten, werden an entsprechender Stelle integriert.

Das Kapitel ist unterteilt in Erörterungen zum Kreditangebot und allgemeinen Finanzierungsproblemen (Abschnitt 1), zur Eigenkapitalseite (Eigenkapital, Sicherheiten) und Refinanzierung (Abschnitt 2) sowie zu Finanzierungsformen (Unternehmens- vs. Projektfinanzierung, andere alternative Finanzierungsformen: Leasing, Contracting, Mezzaninekapital, externes Beteiligungskapital) und deren Entwicklung (Abschnitt 3).

1. Kreditangebot und allgemeine Finanzierungsprobleme

Zunächst wird auf das Kreditangebot eingegangen (1.1). Dargelegte Probleme umfassen solche bei der Kreditprüfung (1.2) und durch die Finanzkrise ausgelöste Änderungen bei der Darlehensvergabe durch Banken (1.3). Neben diesen spezifischen Problembereichen, nach denen z. T. explizit gefragt wurde, stehen einige allgemeine Finanzierungsprobleme, auf die in den Interviews und beim Workshop verwiesen wurde (1.4).

1.1 Kreditangebot

1.1.1 Im Biogassegment aktive Banken

Die Interviewteilnehmerinnen und -teilnehmer wurden in den Befragungen gebeten, im Biogasbereich aktive Kreditinstitute zu nennen bzw. solche, über die die begleiteten oder selbst geplanten und errichteten Anlagen finanziert wurden. Im Fall der Kreditinstitute wurde nach anderen Banken gefragt, die sich in diesem Segment engagieren, bzw. nach den größten Konkurrenten.

- *Antworten von landwirtschaftlichen Organisationen und Beratungsunternehmen*
  Die Finanzierung von Biogasanlagen laufe, so die Befragten aus landwirtschaftlichen Organisationen und Beratungsunternehmen, überwiegend über Hausbanken vor Ort, d. h. Sparkassen und Genossenschaftsbanken. Diese im Regelfall kleinen Kreditinstitute seien vor zwei bis drei Jahren noch nicht in der Lage gewesen, die Projekte zu bewerten und zu

finanzieren. Wenn sie sich nicht damit vertraut gemacht hätten, wären sie jedoch aus dem Markt verdrängt worden: Im Bereich Windenergie und Fotovoltaik seien viele Projekte an private Großbanken wie die Commerzbank und die HypoVereinsbank gegangen.

Betont wurde die Nähe der finanzierenden Banken zu den Landwirten: Es handele sich um ein personengebundenes Geschäft. Das Kreditinstitut, das die Finanzierung übernehme, kenne den Landwirt.

- **Antworten von Kreditinstituten**

Bei den Interviews mit Vertreterinnen und Vertretern von Kreditinstituten werden neben Sparkassen und Genossenschaftsbanken in den meisten Fällen dieselben Banken mit Biogaskompetenz genannt: Die Bremer Landesbank, die Deutsche Kreditbank (DKB), die DZ Bank, die Norddeutsche Landesbank (Nord/LB), die Oldenburgische Landesbank (OLB), seltener die HypoVereinsbank, Landesbank Baden-Württemberg (LBBW), Südwestbank und die UmweltBank. Die privaten Großbanken, aber auch einige große Landesbanken seien lediglich an Portfolien und besonders großen Projekten interessiert – wobei die Einschätzungen zur Commerzbank und zur HypoVereinsbank variieren. Den Privatbanken fehle zumeist die Basis. Damit bestünden hohe Eintrittshürden.

Betont wird in zwei Interviews die große Konkurrenz im Norden Deutschlands. Teilweise würden von zwei bis drei Banken Angebote eingeholt. Manch ein Kreditinstitut dränge in den Markt und gehe dabei weniger umsichtig vor.

Die befragten Banken äußern alle, erneuerbare Energien seien ein Schwerpunkt. Manche, aber nicht alle Institute bringen dies direkt in Verbindung mit der Agrarfinanzierung. Einige Kreditinstitute haben sich in diesem Bereich zusätzliche Wachstumsziele gesetzt und verweisen auf die große und steigende Bedeutung, auch des Themas Biogas.

Die meisten Institute sind aus dem Landwirtschaftsgeschäft zur Finanzierung von Biogasanlagen gekommen. Das EEG wird als Auslöser für die Beschäftigung mit dem Thema genannt.

- **Antworten von Anlagenherstellern**

Auf die Frage nach den im Bereich Biogas aktiven Kreditinstituten geben Anlagenhersteller im Wesentlichen ähnliche Antworten wie die landwirtschaftlichen Organisationen und Beratungsunternehmen sowie die Kreditinstitute. Genannt werden „lokale" und „spezialisierte überregionale" Banken, die „Hausbanken" sowie „agrarnahe Banken". Unterschiede ergeben sich hinsichtlich der Einschätzung von Commerzbank und HypoVereinsbank.

Ein Hersteller gibt an, nicht selten sei ein Pool lokaler Banken in die Projekte involviert. Handele es sich um mehrere Sparkassen oder mehrere Genossenschaftsbanken, gebe es des Öfteren Schwierigkeiten bei den Verhandlungen.

Insgesamt herrscht die Einschätzung vor, die Banken seien gut aufgestellt und stünden der Biogasfinanzierung offen gegenüber.

- **Antworten von Projektentwicklern/Eigenkapitalgebern**
  Es gebe eine ganze Reihe an Banken, die in diesem Segment aktiv sei. Viele Anlagenbetreiber nutzten die Angebote kleinerer Kreditinstitute, ihrer jeweiligen Hausbank. Einige Kreditinstitute hätten Fachkompetenzen aufgebaut [als Beispiel genannt, aber nicht abschließend: DKB, Bremer Landesbank, OLB]. Die privaten Großbanken seien sicherlich aktiv, insgesamt aber noch nicht so weit. Die Prüfungsprozesse seien hier langwieriger. Einspeiseprojekte seien für einige lokale Kreditinstitute zu groß. Diese könnten nur in Kooperation mit Verbundpartnern bzw. den jeweiligen Zentralbanken durchgeführt werden.
  Es gebe allerdings zurzeit einen Umbruch im Finanzsektor durch die Finanzkrise. Dadurch sei die Suche nach einem Fremdkapitalgeber etwas schwieriger. Viele Häuser hätten sich in der Hausse zurückgezogen. Es gebe einen Trend bei einigen – in den Interviews nicht näher benannten – Banken, nur noch große Projekte, d. h. größer 500 kW Anlagenleistung bzw. fünf Millionen Euro Investitionssumme, zu finanzieren.

Bei den Auflistungen der Kreditinstitute, die im Biogassektor aktiv sind, gibt es zwischen den Befragten große Übereinstimmungen. Im Segment großer Projekte und Portfolien treten neben die lokalen Banken und die oben genannten spezialisierten Kreditinstitute einige private Großbanken, so dass die Konkurrenz zwischen den Kreditinstituten hier größer ist. Auf Grund der speziellen Expertise, die von den Banken aufgebaut werden muss, und der hohen Bindung landwirtschaftlicher Betriebe an ihre Hausbanken sind die Eintrittsbarrieren für Kreditinstitute, die in die Biogasfinanzierung einsteigen wollen, hoch. Durch die Finanzierung von Windenergieanlagen ist es jedoch einigen privaten Großbanken gelungen, Beziehungen zu landwirtschaftlichen Kunden aufzubauen und auch in den Biogassektor hinein zu expandieren.

1.1.2 Fremdkapitalbeschaffung

In den weiteren Passagen dieses Abschnitts werden einzelne geschilderte Probleme und Hemmnisse wiedergeben, die unterschiedlichen Aspekten des Kreditangebots oder allgemeinen Finanzierungsproblemen zugeordnet werden können. Zunächst wird auf Schwierigkeiten bei der Fremdkapitalbeschaffung eingegangen.

- **Antworten von landwirtschaftlichen Organisationen und Beratungsunternehmen**
  Die befragten Vertreterinnen und Vertreter landwirtschaftlicher Organisationen und Beratungsunternehmen sind mehrheitlich der Auffassung, die Finanzierung stelle derzeit keinen Engpass dar. Es gebe Sicherheit und hohe Einkünfte über das EEG. Die Landwirt-

schaft sei ein gern gesehener Kreditnehmer. Banken finanzierten Biogasanlagen sogar eher als andere landwirtschaftliche Investitionen. Es handele sich bei nicht-finanzierten, aber sinnvollen Projekten um ärgerliche Einzelfälle.

Damit habe sich das Bild im Vergleich zum Zeitraum vor drei bis fünf Jahren deutlich gewandelt. Damals herrschten mangelnde Kenntnis und Skepsis vor. Inzwischen hätten sich die Banken eine gewisse Kompetenz angeeignet.

Zwei Befragte warnen jedoch bereits vor einer in ihrer Wahrnehmung zu leichtfertigen Kreditvergabe im Biogasbereich. Kreditinstitute sollten vorsichtiger agieren.

Einige Qualifizierungen der positiven Aussage werden vorgenommen:

- *Ein Interviewpartner sagt, die Finanzierung sei kein Problem, wenn a) der landwirtschaftliche Betrieb gut wirtschafte, b) die Projekt in sich gut konzipiert und c) Sicherheiten vorhanden seien. Damit benennt er implizit drei Probleme, die auftreten können.*
- *Schwierigkeiten hätten mittlere Betriebe, die Engpässe bei Produktionsfaktoren aufwiesen und bei denen relativ kurzfristig ein Finanzierungsbedarf entstehen könne. Kleine, wirtschaftlich nicht so gut dastehende Betriebe stiegen teilweise auf Biogas um. Bei Wachstumsbetrieben laufe die Anlage „einfach mit".*
- *Neue Technologien finanzierten Banken ungern.*
- *Die Kreditinstitute übernähmen lediglich die Finanzierung der Biogasanlage und keine Vorfinanzierung der Rohstoffe. Daraus resultierten Liquiditätsprobleme für die Landwirte.*
- *Negative Beispiele von Betreibern und Anlagenkonzepten machten es für alle schwerer, eine Finanzierung zu bekommen. Dies könne lokal Zyklen großen Engagements von Banken und folgender Reserviertheit verstärken.*
- *Bei vielen Kleinstprojekten seien Nachfinanzierungen notwendig.*

- ***Antworten von Kreditinstituten***

Für viele Landwirte sei eine Biogasanlage auf Grund der hohen Finanzierungskosten eine teure Sache. In die gleiche Richtung geht die Aussage eines anderen Interviewpartners: Ein Problem gebe es bei der Finanzierung, wenn das Rating des Betriebs bzw. Projekts schlecht ausfalle. Wenigstens werde es dann teuer.

Nachfinanzierungen kämen bei den Vorhaben immer wieder vor.

- ***Antworten von Anlagenherstellern***

Finanzierungsprobleme sehen die befragten Anlagenhersteller im Allgemein nicht. Bei 70-80 Prozent aller Kunden stehe die Finanzierung problemlos. Bei einem guten Konzept bekomme man die Anlage immer finanziert.

Hinsichtlich der Kreditvergabe von Banken merken die Befragten an:
- *Es gebe verschiedene Auflagen, die z. T. verstärkt worden seien. Als Beispiel wird die Bedingung erwähnt, dass Landwirte mindestens zu 15 Prozent die Substratlieferung übernehmen und am Projekt beteiligt sein müssten. Dies verhindere Projekte. Man könne, um das Ressourcenrisiko zu verringern, einen Vertrag mit einem zweiten Landwirt aus der Region abschließen, der bei Nichtlieferung durch den ersten Landwirt die benötigten Substrate an den Betreiber verkaufe.*
- *Einigen Banken sei die Projektfinanzierung unbekannt. Sie seien nur mit der klassischen Agrarfinanzierung vertraut.*
- *Im Vorjahr sei es leichter gewesen, Kredite zu bekommen.*
- *Ein Gesprächspartner äußert die Vermutung, dass einige Kreditinstitute keine weiteren Biogasprojekte finanzierten, um ein Klumpenrisiko in ihrem Portfolio zu vermeiden.*
- *Bei Einspeiseprojekten fehlten Referenzen. Es werde für die Bauphase Kapital benötigt. Das befragte Unternehmen sichert diese über Darlehen anderer Projektgesellschaften ab.*

- ***Antworten von Projektentwicklern/Eigenkapitalgebern***

Die befragten Unternehmen registrierten in der Mehrzahl eine zunehmende Zurückhaltung einiger Banken bei der Finanzierung von Biogasanlagen auf Grund der Getreide- und Milchpreissituation, der Wirtschaftskrise, Umstrukturierungen und neuer Ausrichtung oder angesichts alternativer, weniger risikoreicher oder überschaubarer Investitionen, wobei Letzteres mit Fragezeichen versehen wird. Damit blieben vergleichsweise wenige Kreditinstitute übrig, die sich in diesem Bereich engagierten. Lediglich ein Befragter gab an, es bestehe kein Finanzierungsproblem. Demgegenüber hielt ein Befragter die Fremdkapitalbeschaffung für das Hauptproblem, im Gegensatz zur Einwerbung von Eigenkapital.

Als verhandlungstechnisch sensibel bezeichnete ein Interviewteilnehmer den Eigenkapitalanteil und Schuldendienstreservekonten.

- ***Antworten von Energieversorgern***

Banken seien auf Grund des Preisrisikos auf der Rohstoffseite zurückhaltender bei der Kreditvergabe als in der Vergangenheit.

Aktuell werde allgemein eine Risikominimierung betrieben, was die Finanzierung erschwere.

Die Befragten sind mehrheitlich der Ansicht, die Finanzierung stelle aktuell keinen Engpass bei der Umsetzung von Biogasprojekten dar. Diese generelle positive Aussage wird in den meisten Gesprächen jedoch eingeschränkt: Banken agierten inzwischen zurückhaltender. In diesem Sinne werde Einschränkungen beim Kreditangebot gesehen. Daneben stehen einzelne Beobachtungen von Interviewpartnern, die zeigen, dass in bestimmten, oben näher ausgeführten Konstellationen weniger oder gar kein Fremdkapital verfügbar ist bzw. an selbiges unter höheren Auflagen bzw. nur mit höherem Aufwand zu gelangen ist.

1.1.3 Regionales Kreditangebot

Bei den Gesprächen mit landwirtschaftlichen Organisationen und Beratungsunternehmen sowie mit Kreditinstituten wurde auf regionale Unterschiede im Kreditangebot eingegangen.

- *Antworten von landwirtschaftlichen Organisationen und Beratungsunternehmen*
  Regional bzw. lokal könne das Kreditangebot eingeschränkt sein, abhängig davon, was die Bank für Erfahrungen mit der Landwirtschaft als Kreditnehmerin und mit regenerativen Energien überhaupt gemacht habe. Einige Banken seien inzwischen zurückhaltender. Übernehme die Hausbank die Finanzierung nicht, sei der Landwirt in bestimmten Regionen „gefangen". Ein Bankwechsel sei nicht immer möglich oder führe nicht immer zu einer Verbesserung. Von einem Bundesland im Osten Deutschlands wird berichtet, die Landwirte hätten sich mit Banken und Sparkassen überworfen, welche der Landwirtschaftsfinanzierung grundsätzlich sehr kritisch gegenüber stünden.

- *Antworten von Kreditinstituten*
  Zum Kreditangebot trafen drei Interviewpartner von Kreditinstituten Aussagen:
  - *Es gebe insgesamt keine große Auswahl für die Landwirte.*
  - *Die Konkurrenz sei im Nordwesten, in Nordrhein-Westfalen und im Osten groß. Ein geringes Angebot gebe es in Mittelgebirgsregionen.*
  - *Es gebe Regionen – im Interview nicht näher spezifiziert –, ohne Kreditangebote für Landwirte.*

Die Formulierung der Aussagen lässt darauf schließen, dass es sich nicht um ein Biogasspezifisches Problem handelt. Auf Grund der Bedeutung der Kreditfinanzierung über Banken, die bei der Umsetzung von Biogasprojekten größer ist als bei anderen landwirtschaftlichen Investitionen, dürfte das Problem hier allerdings prononciert auftreten.

Das Kreditangebot ist folglich in einigen Regionen weitgehend auf lokale Banken beschränkt, während in anderen Regionen – genannt werden der Nordwesten, Nordrhein-Westfalen und der Osten Deutschlands, wobei letzteres im Widerspruch zur Aussage ei-

nes Vertreters einer landwirtschaftlichen Organisation steht – eine hohe Konkurrenz zwischen den Kreditinstituten besteht.

1.2 Kreditprüfung

Probleme im Ablauf der Kreditprüfung werden in den meisten Interviews angesprochen. Die Antworten können drei verschiedenen Themenfeldern zugeordnet werden:
- dem Verfahren, insbesondere der Verfahrensdauer (inkl. Aussagen zu Betreuungs- und Bearbeitungskapazitäten);
- dem Verhältnis von Markt und Marktfolge (nach der Implementierung von Basel II und seit der Finanz- und Wirtschaftskrise) sowie
- dem Kreditrating von landwirtschaftlichen Betrieben und Biogasprojekten in den Banken.

Nach Letzterem wurde – im Wesentlichen aus Zeitgründen – nur in wenigen Interviews direkt gefragt. Hierzu wäre eine separate Untersuchung notwendig, die im Rahmen der vorliegenden Arbeit nicht geleistet werden konnte. Gleiches gilt für Details der Bewertung wie die Kapitaldienstdeckungsquote (*debt service cover ratio*, DSCR).

1.2.1 Verfahren und Personal

- **Antworten von landwirtschaftlichen Organisationen und Beratungsunternehmen**

Mit Blick auf die Kreditverfahren werden zu feste Prüfraster und Vorstellungen bzw. Vorgaben bemängelt. Zum Teil würden Hinweise bei Veranstaltungen und Fortbildungen für Sachbearbeiter von Kreditinstituten von diesen zu wörtlich genommen, die Sinnhaftigkeit nicht im Einzelfall überprüft.

Ein Interviewpartner nennt eine Bank, die die Bilanzen der Substratlieferanten einsehe wolle, was zumindest in seiner Region eher unüblich sei und daher auf Unverständnis stoße.

Hingewiesen wird auch auf die lange Dauer des Kreditverfahrens. Dies habe sich jedoch als gutes Controlling-Instrument erwiesen und bewahre die Landwirte eventuell vor Fehlinvestitionen.

- **Antworten von Kreditinstituten**

Bei den befragten Kreditinstituten wird Verbesserungsbedarf bei internen Prozessabläufen gesehen. In einem Fall seien Vereinfachungen bereits beschlossen worden. Der Entscheidungsprozess, so sagen mehrere Interviewpartner, könne schon sehr lange dauern. Die Antworten reichen von zehn Tagen im Agrarbereich bzw. drei bis vier Wochen, v. a. bei Projektfinanzierungen, bis zu einem halben Jahr – Letzteres trotz eines service level von zehn Tagen, allerdings eher im Ausnahmefall.

Daneben wird von personellen Engpässen berichtet. Die Anfragen seien derart zahlreich, dass weder Markt noch Marktfolge sie zeitnah bearbeiten könnten.
Ein Kreditinstitut lässt sich die Jahresabschlüsse der Lieferanten zeigen, wenn diese einen Anteil von mehr als 15 Prozent ausmachten.

- **Antworten von Anlagenherstellern**

  Hinsichtlich des Kreditverfahrens monieren die befragten Anlagenhersteller einen gestiegenen Aufwand, höhere Auflagen, sich während der Kreditprüfung ändernde Prüfungsschwerpunkte, Nachforderungen, die vorher nicht angesprochen worden seien, auf der einen Seite sowie lange Bearbeitungszeiten (mindestens drei Monate bis zu einem Jahr, in einem Beispiel 1½ Jahre) auf der anderen Seite.

- **Antworten von Projektentwicklern/Eigenkapitalgebern**

  Ein Problem stelle die begrenzte personelle Kapazität bei den Banken dar. Personal mit dem entsprechenden know how sei in der Vergangenheit verloren gegangen bzw. abgebaut, die Ressourcen nicht gepflegt worden. Als Reaktion gab ein Interviewpartner an, man stelle daher Banker ein, die die Unterlagen entsprechend aufbereiteten, um die Erfolgswahrscheinlichkeit zu erhöhen und die Verfahren zu verkürzen. Bei einigen Banken seien Personen mit den nötigen Fachkenntnissen unterrepräsentiert oder die Sachbearbeiter überlastet.

  Einige Sachbearbeiter hielten sich stur an (veraltete) Vorlagen. Die Informationen aus den Kompetenzzentren kämen bei einigen Firmenkundenbetreuerinnen/-betreuern nicht an.

  Die Verfahrensdauer wurde von einigen Interviewpartnern als zu lang bewertet:
  - Es vergingen vier bis fünf Monate, bis jemand sich überhaupt den Antrag anschaue.
  - Nach zwei bis drei weiteren Monaten stehe ein endverhandeltes term sheet. Danach beginne erst die Genehmigungsschleife in der Bank. Bei einem bezogen auf die Anfrage oder auf die Bank größeren Portfolio an Anlagen könne es sechs Monate dauern.
  - Dadurch dass einige Ausschüsse über die Kredite befinden müssten, nicht mehr nur einige wenige Personen, seien die Bearbeitungszeiten wesentlich höher. Der Entscheidungsweg sei umso länger, je größer die Bank sei.

  Der Zeitplan passe dadurch bei einigen Projekten nicht. Mit einem halben Jahr für die Kreditprüfung könne der Projektentwickler jedoch nicht leben. Eine Lösung sei es, große Investoren in die Projekte mit hinein zu nehmen bzw. das eingeworbene Eigenkapital zunächst zur Vorfinanzierung einzusetzen und im zweiten Schritt nach erfolgreicher Projektentwicklung Fremdkapital aufzunehmen.

- ***Antworten von Energieversorgern***
Die Prüfung, Vertragsgestaltung und Mittelbereitstellung dauerten entschieden zu lange. Verschiebungen um ein halbes bis Dreivierteljahr kämen vor. Es seien inzwischen mehr Leute innerhalb der Banken einzubinden.

In allen Akteursgruppen wird damit die Länge des Prüfungsverfahrens bemängelt. Die Angaben zu den Gründen, mit denen jeweils unterschiedliche Konsequenzen verbunden sind, variieren dagegen: Einige Befragte stellen veränderte Entscheidungsabläufe in den Vordergrund. Hier wäre zu prüfen, ob Vereinfachungen möglich sind. Beim zweiten genannten Grund für die längeren Kreditprüfungen, der großen Zahl an Anträgen, ist mit einer Entspannung in den nächsten Monaten zu rechnen. Ein dritter möglicher Grund, der genannt wird, sind Verzögerungen im Kreditprüfungsprozess durch Nachforderungen. Verbesserungen bei der Kommunikation innerhalb von Banken sind dann angeraten, wenn es sich hierbei um unerwartete Nachforderungen der Marktfolgeseite handelt. Mit Blick auf das Verhältnis von Kreditinstituten und Landwirten sind Anforderungen eindeutig und rechtzeitig zu kommunizieren. Dies betrifft primär lokale Banken. Projektentwickler und Eigenkapitalgeber, die sich in mittelgroßen und großen Biogasprojekten engagieren, haben den Vorteil gegenüber den meisten landwirtschaftlichen Betrieben, dass sie eher Personal aus Banken abwerben und mit der Aufbereitung der Projektunterlagen beschäftigen können und die Vorfinanzierung der Projekte leichter bewerkstelligen können. Auch aus diesem Grund dürften die Transaktionskosten bei mittleren und großen Vorhaben in Relation zur Investitionssumme geringer sein als bei kleinen Biogasanlagen.

1.2.2 Markt und Marktfolge

- ***Antworten von Kreditinstituten***
Schwierigkeiten gebe es immer mal wieder zwischen Markt und Marktfolge. Im risk office werde konservativer gedacht. Es kämen trotz bestehender Standards immer wieder subjektive Sichtweisen auf bestimmte Sachverhalte zum Vorschein. Genannt werden Auflagen und Nachforderungen, die in dem jeweiligen Fall vom Sachbearbeiter auf der Marktseite so nicht erwartet worden seien. Insgesamt handele es sich jedoch um das typische Spannungsverhältnis. Ein Problem ergebe sich jedoch, wenn die Marktfolge in anderen Regionen tätig sei als der Marktbereich. Man müsse die Marktfolge früh in den Prozess integrieren.

- ***Antworten von Anlagenherstellern***
Ein Interviewpartner sagt, Marktseite und Marktfolgebereich drifteten auseinander. Die Marktfolge dominiere.

Die Beobachtungen der Interviewpartner stellen insgesamt keine Besonderheit für den Biogassektor dar. Eine Dominanz der Marktfolgeseite ist für eine Zeit, in der Risiken im Mittelpunkt stehen, die in der Vergangenheit eingegangen wurden und auf Grund fehlerhafter Einschätzungen zu Verwerfungen im Finanzsektor geführt haben, nicht ungewöhnlich. Sieht man von Einzelfällen ab, bei denen Verbesserungen in der Kommunikation angeraten scheinen, ist hier mithin kein Handlungsbedarf zu erkennen.

1.2.3 Rating

Zum Rating direkt befragt wurden zwei Banken. *Für das Rating von Biogasprojekten werden Anpassungen an bestehende Systeme vorgenommen. In einem Interview wird darauf verwiesen, das Rating werde jährlich überprüft. Es würden ggf. Änderungen vorgenommen. Beim anderen Kreditinstitut wird das Rating nicht verändert. Als Kritikpunkte werden geäußert, das Rating täusche oft eine Genauigkeit vor, die so nicht gegeben sei, und die Ausfallwahrscheinlichkeit sei zu hoch angesetzt.*

Probleme im Zusammenhang mit der Umsetzung der neuen Baseler Rahmenvereinbarung über die Eigenkapitalempfehlung für Kreditinstitute (Basel II) werden nicht gesehen.

Beim Workshop wird darauf hingewiesen, dass sich durch die Investition in eine Biogasanlage die Bilanzkennzahlen veränderten. Folge sei ein schlechteres Rating, obwohl die Betriebe an sich nicht schlechter dastünden. Dann stelle sich die Frage, ob noch eine günstige Refinanzierung möglich sei.

Dabei handelt es sich um einen systemimmanenten Mechanismus, der bei der Bewertung der Investition und Finanzierungsmöglichkeiten beachtet werden sollte, zumal damit auch Finanzierungen anderer Objekte im landwirtschaftlichen Betrieb tangiert werden. Solange gegenläufige Effekte wie die Diversifizierung durch die Biogasanlage oder möglicherweise bessere Geschäftsaussichten innerhalb des Ratingverfahrens berücksichtigt werden, kann aus der Beobachtung der Workshopteilnehmer kein Verbesserungsbedarf für das Rating abgeleitet werden. Der Sachverhalt sollte jedoch den Landwirten bekannt sein bzw. bekannt gemacht werden.

1.3 Auswirkungen der Finanzkrise

Mögliche Auswirkungen der Finanzkrise stellen den dritten Themenblock dar, auf den in diesem Abschnitt eingegangen wird. In Übereinstimmung mit der Literatur wird im Allgemeinen für Biogasanlagen kein Problem gesehen, das aus der Finanz- und Wirtschaftskrise resultiert. Allerdings führen einige Gesprächsteilnehmerinnen und -teilnehmer Strukturveränderungen bzw. Änderungen im Kreditprüfungsprozess an, die zu einer restriktiveren Fremdkapitalvergabe durch Banken auch im Biogassektor führen könnten.

- **Antworten von landwirtschaftlichen Organisationen und Beratungsunternehmen**
Die Finanzkrise wird von einigen Interviewten ohne explizite Rückfrage angesprochen. Die Einschätzungen unterscheiden sich dabei und reichen von der Feststellung, es gebe in der Landwirtschaft keine Kreditklemme, bis zur Aussage, seit der Krise gingen die Banken generell restriktiver vor und die Prüfung dauere länger. Ein Interviewteilnehmer erwartet höhere Anforderungen und Sicherheiten in der nahen Zukunft, auch wenn sich die Krise bei Biogasfinanzierungen noch nicht negativ auswirkt habe.

- **Antworten von Kreditinstituten**
Die Finanzkrise wird von den Kreditinstituten nicht als Problem für die Umsetzung von Biogasprojekten oder Vorhaben im Bereich erneuerbarer Energien allgemein gesehen. Einige Befragte äußern die Einschätzung, erneuerbare Energien zählten sogar zu den „Krisengewinnern". Eine größere Bedeutung habe aktuell die schlechte wirtschaftliche Situation für Milchbauern. Als einschränkende Aussagen wurden getroffen:
  - *Eine Bank beobachtet einen verstärkten Zulauf von Kunden, die keine Ansprechpartner für ihr Anliegen bei anderen Kreditinstituten gefunden hätten.*
  - *Für eine ganz kurze Zeit habe es kein Fremdkapital für erneuerbare Energien gegeben.*
  - *Es werde vielleicht etwas genauer auf einige Projekte geschaut.*
  - *Eine Bank versucht Fremd- bzw. Refinanzierungsmittel mit Haftungsübernahme zu bekommen – anders als bei den bestehenden Programmen von KfW und Landwirtschaftlicher Rentenbank –, um eine Erleichterung bei der notwendigen Eigenkapitalunterlegung zu erzielen.*

- **Antworten von Anlagenherstellern**
Während ein Anlagenhersteller herausstellt, als Industrieunternehmen sei man keiner Kreditrationierung ausgesetzt, betonen andere Interviewpartner, es habe eine Reihe von Änderungen in der Praxis der Biogasfinanzierung durch die Krise gegeben: Risiken seien neu bewertet worden, die Risikoaufschläge gestiegen. Die Auflagen und Sicherheitenanforderungen seien höher und komplizierter zu erreichen. Man bekomme bei Einspeiseprojekten für die Bauphase keine Kredite mehr und müsse vorfinanzieren. Insofern habe es eine Reihe von Verschärfungen gegeben. Gleichwohl, so ein Interviewter, scheiterten in Deutschland die Projekte deswegen nicht, anders als im Ausland (z. B. in Kroatien oder Lettland).

- **Antworten von Projektentwicklern/Eigenkapitalgebern**

    Zwei unterschiedliche Aussagen wurden von Interviewpartnern dieser Akteursgruppe zu den Folgen der Finanzkrise gemacht:
    - *Die Banken seien mit sich selbst beschäftigt, scheuten das Risiko. Es gebe für die Kreditinstitute einfachere Projekte.*
    - *Seit der Finanzkrise habe es (weiterhin) keine Schwierigkeiten mit der Fremdkapitalbeschaffung gegeben.*

Die Befragten stellen damit mehrheitlich heraus, dass durch die Finanzkrise keine Projekte scheiterten, die ansonsten finanziert worden wären. Gleichwohl werden einige Veränderungen in den Bedingungen bzw. im Ablauf, insbesondere Verzögerungen bei der Projektprüfung, genannt. Einige Gesprächspartner äußern die Erwartung, es werde durch strukturelle Änderungen im Bankensektor zu Schwierigkeiten bei der Biogasfinanzierung kommen. Anderen Entwicklungen im Landwirtschaftssektor wird eine größere Bedeutung beigemessen. Diese sind im Einzelfall teilweise oder direkt durch die Finanzkrise beeinflusst, z. B. die Entwicklungen auf den Rohstoffmärkten. Die Finanzkrise spielt damit direkt oder indirekt eine Rolle, jedoch nicht so stark wie in anderen Wirtschaftszweigen.

1.4 Sonstige Finanzierungsprobleme

Gefragt wurde in den Interviews zunächst allgemein nach Finanzierungsproblemen und -hemmnissen. Aussagen zur Finanzkrise, wie sie im vorstehenden Unterabschnitt wiedergegeben sind, werden z. T. an diese Frage angeschlossen. Darüber hinaus werden einige andere Aspekte genannt, die nicht den zuvor behandelten Themenbereichen zugeordnet werden können. Hierzu zählen Aussagen zum Investitions- und Finanzierungsverhalten von Landwirten (1.4.1) sowie zur Biomethaneinspeisung (1.4.3). Beim Workshop werden zudem Fragen der Eignung eines landwirtschaftlichen Betriebes und innerbetriebliche Investitionsüberlegungen angeschnitten, die auf Grund ihrer Nähe zum Themenbereich 1.4.1 im Anschluss daran aufgeführt werden.

1.4.1 Investitions- und Finanzierungsverhalten von Landwirten

Im Zusammenhang mit allgemeinen Finanzierungsproblemen werden in einigen Gesprächen Punkte genannt, die dem Investitions- und Finanzierungsverhalten von Landwirten zugeordnet werden können. Die Aussagen deuten u. a. auf unterschiedliche „Finanzierungskulturen" im Süden im Vergleich zum Norden Deutschlands hin.

- *Antworten von landwirtschaftlichen Organisationen und Beratungsunternehmen*
  Von landwirtschaftlichen Organisationen und Beratungsunternehmen werden drei Aspekte erwähnt, die Investitionen von Landwirten in Biogasanlagen hemmten:
  - *In Süddeutschland sei der Eigenkapitalanteil größer als im Norden und Osten. Der Fremdkapitalanteil nehme zu, aber weniger stark als in Norddeutschland oder Dänemark. Der Schritt, einen Kredit für eine Biogasanlage aufzunehmen, sei deshalb für süddeutsche Betriebe größer.*
  - *Ein Problem stelle die Übergabe an die nächste Generation dar: Oft müsse der/die Hofnachfolger/in sich nach Übernahme des Betriebes hoch verschulden, um den Betrieb neu auszurichten und das Anlagevermögen zu erneuern. Besser wäre ein regelmäßiger Wachstumsschritt in längeren Abständen. Dahinter steht folglich ein Lebenszyklus-Argument – eine Optimierung der betrieblichen Investitionen über die Lebensdauer und über Generationen hinweg wird angemahnt.*
  - *Biogasanlagen seien relativ teuer. Es dauere zehn bis zwölf Jahre, bis sie sich amortisiert hätten. Als Eigenkapitalanteil ergebe sich [bei einer 500-kW-Anlage] selbst für fünf bis sechs Landwirte noch ein sechsstelliger Betrag.*

  Die Beleihungsgrenzen würden immer ausgereizt, eventuell etwas weniger Darlehen als ursprünglich geplant aufgenommen.

- *Antworten von Anlagenherstellern*
  Zwei Interviewpartner betonten, es gebe ein mentales Problem: Landwirte hätten einen großen Respekt vor der hohen Investitionssumme. Eine oder zwei Millionen Euro hätten sie z. T. noch nie investiert.

Aus den genannten Problemen kann geschlossen werden, dass insbesondere bei kleineren Betrieben und damit v. a. im Süden Deutschlands eine gewisse Zurückhaltung hinsichtlich der Investitionen in Biogasanlagen herrschen dürfte. Wenigstens müssen die genannten mentalen Hindernisse überwunden werden. Dies wurde jedoch in den Interviews nicht als ein generelles und gravierendes Hemmnis gesehen. Gleichwohl können die Aussagen Begründungen dafür liefern, dass zunächst mit kleineren Projekten begonnen wird und eine Annäherung an das betriebliche Optimum über spätere Erweiterungen erfolgt. Weiterhin erklären sich daraus große Abweichungen beim Investitions- und Finanzierungsverhalten in Abhängigkeit von der Betriebsstruktur und den Erfahrungen. In der Konsequenz ergibt sich auch hieraus die Notwendigkeit, erforderliche Lernprozesse bei der Analyse optimaler Investitions- und Finanzierungslösungen zu beachten.

1.4.2 Innerbetriebliche Investitionsüberlegungen und Bewertung landwirtschaftlicher Betriebe aus Bankenperspektive

Neben dem hohen Kapitalbedarf können auch innerbetriebliche Argumente gegen eine Investition in eine Biogasanlage sprechen. So wurde beim Workshop angeführt, eine solche Anlage konkurriere innerhalb des landwirtschaftlichen Betriebes mit anderen Zweigen um Fläche und Eigenkapital („innerbetriebliche Nutzungskonkurrenz"). Managementkapazitäten müssten aufgebaut und Arbeitszeit in den neuen Betriebszweig investiert werden. Auch durch die im vorstehenden Unterabschnitt genannten Finanzierungsanforderungen und die unter 1.2.3 aufgeführten Verschlechterungen des Ratings könne im Einzelfall die weitere Entwicklung anderer Betriebszweige gehemmt werden. Die Biogasproduktion sei auf andere Zweige angewiesen, um den Güllebonus nutzen zu können, der für die Wirtschaftlichkeit insbesondere bei kleinen Anlagen essentiell sei.

Die angeführten innerbetrieblichen Überlegungen führen zum Schluss, „einen Kranken macht eine Biogasanlage nicht gesund". Aus Bankenperspektive komme daher ein schlecht laufender landwirtschaftlicher Betrieb für eine Finanzierung nicht in Betracht. Ausgenommen wurden hiervon Phasen ungünstiger wirtschaftlicher Rahmenbedingungen wie aktuell in der Milchwirtschaft. Ein Milchviehbetrieb müsse allerdings mit einem mittelfristig realistischen Preis auskommen können.

Derartige Nutzungskonkurrenzen müssen damit bei der Investitionsentscheidung durch die Landwirte berücksichtigt werden. Eine Folge könnte sein, dass aus einer ökonomischen Perspektive das Biogaspotenzial geringer ist, als in einigen Projektionen angenommen wird – insbesondere dann, wenn die Ressourcen schlecht laufender landwirtschaftlicher Betriebe und damit nicht finanzierbare potentielle Projekte ausgeklammert werden.

1.4.3 Finanzierung von Einspeiseprojekten

Ein anderer Aspekt wurde in den Interviews als Problem benannt: Bei den Antworten von landwirtschaftlichen Organisationen und Beratungsunternehmen auf die Frage nach allgemeinen Finanzierungsproblemen und -hemmnissen finden sich einige Verweise auf die Biomethaneinspeisung.

Banken täten sich schwer damit, Einspeiseprojekte zu finanzieren. Als Gründe werden angeführt:

- *Rechtssicherheit sei nicht gegeben.*
- *Standards fehlten.*
- *Es seien hohe Anfangsinvestitionen zu tätigen. Allein für die Aufbereitungsanlage seien vier bis fünf Millionen Euro zu investieren und finanzieren.*

- *Die Transaktionskosten seien auf Grund der notwendigen Verhandlungen über zahlreiche Sachverhalte sehr hoch.*
- *Man befinde sich außerhalb des EEG.*

Letzteres ist insoweit zu relativieren, als dass es von der konkreten Projektgestaltung abhängt, ob eine Verstromung über ein BHKW und damit eine Vergütung über das EEG erfolgt oder ein direkter Verkauf des Biomethans als „grünes Gas" angestrebt wird. Für weitere Probleme im Zusammenhang mit der Biogasaufbereitung und Einspeisung in das Gasnetz sei auf die Ausführungen im Kapitel B verwiesen.

1.5 Schlussfolgerungen

Die Finanzierung stellt, anders als noch vor wenigen Jahren, im Allgemeinen keinen Engpass dar. Als Gründe werden die günstigen Regelungen des (novellierten) EEG und die zunehmende Vertrautheit der Kreditinstitute mit Biogasfinanzierungen angeführt. Dies gilt insbesondere für einen gut geführten Wachstumsbetrieb und ein gutes Anlagenkonzept.

Die Befragten unterteilen die aktiven Kreditinstitute in drei Kategorien: Lokale Banken (Sparkassen, Genossenschaftsbanken), spezialisierte überregionale Banken und private Geschäftsbanken. Letztere seien in begrenztem Umfang aktiv und insbesondere an größeren Projekten interessiert.

Einschränkend äußern die Interviewteilnehmer:

- Biogasfinanzierungen als Unternehmensfinanzierungen sind für die Landwirte grundsätzlich relativ teuer. Durch die veränderten Unternehmenskennzahlen verschlechtert sich das Rating des Betriebes. Dies führt wiederum zu einer Verteuerung der Finanzierung auch für den übrigen laufenden Betrieb.
- Einige Aussagen deuten auf eine mögliche Verknappung des Kreditangebots auf Grund der Besonderheiten bei Biogasprojekten gegenüber anderen Formen erneuerbarer Energien, insbesondere des Ressourcen- bzw. Rohstoffpreisrisikos.
- Das Kreditangebot ist regional z. T. erheblich eingeschränkt. Die Landwirte haben in einigen Regionen sehr wenig Auswahl. Dann hängt die Finanzierung von den Erfahrungen des jeweiligen lokalen Kreditinstituts mit Biogasprojekten ab.
- Die Dauer der Kreditprüfung und die Auflagen haben zugenommen. Die Aussagen der Bankenvertreterinnen und -vertreter sprechen nicht für die These, die Prüfung dauere umso länger, je größer das Kreditinstitut sei, wie von einem anderen Interviewteilnehmer vermutet wurde. Dies mag für private Geschäftsbanken gelten. Bei anderen Häusern scheinen das vorhandene Spezialwissen, ggf. auch politische Gesichtspunkte eine Rolle zu spielen. Ein Engpassfaktor auf Bankenseite, gerade bei

spezialisierten Instituten, sind angesichts des Biogasbooms die personellen Kapazitäten.
- Die Finanzkrise hat dazu geführt, dass die Finanzierung grundsätzlich etwas teurer und komplizierter geworden ist, auch wenn die Projekte nicht scheitern. Der Bankensektor befindet sich in einem Umbruch, der auch bei der Biogasfinanzierung zu spüren ist.
- Auf der Seite der Landwirte spielt die Vertrautheit mit der Fremdkapitalfinanzierung eine Rolle. Gerade in Süddeutschland sei diese geringer, so dass Landwirte hier eher vor einer Investition in Biogasanlagen zurückschreckten. Biogasfinanzierungen dürften auch aus diesem Grund in mehreren Schritten erfolgen.

2. Eigenkapital, Sicherheiten und Refinanzierung

Beschränkungen – regional und betrieblich in unterschiedlichem Maße – könnten auch aus dem Mangel an Eigenkapital bzw. Sicherheiten resultieren. Die konkreten Finanzierungskonditionen hängen darüber hinaus von den Refinanzierungsmöglichkeiten der Kreditinstitute ab. Damit verbundenen Fragestellungen ist der zweite Themenblock innerhalb dieses Kapitels gewidmet.

Auf der Basis von Antworten zur geforderten Eigenkapitalquote (2.1) wurde in den Interviews gefragt, ob und inwieweit Eigenkapital einen Engpass darstelle (2.2). Auf Anforderungen von Banken an die Sicherheiten wird im Unterabschnitt 2.3 eingegangen. Es schließt sich eine Darstellung zum Stand der Refinanzierung sowie möglicher Verbesserungen bei den Förderprogrammen an (2.4).

2.1 Eigenkapitalquoten

Zunächst wurde gefragt, wie hoch die Eigenkapitalanforderungen der Banken seien. In den Antworten wird dabei nicht immer zwischen Unternehmens- und Projektfinanzierung differenziert. Neben betrieblichen Unterschieden könnte darin ein Grund für divergierende Aussagen bzw. weite Spannen liegen.

- *Antworten von landwirtschaftlichen Organisationen und Beratungsunternehmen*
  Die Nennungen durch landwirtschaftliche Organisationen und Beratungsunternehmen gehen z. T. beträchtlich auseinander: 15-30 Prozent, 20 Prozent bzw. 10-20 Prozent je nach Betrieb werden als Quoten angegeben.

- *Antworten von Kreditinstituten*
  Bei den Kreditinstituten liegen die Angaben für den Regelfall zwischen 20 und 30 Prozent. Einige Banken würden bei der Unternehmensfinanzierung „auch mal" kein Eigenkapital

verlangen, wenn das Rating stimme. Bei Projektfinanzierungen wird von einem Kreditinstitut eine vollständige Fremdkapitalfinanzierung explizit ausgeschlossen. Interviewte, die bzgl. der Eigenkapitalquote keine Unterscheidung zwischen Unternehmens- und Projektfinanzierung treffen, weisen ähnliche Zielwerte aus. Bei einer Bank sind es in Sonderfällen evtl. nur 10 Prozent Eigenkapital. Ein Interviewter unterscheidet nach regionalem know how der Bank und weist Projekten in der Bank weniger vertrauten Bundesländern eine höhere Eigenkapitalanforderung zu (25 Prozent). Eine etwas geringere Quote sei, so wurde in einem anderen Interview geäußert, dann denkbar, wenn eine Wärmeabnahme ganzjährig gesichert sei.

Eingebracht würden liquide Mittel, z. T. auch Eigenleistungen sowie Fördermittel. Alternativ würden Eigenkapital ersetzende Instrumente genutzt.

- *Antworten von Anlagenherstellern*

Genannt werden von Anlagenherstellern 20 Prozent bzw. 25 Prozent als erforderliche Eigenkapitalquote. Letzteres stehe im Raume, so ein Interviewpartner – was darauf hindeutet, dass es sich um eine Soll-Vorgabe von Banken handelt und nicht den tatsächlichen Eigenkapitalquoten entspricht. Eine vollständige Fremdkapitalfinanzierung sei nur dann denkbar, wenn der landwirtschaftliche Betrieb sehr gut dastehe.

- *Antworten von Projektentwicklern/Eigenkapitalgebern*

Die Angaben der Projektentwickler und Investorengesellschaften zur Eigenkapitalquote schwanken zwischen 18 und 30 Prozent (18-25 Prozent, 20 Prozent, 25-30 Prozent, 30 Prozent). Ein Interviewpartner sagt, weniger als 25 Prozent Eigenkapital akzeptierten die Banken selten. Die Komplexität der Projekte sei größer als bei der Fotovoltaik. Es gebe den Betreiber als Risikofaktor. Ein anderer Befragter gibt an, dass es eine überregional tätige Bank gebe, die unter 30 Prozent Eigenkapital kein Projekt finanziere, die zudem wenige Erfahrungen mit Portfolien habe. Sofern der politische Wille dahinter stehe, gebe es nach Aussage eines weiteren Interviewten auch Vorhaben, die vollständig fremdfinanziert würden.

- *Antworten von Energieversorgern*

Lediglich bei einem der befragten Energieversorger werden Projektfinanzierungen durchgeführt. Hier betrage die Eigenkapitalquote 30 Prozent.

Die Angaben zu den Eigenkapitalquoten schwanken z. T. stark, zwischen 10 und 30 Prozent. Die Unterschiede lassen sich damit erklären, dass klar zwischen Projekt- und Unternehmensfinanzierung zu trennen wäre, was bei vorhandenen Mischformen bzw. bei Übernahmen von Elementen der Unternehmens- in die Projektfinanzierung nicht immer möglich ist. Eigenkapitalquoten von 20 bis 30 Prozent bei Projektfinanzierungen können damit als Standard gelten. Bei Unternehmensfinanzierungen liegen die Quoten z. T. deutlich darunter.

2.2 Eigenkapital als Engpass

Aufbauend auf den genannten Eigenkapitalquoten wurde gefragt, ob und inwieweit Eigenkapital in landwirtschaftlichen Betrieben einen Engpass für die Biogasfinanzierung darstelle.

- **Antworten von landwirtschaftlichen Organisationen und Beratungsunternehmen**
  Ein Mangel an Eigenkapital, so die überwiegende Antwort innerhalb der Gruppe landwirtschaftlicher Organisationen und Beratungsunternehmen, stelle kein Problem dar. Es gebe unterschiedliche Möglichkeiten, Eigenkapital zu ersetzen: eine Sicherheit auf den landwirtschaftlichen Betrieb, Bürgschaften, Dienstbarkeiten, Gesellschafterdarlehen, eine Beleihung oder die Aufnahme eines Kredits durch den Landwirt selbst. Banken seien sehr weit behilflich. Zudem gebe es die Möglichkeit, mit anderen Landwirten zusammen eine Anlage zu errichten. Es investierten, so ein Interviewteilnehmer, eher gesunde Betriebe. Diesen Aussagen steht die Feststellung eines anderen Befragten gegenüber, es sei nie richtig viel Eigenkapital vorhanden. Daher werde gelegentlich eine Privateinlage getätigt. Mehrere Interviewte verweisen daneben auf die aktuellen Liquiditätsprobleme in der Landwirtschaft allgemein.

- **Antworten von Kreditinstituten**
  Die Mehrheit der Interviewpartnerinnern und -partner aus Kreditinstituten ist der Meinung, dass Eigenkapital in bestimmten Fällen einen Engpass darstelle:
    - *für kleine landwirtschaftliche Betriebe;*
    - *in der Milchwirtschaft auf Grund der Liquiditätsschwierigkeiten – Veredelungsbetriebe hätten etwas mehr Kapital zur Innenfinanzierung;*
    - *bei Wachstumsbetrieben.*

  Einige Befragte schränken ein, die Eigenkapitalknappheit stelle kein Problem dar: Die Bank baue den Landwirten Brücken. Es würden bei fehlendem Eigenkapital unterschiedliche Konzepte umgesetzt, über die hinreichend Sicherheit für das Kreditinstitut geschaffen werde. Angerechnet würden auch Siloberge oder Eigenleistungen.

- **Antworten von Anlagenherstellern**
  Ein Problem gebe es mit der schwindenden Bonität landwirtschaftlicher Betriebe. Das Rating von Milchviehbetrieben sinke. Investoren seien gefragt. Allerdings sei es fraglich, ob deren Renditeerwartungen erfüllt werden könnten.

Ein anderes Problem stelle der Engpass an Pachtflächen in den östlichen Bundesländern dar. Es würden zunehmend Flächen gekauft. Damit gingen jedoch die Liquiditätsreserven verloren. Damit besteht eine Verwendungskonkurrenz für die betrieblichen Finanzmittel.

- **Antworten von Projektentwicklern/Eigenkapitalgebern**
  Ein Unternehmen gibt an, es habe mehr Kapital eingeworben, als es Standorte entwickeln könne. Demgegenüber verweist ein anderer Interviewpartner auf die langen Amortisationszeiten, die bei Biogas 14 bis 15 Jahre betrügen. In vielen Industriezweigen werde eine geringere Amortisationszeit erwartet.
  Bei den Projektentwicklern und Investorengesellschaften herrscht Einigkeit darüber, dass Eigenkapital aktuell für die Umsetzung der Projekte zentral sei, dass jedoch viele Landwirte nicht über ausreichend Eigenkapital verfügten. Die Betriebe wiesen zwar bilanziell einen hohen Anteil an Eigenkapital aus. Es gebe jedoch wenige freie Mittel. Viele landwirtschaftliche Betriebe seien angesichts niedriger Milchpreise oder in Folge von Spekulationsgeschäften – der Einlagerung von Getreide in der Hoffnung auf weiter steigende Preise – nicht mehr liquide. Damit fehlten Mittel für Investitionen generell. Ein Projektentwicklungsunternehmen biete den Landwirten daher einmalige Vorauszahlungen an, so dass sie sich an den Projektgesellschaften beteiligen könnten.

- **Antworten von Energieversorgern**
  Eigenkapital stelle gerade in den neuen Bundesländern einen Engpass dar. Damit sei eine finanzielle Beteiligung an Projekten schwierig. Besser sei es, die Landwirte über einen Liefervertrag in sinnvollem Maße am Betriebsergebnis partizipieren zu lassen.
  Wegen der Finanzkrise hätten Landwirte ein Finanzierungsproblem.

- **Aussagen zum Eigenkapital als Engpassfaktor im Rahmen des Workshops**
  Beim Workshop wird eine Differenzierung in Eigentums- und Pachtbetriebe vorgenommen. Letztere seien eher Eigenkapital-schwach. Darüber hinaus wird darauf hingewiesen, dass bei Wachstumsbetrieben Eigenkapital einen Engpass darstelle bzw. darstellen könne.

Damit werden unterschiedliche Situationen genannt, in denen Eigenkapital einen Engpass darstellt bzw. darstellen kann: bei Wachstumsbetrieben, bei Pachtbetrieben, bei Milchviehbetrieben angesichts der schwierigen ökonomischen Lage oder bei kleinen landwirtschaftlichen Betrieben. Von einigen Befragten wird hierin ein Problem für die Umsetzung von Vorhaben allein durch landwirtschaftliche Unternehmen gesehen (Anlagenhersteller, Projektentwickler/Eigenkapitalgeber, Energieversorger). Die anderen beiden Akteursgruppen verweisen auf die Möglichkeiten, Eigenkapital zu ersetzen.

2.3 Sicherheiten

Neben den Eigenkapitalanforderungen wurde gezielt auch nach notwendigen Sicherheiten und Problemen bei der Stellung der Sicherheiten durch landwirtschaftliche Betriebe gefragt. Dabei werden in den Gesprächen unterschiedliche Aspekte hervorgehoben und erörtert.

- **Antworten von landwirtschaftlichen Organisationen und Beratungsunternehmen**
  In den Interviews mit landwirtschaftlichen Organisationen und Beratungsunternehmen wird darauf verwiesen, einige Betriebe hätten aktuell keine freien Sicherheiten mehr. In manchen Bundesländern gebe es ersatzweise Bürgschaften, die z. B. über die Förderbanken vergeben würden.

- **Antworten von Kreditinstituten**
  Die befragten Kreditinstitute nennen alle die üblichen Sicherheitenanforderungen. Besonderheiten gegenüber sonstigen Projektfinanzierungen bestünden bei Biogasprojekten nicht. Nicht alle Banken treten jedoch als Empfänger in die Substratliefeverträge ein. Eine Reservenbildung werde bei Projektfinanzierungen gefordert, so ein Interviewpartner. Bei Unternehmensfinanzierungen mache dies keinen Sinn. In einem Interview wird betont, es erfolge immer eine Haftungseinbindung des Betreibers.

- **Antworten von Projektentwicklern/Eigenkapitalgebern**
  Es gälten die üblichen Sicherheiten: eine Grundschuld auf dem Grundstück der Biogasanlage sowie die Abtretung sämtlicher Verträge, die zum Projekt gehörten. Oft müsse eine Reserve für den Kapitaldienst für das nächste Jahr in Höhe von 50 Prozent angelegt werden. Je nach Sicherheitenanforderungen der Banken seien Bürgschaften beizubringen. Genannt werden in den Interviews zudem Versicherungen eines renommierten Unternehmens (Haftpflicht-, Allgefahrenversicherung).

- **Antworten von Anlagenherstellern**
  Ein Interviewpartner macht deutlich, es gebe kein Problem mit Sicherheiten: Bei kleinen Anlagen hafte der Landwirt. Bei größeren Anlagen werde ohnehin eine Projektfinanzierung gemacht. Die Aussage eines anderen Befragten steht dagegen, einige Landwirte hätten sich auf Grund der Betriebshistorie „völlig verschrieben", es sei kein Hektar Land mehr an Sicherheiten frei.

- **Antworten von Projektentwicklern/Eigenkapitalgebern**
  Bei den Versicherungen könnten eventuell die Konditionen für Einspeiseprojekte steigen. Darüber hinaus wird lediglich ein rechtliches Spezialproblem bei den Dienstbarkeiten genannt.

- **Antworten von Energieversorgern**
  Einige Forderungen der Banken seien nicht realistisch. So wolle die Bank bei der Grundschuld immer den ersten Rang haben, selbst wenn auf einem kleinen Teilstück ein Funkmast stehe.

  Es gibt eine Liste an Sicherheiten, die standardmäßig einzubringen sind. Im Einzelfall sind offenbar nicht alle Forderungen der Banken erfüllbar. Bei einigen Betrieben treten Engpässe auf, so dass Alternativen gefunden werden müssen. Nicht in allen Bundesländern bestehen Bürgschaftsprogramme, die als Auffanglösung genutzt werden können. Je nach persönlicher Wahrnehmung und Erfahrungen variieren damit die Einschätzungen der Befragten im Detail.

2.4 Refinanzierung und Förderprogramme

Neben Eigenkapital- und Sicherheitenanforderungen der Banken spielen Refinanzierungsmöglichkeiten und Förderprogramme für die Bestimmung der Verfügbarkeit und der Kosten von Biogaskrediten eine zentrale Rolle. Daher wurde in den Interviews gefragt, über welche Institute die Refinanzierung erfolge. Dabei werden auch einige Förderprogramme über die Refinanzierung hinaus genannt (siehe 2.4.1). Im Abschnitt 2.4.2 werden die Aussagen zur Frage nach Verbesserungsbedarf wiedergegeben.

2.4.1 Stand der Refinanzierung und Förderprogramme

- **Antworten von landwirtschaftlichen Organisationen und Beratungsunternehmen**
  Die Refinanzierung erfolge über KfW und Landwirtschaftliche Rentenbank.
  Bürgschaften stammten von Förderbanken der Länder, z. B. der Investitions- und Strukturbank Rheinland-Pfalz (ISB). Nicht in allen Bundesländern gebe es jedoch derartige Bürgschaftsprogramme.

- **Antworten von Kreditinstituten**
  Zur Refinanzierung würden Programme der KfW oder der Landwirtschaftlichen Rentenbank genutzt. Ein Interviewpartner nennt zudem die Europäische Investitionsbank, die für das befragte Kreditinstitut von Interesse sei, um über verschiedene Quellen verfügen zu können. In einem Interview wird eine Landesförderbank genannt. Einige Banken setzten anteilig eigene Darlehensprogramme ein. Es würden durchaus auch Mittel beider Förderbanken, der KfW und der Landwirtschaftlichen Rentenbank, in Kombination verwendet.
  Bei der Abwägung zwischen KfW-Mitteln und solchen der Landwirtschaftlichen Rentenbank wird angeführt:
  - *Landwirte hätten eine gewisse Affinität zur Landwirtschaftlichen Rentenbank.*

- *Bei Projektfinanzierungen bzw. größeren Projekten würden überwiegend Mittel der KfW, ergänzend solche der Landwirtschaftlichen Rentenbank genutzt.*
- *Die Antragstellung bei der KfW dauere etwas länger.*
- *Mittel der Landwirtschaftlichen Rentenbank würden aktuell nicht genutzt, da bei der Bestimmung der Sicherheiten nicht der Ertragswert des Projektes angesetzt werden könne.*[277]
- *Ein Vorteil bei der KfW sei die Möglichkeit zu Sonderzahlungen, wobei dann das Disagio verloren gehe. Ein Disagio gebe es bei der Landwirtschaftlichen Rentenbank nicht.*[278]

Die KfW agiere inzwischen etwas vorsichtiger. Es seien einige Angaben mehr zu machen. Aus der Formulierung der Antwort lässt sich jedoch entnehmen, dass dies nicht als großes Hemmnis für Projekte gesehen wird, auch wenn es die Projektumsetzung im Einzelfall etwas verlangsamt und/oder etwas höhere (Transaktions-)Kosten verursacht.

Ein Problem anderer Natur schildert ein Interviewpartner: Die EU-Kommission habe im Herbst 2008 eine Prüfung der Subventionswerte veranlasst, die sich bis in das Jahr 2009 hineingezogen habe. Zuvor sei bei den Programmen von KfW und Landwirtschaftlicher Rentenbank im Bereich erneuerbarer Energien der Subventionswert nie ein Thema gewesen. Bei einigen Landwirten seien die Förderungen anteilig gestrichen worden.

- *Antworten von Anlagenherstellern*

Die Anlagenhersteller nennen bei der Frage nach den Refinanzierungsquellen jeweils die KfW oder die Landwirtschaftliche Rentenbank – in keinem der Interviews beide Förderbanken.

Mit den KfW-Mitteln gebe es kein Problem mehr. Die Marge sei inzwischen nicht mehr zu klein für die Kreditinstitute.

- *Antworten von Projektentwicklern/Eigenkapitalgebern*

Zwei der befragten Unternehmen äußern sich zur Refinanzierung. In einem Fall würden KfW-Programme genutzt. Bis zur AgriTechnica in diesem Jahr [d. h. 2009] seien ihnen die Programme der Landwirtschaftlichen Rentenbank nicht bekannt gewesen. Das andere Unternehmen gibt an, weder KfW-Programme noch Mittel der Landwirtschaftlichen Rentenbank zu nutzen.

Je nach Ausrichtung des Anlagenbetreibers erfolgt die Refinanzierung der Kredite über die KfW oder die Landwirtschaftliche Rentenbank. Bei einem Kreditinstitut wird für die Projektfi-

---

[277] Dem steht jedoch die Aussage gegenüber, die Landwirtschaftliche Rentenbank habe keine Sicherheitenrichtlinie mehr.
[278] Die Hausbank kann 1 Prozent der Darlehenssumme, maximal jedoch 1.250 Euro als Bearbeitungsgebühr einbehalten.

nanzierung auf die KfW und für die Unternehmensfinanzierung stärker auf die Landwirtschaftliche Rentenbank zurückgegriffen. Zum Teil werden beide Refinanzierungsquellen kombiniert.[279] Die Unterschiede zwischen den Förderprogrammen dieser beiden Einrichtungen sind nicht so groß, dass aus diesem Grund eine der beiden Lösungen favorisiert würde. Über die Wahl entscheidet damit zu einem großen Teil die jeweilige Affinität zum Fördermittelgeber, die auf Seiten der Landwirtschaft bei der Landwirtschaftlichen Rentenbank größer ist. Dort ist die Landwirtschaftliche Rentenbank auch besser bekannt als bei einigen anderen Akteuren. Einige Banken sind auf der Suche nach weiteren Refinanzierungsquellen. Eingebunden werden z. T. auch Mittel von Förderbanken, sofern diese Programme haben, die für Biogasprojekte anwendbar sind.

2.4.2 Verbesserungsvorschläge für Förderprogramme

- ***Antworten von landwirtschaftlichen Organisationen und Beratungsunternehmen***
  Einige Anmerkungen werden zu bestehenden Förderprogrammen gemacht:
  - *Die Förderungen in den Ländern seien nur noch für einige wenige Investitionen zulässig.*
  - *Einige Unstimmigkeiten mit planerischen Vorgaben gebe es beim KfW-Programm für Wärmenetze.*
  - *Förderrichtlinien seien Spezialwissen. Oft sei nicht bekannt, welche Programme anwendbar seien.*
  - *Das EEG reiche. Wenn eine Anlage dann nicht wirtschaftlich betrieben werden könne, solle man es lassen.*

- ***Antworten von Kreditinstituten***
  Bemängelt werden hinsichtlich der KfW-Förderprogramme lange Prozeduren (fünf bis sechs Monate) und der mangelhafte Informationsstand einiger Mitarbeiterinnen/Mitarbeiter. Ein Interviewpartner berichtet, er sei zunächst mit einer Hotline verbunden worden. Bessere Auskünfte habe er erhalten, nachdem er den zuständigen Referenten telefonisch erreicht habe. Der bürokratische Aufwand müsse verringert werden.
  Bei der Kommunikation der Programme der Landwirtschaftlichen Rentenbank gebe es, so eine Interviewpartnerin, das Problem, dass die Landwirte und Projektentwickler bzw. Beratungsunternehmen mit einer hohen Selbstverständlichkeit von einer Einstufung beim Rating in die höchste Kategorie A ausgingen. Auch wenn der Betrieb selbst diese Note

---

[279] Dieser Sachverhalt macht es schwer bis unmöglich, über die Förderstatistiken von KfW und Landwirtschaftlicher Rentenbank auf die Finanzierungsstrukturen einzelner Biogasprojekte bzw. -anlagen zu schließen. Andernfalls läge – wenigstens für einige Sachverhalte – nahezu eine Vollerhebung im Bereich des Möglichen. Es könnte damit auf die Erhebung einzelner Stichproben für bestimmte Fragen verzichtet werden.

bekomme, gelte Gleiches nicht zwingend für das Biogasvorhaben. Dies könne stärker nach außen kommuniziert werden.

- **Antworten von Anlagenherstellern**
  Die Förderprogramme seien zu starr. Die Bearbeitung dauere zu lange. Es werde z. T. nur einmalig gefördert. Die Programme seien politischen Schwankungen ausgesetzt.

- **Antworten von Projektentwicklern/Eigenkapitalgebern**
  Ein Unternehmen wünscht Förderkreditprogramme auch für größere Firmen. Als Problem wird der zeitliche Ablauf bei KfW-Anträgen gesehen. Für Fernwärmenetze gebe es von Bundesland zu Bundesland unterschiedliche Programme und lange Entscheidungswege.

- **Antworten von Energieversorgern**
  Die Förderprogramme sollten losgelöst von der Bedingung gelten, dass es sich um kleine und mittlere Unternehmen (KMU) handeln müsse.

Neben dem allgemeinen Wunsch nach schnellerer Bearbeitung von Anträgen werden von den Befragten vor allem kleinere Verbesserungsvorschläge gemacht. Da in fast allen Akteursgruppen auf die Förderung von Wärmenetzen eingegangen wird, liegt der Schluss nahe, dass es in diesem Bereich ein größerer Bedarf besteht, Änderungen vorzunehmen. Die Bedingung, es müsse sich bei den Fördermittelempfängern um KMU handeln, mag im Einzelfall unbegründet erscheinen. Einer Änderung dürften jedoch europarechtliche Beihilfebestimmungen entgegenstehen, so dass nicht damit zu rechnen ist, dass dem Wunsch von Projektentwicklern/Eigenkapitalgebern und Energieversorgern nachgekommen werden wird.

2.5 Schlussfolgerungen

Die Eigenkapitalforderungen liegen im Regelfall zwischen 20 und 30 Prozent, z. T. etwas darunter. Wenn die Bank mit dem Kreditnehmer und der Region nicht so vertraut ist, wird eher der obere Bereich anvisiert. Deutlich geringere Anforderungen an das einzubringende Eigenkapital kommen bei einigen landwirtschaftlichen Unternehmensfinanzierungen vor, die auf den ggf. gut mit Eigenkapital ausgestatteten Betrieb aufgebaut sind. Die Bank übernimmt, je nach grundsätzlicher Philosophie, dann bis zu 100 Prozent der Finanzierung des zusätzlichen Finanzbedarfs für die zu errichtende Anlage.

Das ggf. nötige zusätzliche Eigenkapital zu bekommen, ist für einige Betriebe schwierig, insbesondere bei Wachstumsbetrieben oder Betrieben mit hohem Pachtflächenanteil. Im Regelfall sei, so die meisten Befragten, das Eigenkapital jedoch darstellbar. Die schlechte Bonität vieler landwirtschaftlicher Betriebe in der aktuellen Marktlage und die Liquiditätsprobleme werden jedoch als ein großes Problem gesehen. Einige Landwirtschaftsunternehmen haben keine freien Sicherheiten mehr. Dies erhöht den Druck zu Kooperationen und verstärkt die Suche nach alternativen Finanzierungsquellen.

Die Refinanzierung stellt für die Banken auf Grund der vorhandenen Förderprogramme der Kreditanstalt für Wiederaufbau (KfW) und der Landwirtschaftlichen Rentenbank kein Problem dar. Die Marge wird von den befragten Kreditinstituten überwiegend als auskömmlich bewertet. Einige Banken setzen partiell eigene Programme ein. Bei der Wahl zwischen KfW und Landwirtschaftlicher Rentenbank scheinen nicht nur kleine Unterschiede in den Konditionen, sondern auch die Vertrautheit mit einer der jeweiligen Institutionen eine Rolle zu spielen: Je näher an der Landwirtschaft, desto eher werden Programme der Landwirtschaftlichen Rentenbank in Anspruch genommen. Verbesserungsbedarf wird bei der Antragstellung gesehen (Aufwand, Beratung).

Die beiden Abschnitte 1 und 2 zusammenfassend, lässt sich feststellen, dass die geschilderten Finanzierungshemmnisse nicht Biogas-spezifisch sind, sondern vielmehr typische Probleme der Landwirtschaftsfinanzierung darstellen (z. B. in Mittelgebirgsregionen). Auf Grund des hohen Investitionsvolumens und der damit einhergehenden größeren Darlehen sowie der notwendigen besonderen Expertise bei der Bewertung der Vorhaben durch die Kreditinstitute treten die Schwierigkeiten bei der Biogasfinanzierung jedoch prononciert auf.

3. Finanzierungsformen

Je nach betrieblicher Situation und Projektstruktur können unterschiedliche Finanzierungsformen genutzt werden – auch um den dargestellten Finanzierungsproblemen im Einzelfall zu begegnen. Ziel der Untersuchung mit Blick auf diesen Themenbereich war es, Verteilung und Unterschiede zwischen Unternehmens- und Projektfinanzierung und damit verbundene Probleme (3.1) sowie die Verbreitung anderer alternativer Finanzierungsformen (3.2) zu erfassen. Im Einzelnen werden dabei Aussagen zu Alternativen neben Unternehmens- und Projektfinanzierung im Allgemeinen (3.2.1), zum Leasing (3.2.2), zum Contracting (3.2.3) sowie zur Verbreitung von Mezzaninekapital (3.2.4) und externen Beteiligungskapitals (3.2.5) dargestellt. Auf Letzteres wird im folgenden Kapitel im Zusammenhang mit Beteiligungsmodellen detaillierter eingegangen.

3.1 Unternehmens- oder Projektfinanzierung

Die Interviewteilnehmerinnen und -teilnehmer wurden zunächst gefragt, ob stärker die Unternehmens- oder die Projektfinanzierung genutzt werde. Daran schließen sich in den Interviews in den meisten Fällen Erörterungen zu Vorzügen und Nachteilen oder Besonderheiten der Unternehmens- und der Projektfinanzierung bei Biogasanlagen an.

- **Antworten von landwirtschaftlichen Organisationen und Beratungsunternehmen**
  Die Aussagen landwirtschaftlicher Organisationen und Beratungsunternehmen zur dominierenden Finanzierungsform unterscheiden sich: Sprechen die einen von 70-75 Prozent bzw. 95 Prozent – also überwiegend – Projektfinanzierung, allerdings auch von einer Absicherung über die Fläche, so stellen andere Interviewte heraus, dass die Projektfinanzierung die teurere Variante sei, daher die Unternehmensfinanzierung eindeutig überwiege. Sicherheiten seien genommen worden, wenn welche da gewesen seien.
  Spezialisierte Banken hätten eine größere Anzahl an Projekten, damit eine bessere Risikostreuung und dadurch eine höhere Bereitschaft zur Projektfinanzierung.

- **Antworten von Kreditinstituten**
  Einige Kreditinstitute haben sich auf Projektfinanzierungen spezialisiert, andere vergeben über die Landwirtschaftsfinanzierung allein klassische Agrarkredite. In welchen Regionen stärker Projektfinanzierungen auftreten, lässt sich den Interviews nicht eindeutig entnehmen. Die Angaben widersprechen sich hier (genannt: Westen, Osten, im Süden weniger) – wobei die letztgenannte Aussage eine gewisse Plausibilität für sich in Anspruch nehmen kann, da im Süden die Projekte im Mittel kleiner sind. Kleine Banken, so eine interviewte Person, setzten auf eine klassische Grundschuldfinanzierung bei guter Bonität.
  Gefragt wurde auch danach, wie in den Kreditinstituten Projektfinanzierung definiert werde. In zwei Fällen wird die Projektfinanzierung mit der gemeinschaftlichen Durchführung von Biogasvorhaben gleichgesetzt. Eine reine Projektfinanzierung sei, so wird in einem anderen Interview herausgestellt, früher bei Gemeinschaftsanlagen gängig gewesen. In einer anderen Bestimmung, wann eine Projektfinanzierung vorgenommen werde, werden eine Anlagenzahl von vier bis fünf und ein Kreditvolumen von fünf bis sechs Millionen Euro genannt. Früher sei bei einer Anlagengröße von 500 kW und mehr von einer Projektfinanzierung ausgegangen worden, was sich als nicht haltbar erwiesen habe. Mehrere Interviewte stellen heraus, dass trotzdem eine Teil- oder Vollhaftung bestehe bzw. die Projektfinanzierung in Teilen Elemente der Unternehmensfinanzierung enthalte. Dieser Finanzierungstypus wurde daher in einem Interview als „Zwitter" charakterisiert bzw. darauf verwiesen, dass es sich in einigen Fällen eigentlich nicht mehr um Projektfinanzierungen handele. Bei Vollhaftung (full recourse) würde dies auch den obigen Ausführungen zur Projektfinanzierung allgemein (siehe I.B.3.4) entsprechen. Damit könnten zugleich die divergierenden Aussagen der landwirtschaftlichen Expertengruppe erklärt werden.
  Eine Interviewperson äußert die Erwartung, in Zukunft würden in stärkerem Maße Projektfinanzierungen durchgeführt, da sich die Banken auf Grundlage des EEG 2009 sicherer fühlten und damit auch bei kleinen Projekten verstärkt auf die cash flows abstellten.

Bei der Unternehmens- wie der Projektfinanzierung seien die Sicherheiten ähnlich. Gleiches gelte für die Informationsanforderungen. Die wirtschaftliche Situation des landwirtschaftlichen Betriebes und das know how des Betriebsleiters würden bei der Projektfinanzierung mitberücksichtigt. Genannt werden als Informationsgrundlagen die Flächenausstattung, die Betriebsstruktur, die letzten zwei bis drei Jahresabschlüsse sowie Informationen zum Projekt, d. h. das Konzept, welches im Biogasbereich im Regelfall vergleichsweise komplex sei. Auch bei der „klassischen" Agrarfinanzierung werde der Betrieb der Biogasanlage im Regelfall aus Haftungsgründen rechtlich verselbständigt.

- *Antworten von Anlagenherstellern*

  Der Aussage, die Projektfinanzierung sei die Regel, die landwirtschaftlichen Betriebe hätten keinen Hektar an Land für Sicherheiten frei, steht die Feststellung gegenüber, die Unternehmensfinanzierung dominiere. Lediglich bei einem erstklassigen Wärmekonzept komme eine Projektfinanzierung in Frage.

- *Antworten von Projektentwicklern/Eigenkapitalgebern*

  Die befragten Projektentwickler und Eigenkapitalgeber strebten alle Non-Recourse-Projektfinanzierungen an bzw. gingen nur entsprechende Kontrakte ein. Es gebe die üblichen Projektsicherheiten. Bürgschaften, wie von einer Bank gefordert, würden nicht gegeben. Dann entscheide man sich für eine andere Bank.

- *Antworten von Energieversorgern*

  Die befragten Energieversorger nutzten entweder eigene Mittel, aus den cash flows des Unternehmens bzw. über die allgemeine Konzernfinanzierung. In einem Fall werden nur Projektfinanzierungen durchgeführt. Das Eigenkapital stammt von der Konzernmutter.

Die Aussagen, ob stärker eine klassische landwirtschaftliche Unternehmensfinanzierung oder eine Projektfinanzierung zur Anwendung gelangt, divergieren. Es gibt eine Reihe von Gründen, mit denen diese Beobachtung erklärt werden kann:
- Neben der Unternehmens- und der (seltener vorkommenden) Non-Recourse-Projektfinanzierung gibt es Mischformen, d. h. Projektfinanzierungen, die Elemente der Unternehmensfinanzierung enthalten (und umgekehrt).
- Projektentwickler/Eigenkapitalgeber, Anlagenhersteller (bei Betreibermodellen) und Energieversorger (bei Kooperationen mit Landwirten bzw. sofern keine Konzernfinanzierung zur Anwendung gelangt) bevorzugen die Projektfinanzierung. Bei kleineren Projekten in landwirtschaftlichen Unternehmen und jenseits von Gemeinschaftsanlagen dominiert die landwirtschaftliche Unternehmensfinanzierung.

- Banken sind in unterschiedlichem Maße in der Lage (abhängig vom Kreditportfolio in diesem Bereich) oder willens (je nach Erfahrung), Projektfinanzierungen, insbesondere Non-Recourse-Finanzierungen, anzubieten.

Wie in der Literatur wird auch innerhalb der Gruppe der Kreditinstitute die Erwartung geäußert, Projektfinanzierungen würden verstärkt genutzt werden. Dies wird jedoch nicht durch die Aussagen anderer Akteure gedeckt. Zudem könnte es sein, dass sich die oben skizzierten Mischformen im Biogassektor etablieren. Dies dürfte nicht zuletzt davon abhängen, ob verstärkt externe Beteiligte in die Projekte eingebunden werden.

3.2 Andere alternative Finanzierungsinstrumente

Neben der Projektfinanzierung kämen grundsätzlich eine Reihe weiterer alternativer Finanzierungsinstrumente in Frage. Im Einzelnen wurde nach Leasing, Contracting, Mezzaninekapital und externem Beteiligungskapital gefragt. Aussagen zu weiteren Alternativen finden sich in einigen Interviews und wurden beim Workshop diskutiert.

3.2.1 Aussagen zur Verbreitung (anderer) alternativer Finanzierungsinstrumente allgemein

Ein Interviewteilnehmer aus der Gruppe der Anlagenhersteller äußert die Einschätzung, alternative Finanzierungsinstrumente seien immer mehr im Kommen. Dem steht die Bewertung eines anderen Befragten gegenüber, aus Transparenzgründen sei die klassische (Eigenkapital-)Beteiligung vorzuziehen.

Beim Workshop wird von einem Teilnehmer hervorgehoben, für große Anlagen würden alle Möglichkeiten ausgeschöpft, die zur Verfügung stünden. Darüber hinaus bestehe ein Interesse großer Geschäftsbanken insbesondere an solchen Großprojekten. Dann werde die Biogasfinanzierung für diese Kreditinstitute interessant. Zugleich böten diese Banken auch andere Finanzierungsformen an.

Die Verbreitung alternativer Finanzierungsinstrumente neben und innerhalb der Unternehmens- und Projektfinanzierung ist insofern in direktem Zusammenhang mit der Entwicklung der Anlagengrößen und Investitionsvolumina zu sehen. Dies gilt insbesondere für Leasing und Mezzaninekapital, grundsätzlich aber auch für Contractinglösungen und externes Beteiligungskapital.

3.2.2 Leasing

- *Antworten von landwirtschaftlichen Organisationen und Beratungsunternehmen*

Leasing scheine keine große Rolle zu spielen, wenigstens nicht jenseits der Finanzierung einzelner Teilbereiche (BHKW, Radlager). Die Banken finanzierten die gesamten Investitionen.

In einem Interview wird die Einschätzung geäußert, künftig sei verstärkt mit Leasinglösungen zu rechnen. Der Steuerberater müsse diese Finanzierungsform sowie die damit verbundenen Probleme erst kennen lernen. Mit zunehmenden Lerneffekten und bei Bedarf könnte Leasing eine größere Rolle spielen. Das sei allerdings aktuell eher Spekulation.

- *Antworten von Kreditinstituten*

Fast alle befragten Banken bieten selbst kein Leasingprodukt an. Einige betonen, Leasing komme vor, bringe aber keine Erleichterungen für den Landwirt, es verbessere die Kapitaldienstfähigkeit nicht, und es gebe Probleme im Verwertungsfall. Die Kreditinstitute übernähmen lieber die gesamte Finanzierung. In einem Interview wird die Einschätzung geäußert, Leasing komme bei Biogasanlagen überhaupt nicht vor.

Dem steht die Aussage gegenüber, gerade im Bereich der Volks- und Raiffeisenbanken werde Leasing genutzt. Klassischer Anwendungsfall sei das BHKW. Es komme bei allen Mobilien vor. Einschränkend positiv äußert sich ein Kreditinstitut, das Leasing dann als interessante Alternative ansieht, wenn die Kreditobergrenzen bei der Finanzierung griffen.

- *Antworten von Anlagenherstellern*

Die Befragten in dieser Akteursgruppe äußern die Einschätzung, Leasing werde nur in wenigen Fällen bzw. „praktisch nie" eingesetzt. Eine Leasing-Lösung mache für Biogasanlagen auch keinen Sinn, nehme die Attraktivität, ersetze den Gang zur Bank nicht. Allerdings, so sagt ein Interviewteilnehmer, müsste man Leasing für die Biomethaneinspeisung in Betracht ziehen.

- *Antworten von Projektentwicklern/Eigenkapitalgebern*

Leasing werde, so die Projektentwickler und Investorengesellschaften, von ihnen selbst nicht genutzt. Ein Unternehmen habe darüber nachgedacht. Die Lösung sei jedoch nicht unproblematisch: Es handele sich um Immobilienleasing. Die Leasingrate sei relativ hoch. Man müsse eine Anschlussfinanzierung nach sechs bis sieben Jahren finden.

Mit den immobilen Bestandteilen einer Biogasanlage täten sich die Leasinggesellschaften schwer. Leasing sei insgesamt nicht konkurrenzfähig. Das Finanzierungsinstrument wer-

de in der Form des sale & lease back nur für einzelne Komponenten genutzt (technische Zusatzgeräte, Teleskoplader, Gärresttrocknung).

- **Antworten von Energieversorgern**
  Ein Interviewpartner sagt, Leasing werde zurzeit intern geprüft. Dieses Finanzierungsinstrument sei klassisch nicht im Hause verankert. Es habe jedoch den Vorteil, dass die Kreditlinien des Unternehmens nicht belastet würden.

- **Aussagen zum Leasing beim Expertenworkshop**
  Leasinglösungen werden auch beim Workshop ausführlicher diskutiert. In gewisser Weise „üblich" bzw. einfacher zu handhaben sei das Mobilienleasing. Aus Bankensicht sei jedoch eine Biogasanlagenfinanzierung ohne BHKW nicht interessant – was dafür spricht, dass zunächst eine Lösung mit einem Kreditinstitut ohne Leasing angestrebt wird. Das Leasing gesamter Biogasanlagen komme selten vor. Als ein Fall werden die Projekte der NAWARO AG genannt. Deren Beteiligungsmodelle stellten Leasingfonds dar. Zu berücksichtigen gelte es jedoch, dass es sich hierbei angesichts der Projektgrößen um absolute Sonderfälle handele.
  Als Problemfelder werden die fehlende Vertrautheit der Landwirte mit dieser Finanzierungsform sowie der bürokratische Aufwand genannt, der damit verbunden sei. Die notwendigen Dokumentationen seien von einem landwirtschaftlichen Betrieb nicht zu leisten.
  Eine Lösung, so die Workshopteilnehmer, könnte darin liegen, dass eine Leasinggesellschaft mit einem Anlagenhersteller zusammengehe. Auf Grund des erforderlichen Spezial-Know-How lohne sich das Angebot erst ab einer bestimmten Stückzahl.

Leasing spielt damit aktuell eine untergeordnete Rolle. Projekte mit Mobilienleasing (insbesondere BHKW) kommen vor, auch bei kleinen Biogasanlagen. Dies gilt v. a. für die Fälle, in denen Kreditobergrenzen für den landwirtschaftlichen Betrieb bei der lokalen Hausbank erreicht werden.

Immobilienleasing stellt die absolute Ausnahme dar. In den Gesprächen werden nur sehr große Projekte als Anwendungsfall genannt. Als ein Hindernis wird der hohe Aufwand genannt, der von Anlagenbetreibern geleistet werden müsse. Für den Bereich der Biogaseinspeisung wird ein Potenzial für Immobilienleasing gesehen.

Für ein besseres Verständnis vorhandener Anwendungen, der Probleme, die aufgetreten sind, und möglicher Lösungsansätze wäre eine separate Befragung von Leasinggebern und Untersuchung der Anwendungsfälle notwendig, die über die vorliegende Studie hinausgehen.

3.2.3 Contracting

Neben Leasing könnten auch Contracting-Modelle bei Biogasanlagen zur Anwendung gelangen. Allein dass die Erörterungen zu dieser Finanzierungslösung im Regelfall sehr kurz ausfallen, lässt bereits darauf schließen, dass wenige Anwendungen bestehen.

- *Experteninterviews*

Contracting besitze keine Bedeutung. Es gebe allerdings eine Nachfrage aus der Industrie, so die landwirtschaftlichen Organisationen und Beratungsunternehmen.

Die befragten Kreditinstitute äußern die Einschätzung, Contracting käme bei der Wärmenutzung vor. Es gebe Anfragen von Stadtwerken und Gasversorgern. Insgesamt seien Contractinglösungen jedoch selten, noch nicht richtig in der Umsetzung.

Es gebe gelegentlich Anfragen, aber kein Projekt, so die Antwort der Anlagenhersteller. Bei einem Gespräch wird allerdings eine Contracting-Variante für die Biogaseinspeisung diskutiert.

In den Interviews mit Projektentwicklern/Eigenkapitalgebern heißt es, im Wärmebereich gebe es mit Sicherheit Contracting-Lösungen.

- *Expertenworkshop*

Beim Expertenworkshop wird zwischen Contracting als Absatzinstrument und Contracting als Finanzierungsmodell unterschieden. Es gebe große Anlagen (1,5-2,5 MW), die Wärme an Abnehmer wie Landwärme lieferten.

Ein Problem ergebe sich beim Contracting als Finanzierungslösung: Privilegiertes Bauen sei dort nicht möglich, wo die Privilegierung an die Eigentümerschaft gebunden sei. Verwiesen wird in der Diskussion auf unterschiedliche Auslegungserlasse in einzelnen Bundesländern sowie die differierende Praxis in einzelnen Landkreisen. Damit wird an die in Kapitel B erörterten politischen und rechtlichen Risiken angeknüpft, die eine Umsetzung von Contractingmodellen im Einzelfall verhindern könnten.

Jenseits der Biogaseinspeiseprojekte wird dem Contracting eine untergeordnete Rolle, mit Potenzial primär im Bereich der Wärmenutzung als Projektbestandteil, zugewiesen. Im Gegensatz zur Literatur, in der Contracting zu den alternativen Finanzierungsformen gezählt wird, bei denen zukünftig eine stärkere Anwendung erwartet wird, deuten die Aussagen der Gesprächspartner eher darauf hin, dass sich am *status quo* nicht viel ändern wird.

3.2.4 Mezzaninekapital

Auch zu Mezzaninekapital finden sich in den Interviews eher kurze Aussagen. In den meisten Gesprächen wird darauf verwiesen, dass mezzanine Kapitalformen äußerst selten eingesetzt würden. Bei wenigen Experteninterviews wird hierzu Näheres ausgeführt.

- **Antworten von landwirtschaftlichen Organisationen und Beratungsunternehmen**

  Als Problem bei Mezzaninekapital werden von Vertreterinnen und Vertretern landwirtschaftlicher Organisationen und Beratungsunternehmen die hohen Renditeerwartungen genannt, die immer im zweistelligen Bereich lägen. Eine Organisation habe sich 2004-2006 mit diesem Thema befasst, es auf Grund der genannten Problematik aber dann als Lösung verworfen.

- **Antworten von Kreditinstituten**

  Mezzaninekapital sei die absolute Ausnahme in der Landwirtschaft, komme eher selten bzw. gar nicht vor, allenfalls bei Investorenprojekten bzw. Bürgerwindparks. Ein Interviewpartner berichtet, Mezzaninekapitalgeber machten die Investitionsentscheidung vom Ergebnis der Prüfung durch die Bank abhängig.

  In einem Interview wird von einem Fall berichtet, in dem die Beteiligungsgesellschaft eines Landes Mezzaninekapital in ein Projekt eingebe.

- **Antworten von Anlagenherstellern**

  Vier der sechs Anlagenhersteller treffen im Rahmen der Interviews Aussagen zu Mezzaninekapital. Davon beantworten drei die Frage nach dem Vorkommen dieser Finanzierungsform positiv. Nachrangdarlehen würden als Anschub- oder Absatzfinanzierung genutzt. Mezzaninekapital werde stark nachgefragt. Es gebe derartige Lösungen, auch wenn das eigene Unternehmen Beteiligungsmodelle vorziehe, bei denen sich die Landwirte herauskaufen könnten.

- **Antworten von Projektentwicklern/Eigenkapitalgebern**

  Mezzaninekapital spiele auf Ebene der Muttergesellschaft eine Rolle. Teilweise werde das Tochterunternehmen darüber finanziert.

- **Aussagen zu Mezzaninekapital beim Expertenworkshop**

  In den Expertenworkshops wird auf die hohen Entgelte verwiesen. Erwähnt werden die mittelständischen Beteiligungsgesellschaften der Bundesländer. Diese gäben im Regelfall Mezzaninekapital in die Projekte ein. Einige Workshopteilnehmer merken an, es sei relativ schwierig, die Projekte in die Programme hineinzubekommen. Dem widersprechen andere. Die Erfahrungen scheinen insofern unterschiedlich zu sein. Insgesamt wird nur selten Mezzaninekapital eingebunden.

Im Ergebnis ist festzuhalten, dass auch Mezzaninekapital selten in Biogasprojekten genutzt wird. Dies lässt sich – neben einer geringeren Vertrautheit landwirtschaftlicher Akteure mit diesen Finanzierungsinstrumenten, was in den Interviews nicht genannt wird – mit den hohen Kosten erklären. Dass das Vorhandensein von Anlagenherstellern sowie Projektentwicklern/Eigenkapitalgebern bejaht wird und dass die Landesbeteiligungsgesellschaften erwähnt werden, deutet darauf hin, dass der Anwendungsbereich eher bei größeren Projekten liegt und/oder in einigen wenigen Fällen mit Mezzaninekapital eine Finanzierungslücke geschlossen wird.

3.2.5 Externes Beteiligungskapital

Zuletzt wird kurz auf externes Beteiligungskapital eingegangen. Landwirte könnten auf Beteiligungsmodelle zurückgreifen, wenn sie nicht über ausreichend Eigenkapital (und Sicherheiten) verfügen oder nicht selbst (in diesem Maße) investieren möchten.

Nach externem Beteiligungskapital wurde an zwei unterschiedlichen Stellen in den Interviews gefragt: Zum einen im Zusammenhang mit den alternativen Finanzierungsinstrumenten – die entsprechenden Aussagen werden im Folgenden wiedergegeben –, zum anderen mit Blick auf Kooperations- und Beteiligungsmodelle, auf die im folgenden Kapitel detaillierter eingegangen wird. Dort werden ausführlicher Einstellungen von Landwirten zu externen Beteiligungskapitalgebern und unterschiedliche Beteiligungsmodelle diskutiert.

- *Antworten von landwirtschaftlichen Organisationen und Beratungsunternehmen*
Es gebe viele Investoren, die sich im Biogasbereich engagieren wollten. In den Interviews distanzieren sich Vertreter landwirtschaftlicher Organisationen deutlich von dieser Akteursgruppe.

Die Umsetzung von Beteiligungsmodellen werde durch baurechtliche Regelungen, die Privilegierung, erschwert: Landwirte müssten 51 Prozent der Anteile halten. Sofern Anlagenbetreiber oder andere Investoren eine Mehrheit fordern, werde die Ausbreitung dieser Modelle damit gebremst – trotz der Versuche, die Regelung zu umgehen.

- *Antworten von Kreditinstituten*
Genannt werden unterschiedliche Quellen für Beteiligungskapital: Der Familien- und Bekanntenkreis (Eigenkapital, stille Beteiligungen, nachrangige Darlehen), Beteiligungsgesellschaften und Anlagenhersteller. Es handele sich oft um keine „echten" Fonds, d. h. aus Perspektive der Befragten nicht um „externes Beteiligungskapital" von Finanzinvestoren.

- **Antworten von Anlagenherstellern**

   Ziel der Anlagenhersteller, die Betreibermodelle anbieten, sei die Diversifizierung der Tätigkeiten entlang der Wertschöpfungskette. Alle [größeren] Anlagenhersteller böten Finanzierungsleistungen an, d. h. Betreibermodelle.

Externes Beteiligungskapital von Finanzinvestoren ist nur in wenigen Fällen in landwirtschaftliche Biogasvorhaben eingebunden. Im Kapitel E wird das Thema vertieft behandelt.

3.3 Schlussfolgerungen

Unternehmens- und Projektfinanzierungen sind die mit weitem Abstand am häufigsten genutzten Finanzierungsformen. Dabei enthalten die Biogasprojektfinanzierungen oft Elemente der Unternehmensfinanzierung (*limited recourse*) und umgekehrt – in einem Interview als Trend zu Mischformen bezeichnet. Projektentwickler bzw. Investorengesellschaften ziehen dagegen Non-Recourse-Finanzierungen vor, d. h. „reine" Projektfinanzierungen. Dass diese überhaupt auch bei vergleichsweise kleinen Projektvolumina vorkommen, liegt an der Sicherheit der Zahlungsströme, zumindest auf der Absatzseite, durch das EEG. Auch bei den Finanzierungsformen ist ein Entwicklungsprozess bei landwirtschaftlichen Betrieben zu beobachten: Durch die Erfahrungen im Biogasbereich findet ein Wandel der Einstellungen (z. B. gegenüber externer Beteiligungsfinanzierung und Kooperationsmodellen) statt. Es werden verstärkt Elemente der Projektfinanzierung und bei größeren Anlagen auch andere Finanzierungsinstrumente neben und innerhalb der landwirtschaftlichen Unternehmens- und Projektfinanzierung eingesetzt.

Insgesamt besitzen alternative Finanzierungsinstrumente aktuell aber keine größere Bedeutung. Eine solche könnte ihnen zukommen, (a) wenn die Anlagen (wieder) größer werden, z. B. bei Projekten zur Gaseinspeisung, (b) in bestimmten Marktlagen (z. B. Knappheit herkömmlicher Finanzierungsmittel), (c) bei größerer Vertrautheit landwirtschaftlicher Betriebe mit diesen Instrumenten. Durch die Novellierung des EEG und die Einführung des Güllebonus mit gebrochenem Trend beim Wachstum der Anlagengrößen ist der Bedarf nach alternativen Finanzierungsinstrumenten zurückgegangen. Einige landwirtschaftliche Organisationen denken jedoch über Alternativen bei der Finanzierung nach.

Leasing spielt nur als Mobilienleasing eine gewisse Rolle. Das Leasing ganzer Anlagen ist selten. Ein Hemmnis ist in diesem Fall der hohe bürokratische Aufwand. Kreditinstitute ziehen es im Allgemeinen vor, die gesamte Biogasanlage zu finanzieren. Ein Interesse wird auf Bankenseite für den Fall bekundet, dass die Kreditobergrenzen bei einem landwirtschaftlichen Betrieb erreicht sind.

Contracting als Finanzierungsinstrument spielt keine Rolle, wird aber für die Gaseinspeisung diskutiert – bislang ohne größere Umsetzung. Als Absatzinstrument kommt dem Wärmecontracting eine gewisse Bedeutung zu, gerade bei größeren Anlagen (größer 1 MW). Mezzaninekapital ist im Allgemeinen ebenfalls selten anzutreffen. Es kommt allerdings in Form von Nachrangdarlehen sowie von stillen Beteiligungen aus dem Umfeld des landwirtschaftlichen Betriebes vor.

Für das Segment größerer Biogasanlagen, insbesondere die Gaseinspeisung und Kooperationsmodelle, ist künftig von einer verstärkten Nutzung alternativer Finanzierungsinstrumente auszugehen. Über die auf diese Weise gesammelten Erfahrungen von Landwirten könnten die Finanzierungsformen in der Landwirtschaft allgemein eine größere Rolle spielen. Dies könnte jedoch auf einen Teil der Betriebe und das beschriebene Biogassegment begrenzt bleiben – und hängt damit auch von der weiteren rechtlichen bzw. politischen Entwicklung ab.

4. Fazit zu Finanzierungsformen bei Biogasanlagen und Grenzen der Finanzierung landwirtschaftlicher Betriebe

Im Allgemeinen stellt damit die Finanzierung nach Meinung der Mehrzahl der Befragten kein Hemmnis für die Umsetzung von Biogasprojekten in landwirtschaftlichen Betrieben dar. Fremdkapital steht zwar in einigen Regionen in Deutschland nur in begrenztem Maß zur Verfügung. Dies gilt jedoch für die Landwirtschaft insgesamt, ist mithin kein Biogas-spezifisches Problem. Auf Grund des hohen Fremdkapitaleinsatzes bei Biogasvorhaben kommt dem allerdings eine höhere Bedeutung zu als bei den meisten anderen landwirtschaftlichen Betriebszweigen. Verwiesen wird in den Interviews auch auf lange bzw. längere Bearbeitungszeiten in Kreditinstituten als ein Hemmnis.

Eigenkapital wird insbesondere in Wachstumsbetrieben und bei solchen landwirtschaftlichen Unternehmen als Engpassfaktor gesehen, die unter niedrigen Erzeugerpreisen leiden. Von den meisten Befragten wird das Problem jedoch als lösbar angesehen, d. h. die Finanzierungspartner suchen im normalen Kreditvergabeprozess nach Lösungsmöglichkeiten.

Projektfinanzierungen werden im Zusammenhang mit Beteiligungsmodellen und Gemeinschaftsanlagen verstärkt eingesetzt, wobei in vielen Fällen Elemente der Unternehmensfinanzierung übernommen werden. Daraus entstehen z. T. „Mischformen". Andere alternative Finanzierungslösungen (Leasing, Contracting, Mezzaninekapital) sind eher selten. Da sie gerade für Großanlagen bzw. Großprojekte interessant sein könnten, ist die weitere Verbreitung und Entwicklung anderer Instrumente unmittelbar an die Entwicklung der Größenordnungen von Biogasanlagen und damit auch an die Weiterentwicklungen des EEG gebunden (siehe Kapitel III.B).

Einen Mangel an Beteiligungskapital gibt es nicht. Landwirtschaftsnahe Kapitalgeber werden jedoch von den meisten Landwirten vorgezogen. Auf unterschiedliche Beteiligungsmodelle wird im folgenden Kapitel näher eingegangen.

E. Kooperationsmodelle bei der Finanzierung

In den vorstehenden Kapiteln wurden mehrere Fallkonstellationen erwähnt, in denen die Umsetzung von Kooperationsmodellen Sinn machen könnte. Hierzu zählen größere Biogasanlagen mit optimierter Wärmenutzung bzw. Gaseinspeisung, wobei auf einzelne Landwirte geringere Finanzierungsbeiträge entfallen und/oder die Rohstoffsicherung durch mehrere Teilhaber erfolgt. Auf Projekte zur Aufbereitung von Rohbiogas und Einspeisung in das Gasnetz wird im Abschnitt 3 detaillierter eingegangen. Kooperationen mit Externen können auch dazu dienen, Finanzierungsengpässe zu überwinden oder überhaupt Biogasprojekte an günstigen Standorten umzusetzen, wenn der jeweilige Landwirt eine derartige Investition nicht oder nicht allein durchführen möchte. Unterschiedliche Formen von Beteiligungsmodellen sowie die jeweilige Einbindung der Landwirte werden im Abschnitt 2 erörtert. Begonnen wird in Abschnitt 1 mit einer Darstellung der Aussagen zur Kooperationsbereitschaft von Landwirten generell und zu den Organisationsformen, in denen Biogasgemeinschaftsanlagen bzw. -kooperationen umgesetzt werden.

1. Kooperationsbereitschaft und Gesellschaftsformen

Im Rahmen der Experteninterviews (1.1.1) und des Workshops (1.1.2) wurden zunächst die Kooperationsbereitschaft unter den Landwirten bzw. die Kooperationsbereitschaft von Landwirten generell sowie die Anzahl kooperierender Landwirte diskutiert. Daran schlossen sich im Regelfall Fragen zu den Organisationsformen an (1.2). Spezifische Nachfragen erfolgten zur Zusammenarbeit mit Externen (1.3.1) und Bewertung von Fondsmodellen (1.3.2).

1.1 Kooperationsbereitschaft und Anzahl kooperierender Landwirte

1.1.1 Ergebnisse der Experteninterviews

Gefragt wurde zunächst nach der generellen Kooperationsbereitschaft, insbesondere unter den Landwirten, und nach der Anzahl der Personen bzw. Betriebe in den Kooperationen.

- ***Antworten von landwirtschaftlichen Organisationen und Beratungsunternehmen***
  Vertreterinnen und Vertreter landwirtschaftlicher Organisationen und Beratungsgesellschaften betonen, es dominierten Einzelanlagen. Im Regelfall kooperierten wenige Landwirte, auch wenn es immer wieder Projekte mit einer größeren Anzahl an Landwirten (35, 50-60) gebe. Hierbei seien jedoch regionale Unterschiede zu beachten, die sich aus den Betriebsstrukturen ergäben. 250-kW- bzw. 370-kW-Anlagen würden in einigen Regionen des Öfteren zu zweit errichtet.

Zumeist investiere ein Mitglied, weitere Partner beteiligten sich an der Anlage, übernähmen Rohstofflieferungen.

Als Begründung für die Dominanz von Einzelanlagen wird angeführt, die Zusammenarbeit von Landwirten untereinander sei immer wieder schwierig. Neid auf den Nachbarn spiele eine Rolle. Eine Koordination von Aktivitäten und Absprachen fänden nicht statt: Jeder handele so, wie er wolle. Ein Interviewpartner beklagt fehlende Solidarität und ausgeprägten Egoismus. Probleme träten bei Kooperationen auf, wenn zu große Hoffnungen geweckt worden seien, allerdings erst bei der Ausschüttung.

Es gibt einige landwirtschaftliche Organisationen, die zur Einzelanlage raten: Je mehr beteiligt seien, desto schlechter laufe es. Die Rendite sei am höchsten bei Einzelanlagen bzw. man verschenke einen Teil der Gewinnmarge, wenn man kooperiere. Bei Einzelanlagen müsse man nichts teilen. 250-kW- bzw. 370-kW-Anlagen könne ein Landwirt gut alleine betreiben; er brauche die anderen nicht, zumal bei einer Kooperation das Risiko bestehe, dass zwischenmenschliche Probleme das Projekt zum Scheitern brächten. Auf Rückfrage bestätigt ein Interviewpartner, dass es sich hierbei um einen wirtschaftlichen Vorteil handele, der sich durch die Novellierung des EEG 2009 ergeben habe. Ohne günstige Vergütungsstrukturen für kleine Anlagen wäre mithin der Druck zur Kooperation erheblich größer.

Den Einzelanlagen stehen Gemeinschaftskonzepte entgegen, die von anderen Organisationen vertreten werden, wenn auch ein Interviewpartner feststellt, die Kooperationsmodelle hätten sich nicht durchgesetzt. Ein Interviewter beschreibt den Ansatz als die Suche nach „Strukturen, die die Potenziale des Einzelnen optimieren". Eine solche Optimierung sei möglich. Auch wenn es schwer sei, eine Gemeinschaft zu gründen, gebe es hervorragende Beispiele hierfür.

Es werden in den Interviews verschiedene Zielsetzungen bzw. Motive für Kooperationen angeführt: Durch einen Zusammenschluss mehrerer Landwirte könne das Eigenkapitalproblem gelöst werden, auch für Großanlagen. Konkreter Anstoß für ein gemeinsames Auftreten könne auch eine bereits hohe Biogasanlagendichte sein. So wird in den Interviews ein Fall geschildert, in dem eine Koordination von Aktivitäten über Landkreis und Beratungsring erfolgte und wo sich etwa 50 Landwirte zusammengeschlossen haben, um gemeinsam eine Aufbereitungsanlage zur Biomethaneinspeisung zu errichten und zu betreiben. Als weiteres Motiv für Gemeinschaftsanlagen wird die Verringerung des Drucks auf die Pachtpreise genannt.

Maschinen- bzw. Beratungsringe nähmen z. T. eine Koordinationsfunktion ein. Sie fungierten als Geschäftsführung bei der GmbH & Co. KG oder bündelten Anlagen. In ähnlicher Weise wirkten einige Bauernverbände auf Landkreis- bzw. Bezirksebene.

- **Antworten von Kreditinstituten**

Von Vertreterinnen und Vertretern von Kreditinstituten werden unterschiedliche Kooperationsmodelle genannt:
- *mehrere Landwirte zusammen, wobei alle möglichen Konstellationen vorkämen;*
- *ein oder mehrere Investoren, die sich beteiligten;*
- *Kapitalgesellschaften, die gezielt Landwirte suchten.*

An verschiedenen Stellen wird betont, dass alle Beteiligten die Landwirte mit hinein nehmen müssten.

Jede zweite Anlage werde in Zusammenarbeit mehrerer Landwirte gebaut, wobei die Kooperation z. T. auf Flächenbasis erfolge. Oft seien die Kooperationspartner vorher untereinander bekannt und hätten bereits an anderen Stellen zusammengearbeitet.

Im Norden gebe es mehr Kooperationen. Ob eine Zusammenarbeit erfolge, hänge vom Dorfgefüge ab. Entweder dominierten kooperative Formen oder Neid auf andere Landwirte.

Von den Befragten wird eine klare Rangfolge gebildet: Zunächst versuchten es die Landwirte alleine. Dies seien, so ein Interviewpartner, gerade in Krisenzeiten die besten Projekte. Häufiger kooperierten zwei oder drei, manche Interviewte nennen auch bis zu vier, Landwirte miteinander, eher also wenige. Wenn viele Landwirte zusammenarbeiteten, gehe die Initiative in der Regel von anderen Beteiligten aus.

- **Antworten von Anlagenherstellern**

Kooperationen kämen durchaus vor. Es täten sich gelegentlich vier bis fünf Landwirte zusammen. Gemeinschaftsanlagen seien sinnvoller als Einzelanlagen, da eine gewisse Größe erreicht werde, so dass sich das Projekt rechne.

Die Befragten nennen jedoch auch Schwierigkeiten, die bestünden: Landwirte seien z. T. untereinander zerstritten. Je mehr Landwirte kooperierten, umso schwieriger sei die Zusammenarbeit. Möglicherweise handele es sich dabei jedoch um eine Generationenfrage. Jüngere Landwirte stünden Kooperationen aufgeschlossener gegenüber.

- **Antworten von Projektentwicklern/Eigenkapitalgebern**

Landwirte wollten nicht mit vielen Kollegen zusammenarbeiten. Es sei schon bei zweien schwierig mit der Kooperation.

Die Antworten der Expertinnen und Experten spiegeln damit wider, was in der Literatur zur Kooperation in der Landwirtschaft gesagt wird. Kooperationsmodelle kommen bei Biogasanlagen vor. Es sind jedoch eher wenige Partner, die zusammenarbeiten. Bei vielen Projektbeteiligten geht die Initiative im Regelfall von einem Externen aus – was für die Biogasaufbereitung von Relevanz ist. Von allen Befragten wird Einzelanlagen eine Priorität eingeräumt, auch wenn diese im Regelfall ökologisch kein Optimum darstellen. Betriebswirtschaftlich machen Einzelanlagen durch die letzte Novellierung des EEG mit der Einführung des Güllebonus Sinn. Einige landwirtschaftliche Beratungsunternehmen geben deshalb den Landwirten den Rat, eher kleinere Anlagen alleine zu errichten und zu betreiben als gemeinsam mit anderen Landwirten größere Biogasprojekte umzusetzen. Dies dürfte die Tendenz zu kleineren Anlagen mit weniger Beteiligten verstärken. Man könnte die Differenz in den Erhebungen von Schaper u. a. (2007) auf der einen Seite sowie Granoszewski u. a. (2009) auf der anderen Seite folglich auch mit einem solchen Trend zu Einzelanlagen erklären.[280]

1.1.2 Ergebnisse des Expertenworkshops

Vier Aspekte zum Kooperationsverhalten von Landwirten allgemein werden beim Workshop angesprochen: Der Einfluss von Beratern, ein Unterschied zwischen Generationen, die Auswahl der Kooperationspartner sowie „kulturelle" bzw. mentale Faktoren. Da letztere in einen Zusammenhang mit Kooperationen zwischen Landwirten und externen Beteiligten bzw. Fondsgesellschaften gebracht werden, wird hierauf unter 1.4 näher eingegangen.

Landwirtschaftlichen Beratern wird ein großer Einfluss bei den Investitionsentscheidungen und der Konzepterstellung zugewiesen. Bemängelt wird, viele Unternehmen bzw. Personen, die landwirtschaftliche Betrieben berieten, wüssten nicht viel über Biogasprojekte. Da Gemeinschaftsanlagen bzw. Kooperationsvorhaben eine intensive Begleitung benötigten, einzelne Berater jedoch den Aufwand scheuten, werde in deutlich geringerem Maße mit mehreren Landwirten zusammen investiert. Die Berater empfählen, lieber eine kleine 250-kW-Anlage umzusetzen.

Bestätigt wurde von den Workshopteilnehmern, es handele sich möglicherweise auch um eine Generationenfrage: Jüngere Landwirte kooperierten häufiger als ältere.

Gut sei es, so die Teilnehmer weiter, wenn die Kooperationspartner in der Vergangenheit bereits zusammengearbeitet hätten. Gemeinsame Erfahrungen seien bei der Entscheidung, mit wem kooperiert werde, wichtig. Als Beispiel wurde die Zusammenarbeit in einer Maschinengemeinschaft genannt.

---

[280] Ein Trend, der bei Umsetzung von Wärmekonzepten und zunehmender Anzahl an Gaseinspeiseprojekten wieder gebrochen werden könnte; siehe hierzu die Ausführungen zu den Entwicklungen im Biogassektor in Kapitel III.B.

Die beim Workshop getroffenen Aussagen decken sich mit den Feststellungen bei den Experteninterviews. Auch wenn Kooperationsmodelle mit höheren Transaktionskosten verbunden sind, weisen die Workshopteilnehmer auf Informationsmängel hin, die erklären könnten, dass Gemeinschaftsanlagen nicht im erwarteten Maße umgesetzt werden. Alter der Kooperationspartner und Erfahrungen in der Vergangenheit stellen Determinanten des Kooperationsverhaltens dar, die auch in der Literatur angesprochen werden.[281]

1.2 Organisationsformen bei Kooperationen

Neben der Kooperationsbereitschaft von Landwirten wurde auch nach den Formen der Organisation, d. h. v. a. den Unternehmensformen bei gemeinsamen Anlagen, gefragt. Da die eG in allen Interviews im ersten Anlauf (1.2.1) keine Erwähnung findet, werden die Genossenschaften durch die Interviewer ins Gespräch eingebracht (1.2.2). Bei den Interviews und dem Expertenworkshop am Rande genannt werden auch Eindrücke von und Einschätzungen zu Bioenergiedörfern (1.2.3).

1.2.1 Gängige Organisationsformen bei Kooperationsprojekten im Biogassektor

- *Antworten von landwirtschaftlichen Organisationen und Beratungsunternehmen*
Die Aussagen zur Frage, welche Formen die Gesellschaften zum Betrieb von Gemeinschaftsanlagen annähmen, wird von den Befragten aus landwirtschaftlichen Organisationen und Beratungsunternehmen z. T. unterschiedlich beantwortet: Einige Interviewpersonen sagen, es dominiere eindeutig (90 Prozent, 95 Prozent) die GmbH & Co. KG, gelegentlich gebe es eine GmbH, selten eine GbR. Dagegen stehen Aussagen, alle Konstrukte seien vorzufinden, bzw. die Nennung der GbR als häufigster Gesellschaftsform. Ein Interviewter differenziert nach Anlagengröße und weist darauf hin, dass bei größeren Anlagen im Regelfall eine GmbH & Co. KG eingerichtet werde. Hieraus könnten sich die Unterschiede in den Aussagen erklären.

- *Antworten von Kreditinstituten*
Alle befragten Kreditinstitute nennen zuerst die GmbH & Co. KG, die eindeutig dominiere. Die Aussagen zur GmbH variieren zwischen „oft auch", „schon mal" und „eher selten" bzw. „bietet sich nicht an". Ähnliches gilt für die GbR. In einem Interview werden auch Aktiengesellschaften erwähnt, die aber selten vorkämen.

- *Antworten von Anlagenherstellern*
Bei den Gesellschaftsformen spielten GmbH & Co. KG und GmbH die größte Rolle. Ein Interviewpartner sagt, die GmbH & Co. KG müsse man erst erklären. Eine GmbH dage-

---
[281] Siehe Unterabschnitt I.C.2.4.

gen sei bekannt. Insofern dauere es länger, wenn die GmbH & Co. KG gewählt werden solle.

- **Antworten von Projektentwicklern/Eigenkapitalgebern**
  Alle befragten Projektentwickler und Eigenkapitalgeber nennen die GmbH & Co. KG als Gesellschaftsform. Lediglich in einem Fall werde neben der GmbH & Co. KG auch eine GmbH angeboten.

Die Projektentwickler bzw. Eigenkapitalgeber, aber auch die Anlagenhersteller, beziehen sich bei ihren Antworten auf die von ihnen angebotenen Beteiligungsmodelle, auf die im folgenden Unterabschnitt 1.3 sowie im Abschnitt 2 näher eingegangen wird.

In allen Akteursgruppen wird die GmbH & Co. KG als bedeutendste Unternehmensform benannt. Dies gilt insbesondere für größere Projekte. Einschränkend wird angemerkt, diese Gesellschaftsform sei gegenüber einer GmbH in stärkerem Maße erklärungsbedürftig. Dies spricht dafür, dass bei kleineren Vorhaben häufiger eine GbR oder GmbH gewählt wird. Eine solche Differenzierung nach Größenklassen der Projekte nehmen Schaper u. a. (2008) nicht vor. Auch wäre es von Interesse, ob sich eine Verschiebung der Anteile in Richtung GmbH & Co. KG ergeben hat. Auch dies legen die Interviews nahe, wenn als Grund für die Wahl anderer Gesellschaftsformen implizit Informationsdefizite angeführt werden und man unterstellt, dass sich mit der Zeit Lerneffekte einstellen.

1.2.2 Genossenschaften als Organisationsform

- **Antworten von landwirtschaftlichen Organisationen und Beratungsunternehmen**
  Bei den Aufzählungen werden Genossenschaften, von einem Fall abgesehen, nicht genannt. Auf Rückfrage lautet die Antwort fast aller Befragten, eine eG komme bei Biogasanlagen nicht vor. Dies mache, so zwei Interviewte, gesellschaftsrechtlich und steuerlich keinen Sinn. Dem steht die Entwicklung eines Genossenschaftsmodells durch einen Interviewteilnehmer entgegen, der betont, in dieser Konstellation ergäben sich für vermögende Personen steuerliche Vorteile.

- **Antworten von Kreditinstituten**
  Die eG sei selten bis gar nicht anzutreffen. Es habe mal Interesse an Genossenschaftslösungen gegeben. Man benötige aber zwei Genossenschaften in der Konstruktion. In Frage komme eine Genossenschaft nur für das Wärmenetz.

- **Antworten von Anlagenherstellern**
  Eine Genossenschaft tauche eher selten auf bzw. sei beim Betrieb der Anlagen nicht bekannt, lediglich als Auftragnehmerin.

- **Ergebnisse des Expertenworkshops**
  Nach Ansicht der Workshopteilnehmer mache die eG wie die GbR nur dann Sinn, wenn es sich um gleiche Partner handele. Bei Partnern, die nicht auf Augenhöhe stünden, sei die GmbH & Co. KG die richtige Unternehmensform. Dies gelte insbesondere für die Beteiligung eines (externen) Investors. Bei der GmbH & Co. KG sei zudem die Steuerung leichter. Über vertragliche Regelungen könne eine atypische Mitsprache eingeführt werden, um die Partner auf die gleiche Augenhöhe zu setzen. Ein Nachteil der eG sei, dass alle Mitglieder der Genossenschaften mitredeten. Die Vollversammlung der Genossenschaft wird von den Teilnehmern als ein Hindernis gesehen.
  Als Anwendungsfall werden beim Workshop Genossenschaften für die Errichtung und den Betrieb von Wärmenetzen erwähnt, d. h. „Bioenergiedörfer", auf die im Folgenden näher eingegangen wird.

Als Ergebnis der Befragungen bleibt festzuhalten, dass nach Aussage aller Expertinnen und Experten die eG als Unternehmensform bei Biogasprojekten nur selten zur Anwendung komme.[282] Hierfür werden in den Gesprächen unterschiedliche Gründe angeführt: gesellschaftsrechtliche und steuerliche Nachteile gegenüber der GmbH & Co. KG, die allerdings nicht unwidersprochen bleiben; die geringere Steuerbarkeit der Vollversammlung bzw. flexiblere Gestaltungsmöglichkeiten der Mitspracherechte bei der GmbH & Co. KG; ein unterschiedliches Gewicht einzelner Partner, die bei einer eG gleiches Stimmrecht hätten. Die Gesprächspartner weisen der eG allerdings eine gewisse Rolle bei der Errichtung und dem Betrieb von Wärmenetzen zu.

1.2.3 Bioenergiedörfer

- **Antworten von landwirtschaftlichen Organisationen und Beratungsunternehmen**
  Einige Bioenergiedörfer werden in Form der eG betrieben. Die Bewertung dieser Ansätze differiert bei den Interviewpartnern aus landwirtschaftlichen Organisationen und Beratungsunternehmen: Während einige die Entwicklung regionaler Konzepte, des ländlichen Raumes allgemein, hervorheben und Bioenergiedörfer zusammen mit eigenen Wärmekonzepten als ihrer Meinung nach besseres Konzept der Gaseinspeisung gegenüberstellen, weisen andere darauf hin, der Betrieb der Anlagen funktioniere nicht. Das Konzept möge positive Auswirkungen auf die Dorfgemeinschaft haben, sei aber wirtschaftlich nicht sinnvoll.

---

[282] In der Stichprobe bei Schaper u. a. (2008) gar nicht; siehe I.C.4.3.

- **Antworten von Kreditinstituten**

Die Begleitung von Bioenergiedörfern, so ein Mitarbeiter eines Kreditinstituts, sei nur mit sehr viel persönlichem Engagement möglich. Die Projekte seien nicht wirtschaftlich.

- **Ergebnisse des Expertenworkshops**

Bioenergiedörfer werden beim Expertenworkshop im Zusammenhang mit der Wärmenutzung genannt. Etwa 80 Prozent der Biogasanlagen würden ohne Wärmesenke, d. h. ohne festen Wärmeabnehmer (jenseits des landwirtschaftlichen Unternehmens), betrieben. Dieser Sachverhalt im Zusammenhang mit den Regelungen des EEG wird von den Beteiligten als Fehlsubventionierung bezeichnet.

Genossenschaften für die Errichtung und den Betrieb von Wärmenetzen stellten mithin eine Lösung dar, um dem Problem fehlender Wärmenutzung entgegen zu wirken. Dies mache aber nur Sinn, wenn der Landwirt bzw. Betreiber der Biogasanlage eine Liefergarantie übernehme. Hierin liege ein mentales Hindernis: Der Landwirt müsse sich an diese Verpflichtung erst gewöhnen. Der Bereich entwickle sich aber; die Scheu schwinde, z. B. durch Erfahrungen mit Satelliten-BHKW. Inzwischen würden auch fünf Kilometer Gasleitung gebaut, was vor einiger Zeit für die Beteiligten noch undenkbar gewesen wäre.

Bioenergiedörfer werden gleichwohl von den Workshopteilnehmern kritisch gesehen: Oft handele es sich um kleine Projekte. Bei saisonal schwankender Nachfrage und einer kleinen Abnahmemenge rechneten sich die Vorhaben nicht. Insofern seien die Projekte politisch motiviert, ökonomisch aber im Regelfall nicht tragfähig.

Die Gesprächspartner weisen damit auf eine in den meisten Fällen fehlende Wirtschaftlichkeit von Bioenergiedörfern hin. Der Nutzen liege primär in einer Stärkung der Dorfgemeinschaft.

Im Hinblick auf die Organisationsformen stimmen die Aussagen bei Interviews und Expertenworkshop mit der Literatur dahingehend überein, dass eine Dominanz der GmbH & Co. KG konstatiert werden kann. Der eG kommt eine untergeordnete Rolle zu. Sie wird für den Bau und Betrieb von Wärmenetzen als sinnvoll erachtet. Unter dem Aspekt der Wirtschaftlichkeit werden derartige Vorhaben in kleineren Dörfern jedoch von den meisten Befragten kritisch gesehen.

1.3 Zusammenarbeit mit Externen und Bewertung von Fondsmodellen

Neben der allgemeinen Kooperationsbereitschaft und den Organisationsformen wurde in den Interviews speziell auf die Zusammenarbeit mit externen Akteuren eingegangen. Zudem wurden die Interviewteilnehmer gebeten einzuschätzen, welche Bewertung von Fondsmodellen Landwirte vornähmen. Der letztgenannte Aspekt wurde auch beim Workshop aufgegriffen. Mögliche Gründe für eine Zurückhaltung wurden diskutiert.

1.3.1 Zusammenarbeit mit externen Akteuren

- **Antworten von landwirtschaftlichen Organisationen und Beratungsunternehmen**
Zur Zusammenarbeit mit Externen allgemein finden sich in den Interviews mit landwirtschaftlichen Organisationen und Beratern zwei Aussagen, die aus der Perspektive von Landwirten formuliert sind und dadurch implizit Voraussetzungen für bzw. Bewertungen von Kooperationen jenseits der Landwirtschaft formulieren: In einer Befragung wird der Idealfall als eine Beteiligung ausschließlich von Landwirten dargestellt, d. h. ohne externe Partnerinnen/Partner. Ein anderer Interviewter betont, Landwirte liebten ihre Freiheit. Für diejenigen, die in der Vergangenheit negative Erfahrungen gemacht hätten, komme jedoch eine ausschließlich Rohstofflieferung und Überwachung der Anlage in Frage.

- **Antworten von Kreditinstituten**
Investorengesellschaften und Stadtwerke beteiligten sich an landwirtschaftlichen Biogasvorhaben. Es gebe durchaus Projekte, bei denen Landwirte „über den Tisch gezogen" würden. Die Beteiligung von Nicht-Landwirten gelte als schwierig, so ein Interviewpartner. Kooperationen mit Externen gebe es wenige, so wird in einem anderen Interview bestätigt. Es herrsche die Einstellung vor, man brauche die Investoren nicht. Kapitalbeteiligungen stammten, so sie vorkämen, aus der dörflichen Gemeinschaft. Dem steht die Aussage eines Interviewpartners gegenüber, man könne nicht pauschal sagen, es gebe Bedenken gegen andere Beteiligte oder Akteursgruppen.

- **Antworten von Anlagenherstellern**
Landwirte kooperierten mit anderen Landwirten als Substratlieferanten, mit Lohnunternehmen, Anlagenherstellern und Beteiligungsgesellschaften. Fondsmodelle seien jedoch selten. Hier wird folglich zwischen landwirtschaftsnahen Beteiligungsgesellschaften bzw. Investoren und geschlossenen Fonds unterschieden. Projektentwickler dienten als Katalysatoren und Vermittler, brächten Netzwerke ein.

Die Befragten, die sich zur Zusammenarbeit mit Externen äußern, differenzieren nach landwirtschaftsnahen und landwirtschaftsfernen Akteuren. Mit Ersteren komme eine Zusammenarbeit eher in Frage als mit Letzteren. Daraus kann geschlossen werden, dass Kooperationsmodelle unter Einbeziehung von Energieversorgern oder (anderen) externen Investoren im Regelfall der Vermittlung durch Dritte bedürfen.

1.3.2 Bewertung von Fondsmodellen

Die Unterscheidung in landwirtschaftsnahe und landwirtschaftsferne Akteure liegt auch der Differenzierung in („echte") Fondsmodelle auf der einen Seite und Investitionen von Personen aus dem Umfeld des Betreibers auf der anderen Seite zugrunde. Unter Fondsmodellen werden hier Publikumsfonds oder Fonds institutioneller Investoren verstanden. Aussagen zur Bewertung dieses Finanzierungsvehikels durch die Gesprächspartner werden an dieser Stelle separat wiedergegeben.

- **Antworten von landwirtschaftlichen Organisationen und Beratungsunternehmen**
Fondsmodelle erfahren bei den meisten Interviews mit landwirtschaftlichen Organisationen und Beratungsunternehmen eine negative Bewertung. Ähnlich fällt die Beurteilung der Betreibermodelle großer Biogasunternehmen aus. Es wird hervorgehoben, es handele sich um eine teure Lösung. Die Renditen, die Fonds erwirtschaften wollten, gingen zulasten der Landwirte. Das spreche sich herum. Die Modelle setzten sich daher nicht durch. Manche Landwirte, die von Banken – mit Recht, wie ein Interviewpartner betont – keinen Kredit erhielten, versuchten es dann bei Fondsgesellschaften.
Mehrmals hervorgehoben wurden die aus Sicht der Befragten ungerechten Konditionen und das Ausnutzen einer schwächeren Verhandlungsposition bzw. eines geringeren Verhandlungsgeschicks. Genannt werden als Beispiel zu geringe Entgelte für die Betriebsführung.
Zwei weitere Kritikpunkte an den Beteiligungs- bzw. Betreibermodellen lauten, externe Investoren hätten zuweilen kein hinreichendes Interesse an den Biogasanlagen und einem erfolgreichen Betrieb – im geschilderten Fall lediglich an Verlustzuweisungen – und Projektentwickler wollten Standardprojekte mit 500-kW-Anlagen umsetzen, was angesichts der vorhandenen Flächen nicht überall sinnvoll sei.

- **Antworten von Kreditinstituten**
Beteiligungsmodelle würden z. T. kritisch gesehen. Beschrieben werden in zwei Interviews die unterschiedlichen Welten der Landwirte auf der einen Seite und der Fondsmanager auf der anderen: Wenn der Manager eines Emissionshauses im Anzug gekleidet in einem großen schwarzen Mercedes vorfahre, dann passe das einfach nicht.
Bislang habe sie, so eine Interviewpartnerin, keine Vorbehalte der Landwirte gemerkt. Die Partner kämen jedoch erst zur Bank, wenn sie sich bereits zusammengefunden hätten.
Die Bank finanziere keinen Investor, der die Anlage nur als Renditeobjekt sehe. Eine ähnliche Aussage stammt aus einem anderen Kreditinstitut: Bei Fonds sei man eher zurückhaltend. Nur wenn ein oder zwei Anleger mit großem Anteil beteiligt seien, stelle die Bank Kredite bereit. Ein Interviewpartner sagt, landwirtschaftliche Anlagen liefen besser als von Fonds finanzierte. Als Grund wird die höhere Motivation bei der Betriebsführung genannt.

- **Antworten von Projektentwicklern/Eigenkapitalgebern**
Fondsgesellschaften stießen auf eine geringe Akzeptanz. Die Landwirte wollten den Partner kennen. In den Boomphasen seien eine Reihe von Fonds gegründet worden, die inzwischen insolvent seien. Man könne daher ausreichend Standorte übernehmen. Einige der befragten Unternehmen betonen demgegenüber ihre Nähe zur Landwirtschaft. Sie sprächen daher eine Sprache. Gleichwohl gebe es einige Regionen, in denen Landwirte selten kooperierten, lieber selbst etwas bewegen wollten.

- **Ergebnisse des Expertenworkshops**
Beim Expertenworkshop wird die These aufgestellt, die Berührungsängste von Landwirten seien geringer, wenn der Landwirtschaftsbetrieb selbst in Form einer Kapitalgesellschaft organisiert sei, nicht als Einzelbetrieb. Hervorgehoben werden auch Mentalitätsunterschiede: Stehe bei Fondsinvestoren die Rendite im Mittelpunkt, so gehe es den Landwirten auch um längerfristige Überlegungen zur Entwicklung ihres landwirtschaftlichen Betriebes. Landwirte untereinander dächten ähnlich. Eine – als „irrational" beschriebene – Zurückhaltung der Bauern gegenüber externen Investoren könne auch darauf zurückgeführt werden, dass im Westen Deutschlands 50 Jahre Eigentumslandwirtschaft geherrscht hätten. Insofern handele es sich um ein mentales Hindernis für derartige Kooperationsvorhaben.

Im Prinzip seien die Fondsmodelle aber nichts anderes, als wenn ein Landwirt das Eigenkapital einbringe und die anderen Rohstoffe lieferten. Daher könne sich über die Erfahrungen, die mit diesen Modellen mit der Zeit gesammelt würden, ein „kultureller Wandel" vollziehen, d. h. eine wachsende Akzeptanz externer Beteiligungskapitalgeber durch die Landwirte.

In allen Gesprächen wird damit eine Distanz der Landwirte zu Fondslösungen beschrieben. Bei Eigenkapitalmangel werden Investoren aus dem regionalen Umfeld des landwirtschaftlichen Betriebes gesucht. Externe Eigenkapitalgeber, die nicht aus der Landwirtschaft bzw. einem landwirtschaftsnahen Bereich kommen, müssen zunächst die von den Gesprächspartnern beschriebene kulturelle Kluft überbrücken.

1.4 Schlussfolgerungen

In Übereinstimmung mit der Literatur wird in den Interviews betont, Kooperationen fänden, wo sie eingegangen würden, überwiegend zwischen wenigen Landwirten statt. Bestärkt wird diese Tendenz durch Hinweise einiger Berater, die auf das Risiko eines Streits verweisen, aber auch den wirtschaftlichen Vorteil betonen – der sich jedoch vorwiegend aus den Änderungen im EEG 2009 speist. Hierbei wird ein Zielkonflikt deutlich: Der Güllebonus und die Bevorzugung von Kleinanlagen dienen zwar einer vermehrten Reststoffverwertung und der Agrarförderung, sorgen aber nicht dafür, dass insgesamt ökologisch effiziente Anlagenkonzepte umgesetzt werden. In den Interviews bestätigt wurde auch die Katalysatoren- bzw. Moderationsfunktion von Maschinenringen, Projektentwicklern und einigen Bauernverbänden.

Bei den Projektgesellschaften dominiert bei großen Anlagen die GmbH & Co. KG. Die Bedeutung der GmbH ergibt sich aus der größeren Vertrautheit vieler Landwirte mit der Gesellschaftsform. Die GmbH wird daher auch dann gewählt, wenn sie steuerliche Nachteile aufweist. Bei kleineren Anlagen spielt auch die GbR eine große Rolle. Genossenschaften werden nur selten eingesetzt. Begründet wird dies in den Interviews mit steuerlichen Nachteilen (dem aber auch widersprochen wird) und Steuerungsproblemen (Mitsprache aller Genossinnen/Genossen). Bioenergiedörfer werden von den meisten Befragten kritisch gesehen – es fehle an der Wirtschaftlichkeit.

Bei der Kooperation mit Externen wird in den Interviews auf Mentalitätsfragen und unterschiedliche Sprachen bzw. Kulturen verwiesen, die eine Zusammenarbeit erschwerten. Dies gelte insbesondere für (geschlossene) Fonds, die externes Eigenkapital einbringen (könnten). Es gibt dagegen sehr wohl eine Reihe von Vorhaben, in die Personen aus dem familiären und regionalen Umfeld eingebunden sind. Über die Umsetzung derartiger Kooperationsprojekte, etwa im Biogasbereich, wird ein kultureller Wandel erwartet.

2. Beteiligungsmodelle

Auf die Aussagen zu Formen von Beteiligungsmodellen (2.1), d. h. gemeinsamer Biogasprojekte von Landwirten und anderen Akteuren bzw. Akteursgruppen, sowie zur Einbindung der landwirtschaftlichen Betriebe im Rahmen dieser Kooperationen (2.2) wird im Folgenden näher eingegangen. Es schließt sich die Wiedergabe der beim Workshop diskutierten Aspekte an (2.3). Hier wird insbesondere ein mögliches Problem einer Negativauslese bei der Suche nach geeigneten landwirtschaftlichen Betrieben aus Fondsperspektive dargestellt.

2.1 *Formen von Beteiligungsmodellen und Investorengruppen*

- **Antworten von landwirtschaftlichen Organisationen und Beratungsunternehmen**
  In den Interviews mit landwirtschaftlichen Organisationen und Beratungsunternehmen werden zwei unterschiedliche Formen von Beteiligungsmodellen erwähnt: Zum einen Privateinlagen durch Personen aus der lokalen Gemeinschaft mit Minderheitsbeteiligungen von etwa 100.000 Euro (Zins: 8 Prozent), die dem Netzwerk eines Beraters entstammen; zum anderen Angebote der großen Biogasfirmen oder Fondsmodelle.
  Es wird von den Gesprächspartnern empfohlen, eher Kooperationen mit anderen Landwirten einzugehen als Beteiligungsmodelle mit externen Investoren („Fonds"). Eine ande-

re Lösung, die genannt wird, ist das Einsammeln von Kapital im familiären bzw. lokalen Umfeld. Beteiligungsmöglichkeiten für Landwirte, die einige Gesellschaften anbieten und die in einem Interview als bessere Variante bezeichnet wurden, scheinen jedoch kaum angenommen zu werden, wie aus anderen Interviews hervorgeht (s.u.).

- **Antworten von Kreditinstituten**

Unterscheiden müsse man zwischen echten Kapitalmarktprodukten und Landwirten, die einen „Fonds" auflegten. Im Bereich geschlossener Fonds seien überwiegend kleine Emissionshäuser tätig. Einige Häuser seien in diesem Segment gescheitert. Es gebe einige Initiatoren aus dem Schiffsbereich, die sich erneut im Bereich von Biogasfonds versuchten.

Es beteiligten sich vorwiegend Personen aus dem Familien- und Bekanntenkreis.

Fonds als Beteiligungsmodell gebe es eher bei den größeren Anlagen im Osten.

- **Antworten von Anlagenherstellern**

Die Anlagenhersteller stellen in den Interviews unterschiedliche Beteiligungskonzepte vor:
  - Bei einem Unternehmen beteiligen sich die Mitarbeiterinnen und Mitarbeiter an der Projektgesellschaft. Das Modell dient als Vertriebsinstrument.
  - Bei einem anderen Hersteller stehen ein bis zwei institutionelle Investoren im Hintergrund. Das Unternehmen betreibt die Biogasanlagen selbst. Die Landwirte dienen als Rohstofflieferanten und Gärrestabnehmer.
  - Der Anlagenhersteller beteilige sich i. d. R. mit mindestens 50 Prozent an den Projektgesellschaften. Die Beteiligung sei nach oben offen.

Es gebe alle denkbaren Modelle am Markt. Einige Unternehmen seien relativ erfolgreich mit ihren Kooperationsangeboten. Landwirte scheuten sich vor klassischen Fondsmodellen, insbesondere wegen des öffentlich zugänglichen Fondsprospektes. Daher seien landwirtschaftsnahe Konstrukte gefragt. Das Interesse rühre daher, dass viele Landwirte eine Anlage mit einer elektrischen Leistung von 500 kW oder mehr nicht alleine finanzieren könnten. Zudem gebe es eine Reihe von Landwirten, die lediglich Lieferant sein wollten.

Einige Anlagenhersteller bevorzugen die Zusammenarbeit mit nur einem Landwirt.

Ein anderer Befragter merkt an, Beteiligungsmodelle unter Einbezug externer Investoren seien schwierig, weil sie einen schnellen Exit wünschten. Biogasprojekte seien jedoch langfristige Investitionen mit Zeithorizont von mehr als zehn Jahren.

- **Antworten von Projektentwicklern/Eigenkapitalgebern**
  Kleinere, spezialisierte Häuser und einige Hersteller böten Beteiligungsmodelle an. Eigenkapital werde über Plattformen, große Vertriebe, private placements oder Mitarbeiterfonds eingeworben. Als strategische Investoren träten z. T. auch Stadtwerke oder große Energieversorger auf. Als mögliche Rendite werden 6-8 Prozent genannt. Auch Steuereffekte spielten eine Rolle für die Anleger.

- **Antworten von Energieversorgern**
  Die befragten Energieversorgungsunternehmen bevorzugen eine möglichst geringe Anzahl an Partnern in der Landwirtschaft, möglichst nur eine Person, um den Koordinationsaufwand gering zu halten. Dies erkläre, so ein Unternehmen, warum man nur im Norden, Nordosten und Osten aktiv sei. Lösungen mit mehreren Landwirten würden dann akzeptiert, wenn diese sich selbst organisierten, z. B. über einen Maschinenring.
  Betont wird von einem Interviewpartner, man müsse sich auf gleicher Augenhöhe begegnen. Es gebe insgesamt sehr unterschiedliche Ansätze bei den Beteiligungsmodellen, z. T. Knebelverträge. Ein Befragter sagt, man habe gute Erfahrungen mit Lieferverträgen und einer Partizipation am Gesamterfolg gemacht. Landwirte hegten, so ein anderer, ein gesundes Maß an Misstrauen gegenüber der Energiewirtschaft, hätten Angst, ihren Grund und Boden zu verlieren.

In den Interviews werden unterschiedliche Beteiligungsmodelle und Investorengruppen genannt:
- Minderheitsbeteiligungen von Investoren aus der lokalen bzw. regionalen Gemeinschaft;
- Betreibermodelle der Biogasfirmen mit unterschiedlichen Investoren (Mitarbeiter/innen, institutionelle Investoren, Anlagenhersteller);
- Fondsmodelle (externe Investoren: Publikum, *private placements*, Mitarbeiter/innen), die von Emissionshäusern, im Regelfall spezialisierten Unternehmen, angeboten werden.

Lässt sich ein Landwirt auf ein Beteiligungsmodell ein, so bringt er im Regelfall kein eigenes Kapital ein. Es dürften damit vor allem solche landwirtschaftlichen Betriebe als Partner in Beteiligungsmodellen vorkommen, die kein Eigenkapital geben können oder kein Eigenkapital in Biogasprojekten binden wollen. In einigen Fällen werden offenbar Notlagen einzelner Landwirte bzw. deren Unwissenheit ausgenutzt, um „Knebelverträge", d. h. Verträge mit für die Landwirte ungünstigen Konditionen, durchzusetzen. Dies dürfte die Zurückhaltung auf Seiten der Landwirtschaft, Beteiligungsmodelle einzugehen, erhöhen.

Als strategische Investoren treten auch größere Stadtwerke und die großen Energieversorgungsunternehmen auf. Eine größere Anzahl an landwirtschaftlichen Betrieben wird nur dann eingebunden, wenn diese über eine Organisation bzw. ein Unternehmen koordiniert werden, z. B. durch einen Maschinenring oder ein landwirtschaftliches Beratungsunternehmen.

2.2 Einbindung der Landwirte

In einigen Interviews werden die Beteiligungsmodelle hinsichtlich der Einbindung der Landwirte näher beleuchtet.

- **Antworten von landwirtschaftlichen Organisationen und Beratungsunternehmen**
  Ein Interviewpartner nimmt eine Abstufung von guten bis weniger guten Beteiligungsmodellen vor. Ein Problem stelle eine Vergütung in Abhängigkeit vom Produktionserfolg dar, auf den der Landwirt keinen direkten Einfluss habe. Positiv bewertet er Konzepte, bei denen Wärmeerlöse geteilt werden oder die Wärme kostenlos an die Landwirte abgegeben wird.

- **Antworten von Anlagenherstellern**
  Je nach Modell seien Landwirte auf unterschiedliche Weise am Projekt und wirtschaftlichen Erfolg beteiligt:
    - *durch den Input, den sie lieferten [Rohstofflieferung];*
    - *durch Beteiligung an der KG (z. T. bis 100 Prozent) [gesellschaftsrechtliche Beteiligung];*
    - *über die Betriebsführung der Anlage [Betriebsführung];*
    - *durch den Pachtpreis oder Erbbaurechtzins für die Überlassung des Grundstücks, auf dem die Anlage stehe [Bereitstellung des Grundstücks].*

  Letzteres zieht ein Interviewpartner den Betreiber- bzw. Kooperationsmodellen vor. Bei diesen sei der Erlös zu gering, und die Landwirte merkten schon nach kurzer Zeit, dass sie nur nach Anweisung handeln könnten.

- **Anlagen von Projektentwicklern/Eigenkapitalgebern**
  Die Landwirte würden insgesamt über 1) die Grundstücksnutzung, 2) die Bewirtschaftung der Anlage, 3) die Rohstofflieferung, 4) Abgabe der Wärme sowie 5) gesellschaftsrechtliche Beteiligungen eingebunden, wobei nicht bei allen Modellen sämtliche Elemente vertreten seien.
  Bei der Grundstücksnutzung werden genannt:
    - *ein Gestattungsvertrag;*
    - *die Einbringung in die Projektgesellschaft, wobei 10 Prozent der Anteile an den Landwirt vergeben würden,*
    - *Erbbaurecht oder Kauf des Grundstücks.*

Für den Anlagenbetrieb wird im Regelfall ein Bedienervertrag (Dienstleistungsvertrag) mit einem festen Stundensatz vereinbart.
Bei der Rohstoffversorgung werden mehrere Varianten erwähnt:
- *eine erfolgsabhängige Vergütung in Form eines festen Prozentsatzes vom Stromerlös (39-50 Prozent);*
- *Substratlieferverträge für Mais ab Feld über 15, im Ausnahmefall zehn, Jahre mit 36-monatiger Preisbindung und an die Entwicklung der Anbaukosten gekoppelter Preisgleitklausel.*

In einem Fall werde die Wärme kostenlos an den Landwirt abgegeben. Dieser könne ein eigenes Wärmekonzept umsetzen. Die Lösung bei einem anderen befragten Unternehmen besteht im Verkauf der Wärme zum halben Energiepreis.

Ein Unternehmen gibt an, es existierten unterschiedliche Beteiligungsverhältnisse bei den Gesellschaften zwischen Landwirt und Projektentwickler. Zwei Befragte sagen, es bestehe ein Angebot, sich mit Kapital zu beteiligen (in einem Fall bis 50 Prozent). Dieses werde jedoch nicht angenommen.

Wenngleich die konkrete Ausgestaltung von Fall zu Fall variiert, sind die Formen der Beteiligung der Landwirte bei den meisten Beteiligungsmodellen ähnlich. Alle Gesellschaften vergüten die Rohstofflieferung, die Betriebsführung und die Bereitstellung des Grundstücks. Kapitalbeteiligungen der Landwirte werden zu unterschiedlichen Prozentsätzen ermöglicht, werden jedoch von den Landwirten nur in geringem Maße angenommen. Die Angebote variieren zudem bei den Wärmekonzepten (kostenlose vs. kostengünstige Abgabe).

2.3 Selektion der beteiligten landwirtschaftlichen Unternehmen – Ergebnisse des Expertenworkshops

Gegenüber den Interviews beginnt beim Workshop die Diskussion über Beteiligungs- bzw. Fondsmodelle aus der umgekehrten Perspektive: jener der Fondsgesellschaft bzw. des Emissionshauses. Für Fonds sei eine Anlagengröße von 500 kW das Minimum, nicht zuletzt um die Overhead-Kosten decken zu können. Die Projekte bewegten sich im Bereich zwischen 500 kW und 3 MW bei Einzelvorhaben. Denkbar sei auch eine Bündelung von Projekten in einem Fonds.

An den Landwirtschaftsbetrieb würden eine Reihe von Anforderungen gestellt: Er müsse professionell gemanagt werden. Fonds achteten auf Spezialistinnen und Spezialisten für unterschiedliche Aufgabenfelder und Tätigkeiten im Unternehmen. Der Betrieb müsse über große bzw. ausreichend Flächen verfügen, um Rohstoffe für eine Anlage zu liefern. Damit komme im Prinzip nur ein landwirtschaftliches Unternehmen aus dem Osten Deutschlands in Frage. Die Fondsgesellschaften seien fast ausschließlich in Ostdeutschland aktiv.

Geschlossene Fonds seien nicht als eine Antwort auf den Eigenkapitalengpass bei Landwirten zu sehen. Eigentlich wollten die Emissionshäuser nicht einen landwirtschaftlichen Betrieb auswählen, der ein Finanzierungsproblem habe, sondern eher einen Landwirt, der nicht selbst investieren wolle, etwa weil er die Betriebsführung oder den Aufwand scheue. Im Kern müsse es sich um einen gesunden Betrieb handeln. Finanzierungsprobleme könne es wegen der Anlagengröße geben. Sie dürften aber nicht auf Grund der Betriebslage auftreten.

Dem steht die Einschätzung gegenüber, Landwirte gingen nur dann eine Kooperation ein, wenn die Not groß sei. Diesen Fall wollten die Emissionshäuser jedoch im Regelfall ausschließen. Es sei damit jedoch die Gefahr gegeben, dass lediglich nicht so gute Biogasbetreiber bzw. schlecht dastehende Betriebe gewählt würden (negative Selektion). Von theoretischem und praktischem Interesse sind daher Mechanismen, durch die diese Abwärtsspirale unterbrochen wird.

Anders stelle sich die Situation dar, wenn gezielt Not leidende Anlagen gekauft würden, um die Biogasanlagengesellschaften zu sanieren. Dieser Typus einer Fondsgesellschaft komme ebenfalls auf dem Markt vor.

Neben den beiden genannten Problemfeldern gebe es immer wieder auch Diskussionen über die Verteilung von windfall profits: In einer Situation wie der Novellierung des EEG 2009 mit einer deutlich günstigeren Ertragslage, als möglicherweise bei Projektbeginn kalkuliert wurde, stelle sich die Frage, an wen die zusätzlichen Gewinne gingen. Zunächst einmal stünden sie dem Risikokapitalgeber, d. h. dem Fondsanleger, zu. Die Verteilung werde in einem solchen Fall zwischen den Beteiligten ausgehandelt, und es seien Konzessionen an den Landwirt denkbar, gerade wenn dieser in schwierigen Marktlagen seiner Liefer- und Betreiberpflicht nachgekommen sei.

2.4 Schlussfolgerungen

In den Interviews werden unterschiedliche Beteiligungsmodelle identifiziert:
- (a) „Betreibermodelle" der Biogasanlagenhersteller [u. a. Mitarbeiterfonds, institutionelle Investoren],
- (b) Beteiligungen aus dem lokalen Umfeld,
- (c) landwirtschaftsnahe Investorengesellschaften,
- (d) „echte Kapitalmarktprodukte" insbesondere kleiner Emissionshäuser [geschlossene Fonds, die sich an institutionelle Investoren oder ein breiteres Publikum richten].

Fonds werden für Einzelanlagen oder Portfolien eingerichtet. Einige Fonds kaufen auch notleidende Anlagen auf. Bevorzugt zur Anwendung gelangen die Beteiligungsmodelle bei mittleren und großen Anlagen (ab 500 kW), vorwiegend im Osten, z. T. Norden und Nordosten Deutschlands. Als Gründe werden die Führung der Betriebe durch ein professionelles Management und die größeren Flächen genannt, womit die Anzahl der nötigen Kooperationspartner auf ein Minimum beschränkt ist.

Landwirte werden immer durch die Rohstofflieferung und die Bereitstellung des Grundstücks (Gestattungsvertrag, Pacht oder Erbbaurecht, Kauf), i. d. R. durch die Betriebsführung, in unterschiedlicher Weise durch Abgabe der Wärme (kostenlos oder zu einem Preis unterhalb der Energiekosten), selten durch eine Kapitalbeteiligung eingebunden. Letzteres erklärt sich daraus, dass die Landwirte insbesondere dann einen Anreiz haben, solche Kooperationen einzugehen, wenn ihnen das Eigenkapital fehlt.

Als ein Problem wird eine mögliche negative Selektion gesehen: Landwirte gingen nur dann eine solche Kooperation ein, wenn die Not groß sei. Genau solche Betriebe wünschen sich dagegen die Fondsinitiatoren gerade nicht als Partner. Reagieren diese mit einer Verschlechterung der Konditionen, ist eine Abwärtsspirale denkbar (*adverse selection*)[283], die in Teilsegmenten offenbar auftritt: Je ungünstiger die Konditionen für die Landwirte sind, desto weniger sind gute landwirtschaftliche Betriebe bereit, derartige Beteiligungsmodelle einzugehen. Bleiben nur die Landwirtschaftsunternehmen übrig, die weniger gute Bedingungen aufweisen und anderweitig keine Finanzierung bekommen, bieten die Emissionshäuser schlechtere Konditionen an, um angesichts der Risiken die von Anlegern erwartete Rendite darstellen zu können.

3. Kooperationsmodelle bei der Biomethaneinspeisung

Das im ersten Abschnitt dargestellte Kooperationsverhalten von Landwirten und die Überlegungen zu den Beteiligungsmodellen spielen auch im Bereich der Biomethaneinspeisung eine Rolle. Hier sind ähnliche Problemfelder zu erkennen. Da es sich hierbei um große Biogasanlagen handelt, das Finanzierungsvolumen deutlich höher ist und mit der Gasaufbereitung und Einspeisung eine Technik zu Anwendung gelangt, die deutlich höhere Anforderungen an das *know how* des Betreibers stellt, sind Kooperationsmodelle bei diesen Vorhaben der Regelfall, wobei der Zusammenarbeit von Landwirten und Energieversorgern eine besondere Bedeutung zukommt.

---

[283] Eine negative Spirale kann sich auch ergeben, wenn – anders als in klassischen Fällen im Anschluss an Akerlof – keine Informationsasymmetrien vorliegen. Projekte kämen dann nur zustande, wenn der Handlungsdruck der Landwirte vergleichsweise groß ist.

III. Befunde der empirischen Untersuchung

In diesem Abschnitt werden zunächst in kurzer Form einige Daten zum Stand der Biomethaneinspeisung wiederholt (siehe Kapitel B) und um weiterführende Informationen ergänzt (3.1). Dabei wird auf Material zurückgegriffen, das im Rahmen der von der dena koordinierten Biogaspartnerschaft zusammengetragen wurde. Hiernach werden Aussagen in den Interviews und beim Workshop zu unterschiedlichen Kooperationsmodellen (3.2) sowie zu Motiven der Energieversorger und zur Zusammenarbeit zwischen diesen und den Landwirten (3.3) wiedergegeben.

3.1 Stand der Biomethaneinspeisung

3.1.1 Überblick über Anzahl und Volumina der Anlagen

Bis April 2010 sind nach Informationen der dena insgesamt 32 Anlagen in Betrieb genommen worden (siehe Tab. 15, Abb. 7a). Unter den Bundesländern weist Niedersachsen derzeit die größte Zahl auf. Die meisten Aufbereitungs- und Einspeiseanlagen sind allerdings in Brandenburg geplant, wo bis 2012 weitere elf Anlagen errichtet werden sollen. Die erste Aufbereitungsanlage in Deutschland wurde 2006 in Betrieb genommen. Die Anlagenzahl wird sich im Vergleich zum Zeitraum bis April 2010 in einer vergleichbaren Zeitspanne also auf 74 Anlagen etwas mehr als verdoppeln. Wie in Kapitel B ausgeführt wurde, liegt dies jedoch deutlich unter den politischen Zielvorgaben.

TAB. 15: ANZAHL DER BIOGASANLAGEN MIT GASEINSPEISUNG NACH BUNDESLÄNDERN

Bundesland	Anzahl der Anlagen	
	In Betrieb	Geplant bis 2012
Niedersachsen	8	1
Nordrhein-Westfalen	5	6
Bayern	6	3
Sachsen-Anhalt	4	5
Hessen	3	6
Baden-Württemberg	3	2
Brandenburg	2	11
Mecklenburg-Vorpommern	1	2
Sachsen	0	2
Saarland	0	2
Schleswig-Holstein	0	1
Thüringen	0	1
Gesamt	*32*	*42*

Quelle: dena (2010)

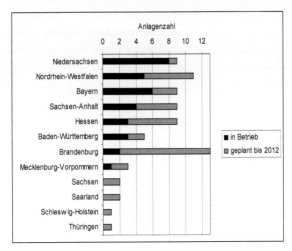

a)   Anlagenzahl

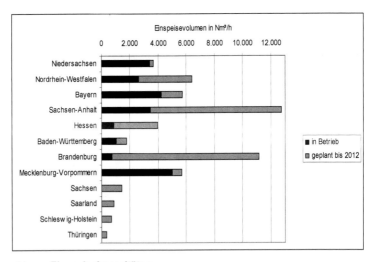

b)   Einspeisekapazitäten

ABB. 7:   ANZAHL DER BIOGASANLAGEN MIT GASEINSPEISUNG UND EINSPEISEKAPAZITÄTEN NACH BUNDESLÄNDERN (AKTUELL UND IN PLANUNG BIS 2012)

Quelle: dena (2010)

Eine etwas andere Verteilung unter den Bundesländern ergibt sich, wenn man nicht die Anlagenzahl, sondern die Einspeisekapazitäten betrachtet. Hier liegt Mecklenburg-Vorpommern auf Grund der mit Abstand größten Anlage in Güstrow vor allen anderen Ländern (siehe Abb. 7b). Während der größte Zuwachs auch hier in Brandenburg geplant ist, wird bis 2012 wohl Sachsen-Anhalt bei den Einspeisekapazitäten die Spitzenposition einnehmen. Das durchschnittliche Einspeisevolumen der in Betrieb befindlichen und geplanten Anlagen in Deutschland beträgt 756 Nm³/h, was einer Biogasanlagengröße von ca. 3 $MW_{el.}$ entspricht. Die Streuung ist jedoch mit rund 1.000 Nm³/h vergleichsweise groß. Dass einige besonders große Anlagen im Osten errichtet wurden bzw. werden, liegt primär an der höheren Flächenausstattung der landwirtschaftlichen Betriebe in diesem Teil Deutschlands. Derartige Vorhaben lassen sich hier leichter umsetzen. Gleichwohl sind bei den mehrere Megawatt großen Anlagen im Regelfall verschiedene Partner beteiligt.

3.1.2 Geschäftsmodelle für Landwirtschaft und Energieversorgungsunternehmen

Auf den Internetseiten der Biogaspartnerschaft werden jeweils drei Geschäftsmodelle für die Landwirtschaft und für Energieversorgungsunternehmen unterschieden.[284] Landwirte könnten sich zu einer Gesellschaft zusammenschließen, um Rohstoffe zu liefern und den Transport/die Logistik zu übernehmen. Denkbar sei zweitens die Erzeugung von Rohbiogas, evtl. auch die Zusammenführung über Mikrogasnetze. Als drittes Modell wird ein Liefervertrag für Substrate und eine Beteiligung an der Biogasanlage inkl. Aufbereitung vorgeschlagen. Geschäftsmodelle für Energieversorger seien erstens die Abnahme von Biomethan und die Vermarktung, zweitens die Aufbereitung des Rohbiogases und drittens der eigene Betrieb einer Biogasanlage. Dabei fällt auf, dass die genannten Modelle für die Landwirtschaft und die Energieversorgungsunternehmen nicht direkt miteinander korrespondieren.

Vorgestellt werden weiterhin geschlossene Fonds in Form einer GmbH & Co. KG als Finanzierungswerkzeug für eine Biogaspartnerschaft, wobei sich Landwirte an der Komplementär-GmbH beteiligen könnten. Betont wird ferner die Rolle externer *stakeholder*, wobei Anwohner, Umweltverbände, Medien, Schulen und Vereine als Adressaten für die Öffentlichkeitsarbeit benannt werden.

Dass „Grundsätze einer fairen Partnerschaft" aufgeführt werden, lässt darauf schließen, dass es zwischen den Kooperationspartnern in der Vergangenheit Konflikte gegeben hat. Bei einer Beurteilung der Modellvarianten sind daher auch die von den Akteuren verfolgten Motive zu bedenken. Eine Kooperation dürfte nur dann erfolgreich sein, wenn die strategischen Interes-

---

[284] Vgl. dena (2009c).

sen der Gruppen kompatibel sind. Negative Urteile und Vorurteile über potenzielle Partner erschweren die Verwirklichung bestimmter Modelle.

Untersucht wurden daher mittels Interviews und durch den Workshop die vorhandenen Kooperationsmodelle und eine Einschätzung der Befragten hierzu sowie die Motive der Energieversorger und die Zusammenarbeit mit der Landwirtschaft.

3.2 Überblick über Kooperationsmodelle

Gefragt wurde in den Interviews, welche Modelle bei der Gaseinspeisung vorkämen und wie die Interviewpartner diese bewerteten.

- *Antworten von landwirtschaftlichen Organisationen und Beratungsunternehmen*

  Als Varianten werden von Vertreterinnen und Vertretern landwirtschaftlicher Organisationen und Beratungsunternehmen erstens joint ventures mit Netzbetreibern bzw. Energieversorgern, zweitens Landwirte als Rohstofflieferanten sowie drittens ein Betrieb allein durch Landwirte genannt. Alle Befragten weisen darauf hin, ein gewisser Grad an Beteiligung, eine möglichst große Partizipation an der Wertschöpfung, sei erwünscht. Als Idealfall wird damit die Gründung einer Projektgesellschaft durch die Landwirte allein bewertet. Die Schwierigkeit, so ein Interviewpartner, liege darin, ein Modell zu entwickeln, das dann in Serie aufgelegt werden könne – analog zu den Beteiligungsmodellen bei der Windenergie.

- *Antworten von Kreditinstituten*

  Bei den Kooperationsmodellen nimmt ein Befragter eine Unterscheidung nach der Rolle, die Landwirte bei den Projekten haben, vor und unterteilte in Lieferanten-Modell und Partner-Modell sowie Letzteres weiter in die Lieferung von Rohbiogas und die Beteiligung an der Aufbereitung.

  Als Argument für eine starke Beteiligung der Landwirte bildet ein Interviewpartner eine Analogie zu Bürgerwindparks: Das Interesse sei bei den Landwirten größer, wenn sie beteiligt seien.

- *Antworten von Energieversorgern*

  Die meisten Energieversorger seien ab der Gasaufbereitung aktiv. Dieser Ansatz wird auch von zwei befragten Unternehmen favorisiert. Sie kauften Rohbiogas ab und übernähmen den Rest. Für den Betrieb der Biogasanlagen hätten sie weder das Personal noch die Erfahrung. Zudem hätten sie bei der Substratlieferung nichts zu gewinnen. Ein anderer Interviewpartner bewertet ebenfalls die Aufteilung nach Kernkompetenzen als bestes Modell. Das Unternehmen beteilige sich auch auf den vorgelagerten Prozessstufen, wenn es Finanzierungsschwierigkeiten gebe.

- *Ergebnisse des Expertenworkshops*
  Beim Workshop betonen die Teilnehmer, dass die Biogasproduktion notwendigerweise dezentral erfolge. Die eingesetzten Energieträger seien nicht transportwürdig. Alle anderen Beteiligten seien daher auf die Landwirtschaft angewiesen.
  Diese müsse sich überlegen, ob sie im Energiesektor Fuß fassen oder Rohstofflieferant bleiben wolle. Danach könnten Kooperationsmodelle entwickelt werden.
  Eine Übernahme der gesamten Wertschöpfungskette bis einschließlich der Vermarktung des Biomethans durch Landwirte wird von den Workshopteilnehmern kritisch gesehen. Hier fehle es am know how in der Gastechnik. Bei der Gasaufbereitung sei ingenieurstechnisches Wissen erforderlich, das Landwirte nicht mitbrächten. Insofern sei diese Lösung nicht ideal.
  Eine zweite Möglichkeit bestehe in der Trennung nach Kernkompetenzen mit der Rohbiogaserzeugung und Lieferung als Schnittstelle. Gegründet würden einzelne Gesellschaften für die Biogasproduktion und die Biogasaufbereitung. Gegen die Rohbiogaserzeugung als idealer Schnittstelle könne jedoch angeführt werden, dass beide Gesellschaften unterschiedliche Interessen verfolgten, die bei der Liefermenge und Qualität zum Tragen komme. Dies spreche für das Gemeinschaftsunternehmen von Landwirten und Energieversorgern.
  Diskutiert werden jedoch auch Kombinationsmöglichkeiten: Je nach Lage bzw. Interesse könnten Landwirte auch an der Gesellschaft zur Biogasaufbereitung beteiligt werden. Bei beiden Unternehmen sei eine Anpassung der (Beteiligungs-)Strukturen an die jeweiligen Interessen und lokalen Verhältnisse möglich. Hieraus kann ein Kontinuum unterschiedlicher Variationen zwischen strikter Trennung nach Kernkompetenz und Gemeinschaftsunternehmen (mit gleichen Anteilen) gebildet werden.

Die vorhandenen Modelle bei der Biogasaufbereitung und -einspeisung können damit in vier Grundtypen unterteilt werden:
- Einzelmodelle
  1. Lieferantenmodell: Landwirte agieren als Rohstofflieferanten und Gärrestabnehmer. Die Biogasanlage inkl. Aufbereitung wird von einem Projektentwickler oder Energieversorger betrieben.
  2. Landwirtschaftsmodell: Landwirte, im Regelfall koordiniert über einen Maschinenring, Bauernverband oder ein Beratungsunternehmen, übernehmen alle Arbeitsschritte.

- Partnermodelle:
  3. *Joint Venture*-Modell: Es wird ein Gemeinschaftsunternehmen von Landwirten und Energieversorgern gegründet, das Rohbiogas erzeugt und aufbereitet.
  4. Aufteilung nach Kernkompetenzen: Die Landwirte übernehmen die Erzeugung des Rohbiogases, ein Energieversorger die Aufbereitung und Einspeisung in das Gasnetz.

Die Mehrheit der Befragten lässt derzeit eine Präferenz für Modell 4 erkennen. Landwirten wie Energieversorgern geht es dabei darum, zusätzliche Kompetenzen aufzubauen.

3.3 Motive der Energieversorger und Kooperation zwischen Energieversorgern und Landwirten

Neben den Landwirten sind auch die Interessen der Energieversorger bei der Beurteilung von Kooperationsmodellen zwischen diesen Akteursgruppen zu berücksichtigen. Ziel bei den Interviews war es, Aussagen zum strategischen Interesse der Energieversorger und eine Fremdeinschätzung der Motive der Energieversorger einzuholen, um hieraus Implikationen für die Umsetzung von Kooperationsmodellen abzuleiten.

- **Antworten von landwirtschaftlichen Organisationen und Beratungsunternehmen**

Die landwirtschaftlichen Organisationen und Berater machen deutlich, dass die Energieversorger im Biogassektor zunehmend aktiv seien, insbesondere bei Biomethaneinspeiseprojekten. Es wird darauf verwiesen, die Energieversorgungsunternehmen hätten ausreichend Kapital, um zu investieren. Als (mögliche) Motive werden genannt:

- *das EEWärmeG als Antrieb;*
- *die Erzielung von Gewinnen – nachdem früher nur eingekauft worden sei, unabhängig von der Wirtschaftlichkeit der Anlagen –;*
- *das Ziel, Märkte zu besetzen und eine Monopolstellung zu erlangen.*

- **Antworten von Kreditinstituten**

Mittlere und große Stadtwerke und Gasversorger seien – v. a. seit Anfang 2009 – verstärkt aktiv. Motiv sei der Imagegewinn (grüne Energie). Das Interesse gelte der Gaseinspeisung.

In den Interviews werden einige skeptische Einschätzungen zu den Aktivitäten der Energieversorger geäußert: Es gebe viele Ankündigungen, aber wenige Projekte. Die Versuche der Energieversorger, Biogasanlagen selber zu betreiben, seien bislang nicht so erfolgreich gewesen.

Die Energieversorger fassten nur schwer Fuß. Dies wird auf Kommunikationsprobleme zwischen ihnen und den Landwirten zurückgeführt. Abschreckend wirke für die Energie-

versorger die Abhängigkeit von den Zulieferern. Die größeren Energieversorger übernähmen, wenn es passe, jedoch auch den gesamten Produktionsprozess. Hinsichtlich der Finanzierung macht ein Interviewpartner deutlich, die größeren Energieversorger bräuchten kein Fremdkapital. Umgekehrt könnten sie, so ein anderer Befragter, Landwirten ein Anschubdarlehen gewähren oder die Eigenkapitalzwischenfinanzierung übernehmen.

- *Antworten von Anlagenherstellern*

  Die Energieversorger seien v. a. in Einspeiseprojekten aktiv. Bei Stadtwerken werden Imagegründe als Motiv angeführt („grünes Logo"). Es wird vermutet, dass die größeren Energieversorger langfristig auch die Produktion von Biogas beabsichtigen.

- *Antworten von Projektentwicklern/Eigenkapitalgebern*

  Die großen Energieversorger, große Gasnetzbetreiber seien im Bereich Biogas zunehmend aktiv. Eine neue Entwicklung stelle das Engagement der Stadtwerke dar. Sie sähen in diesem Feld Erlösmöglichkeiten, finanzierten einige Vorhaben aus einem Portfolio eines Projektentwicklers.

  Die befragten Personen äußern zugleich einige Bedenken gegen das Engagement der Stadtwerke in einem Fall, vor allem aber gegen jenes der großen Energieversorgungsunternehmen: Man werde in keinem Fall mit diesen zusammenarbeiten, eher mit Stadtwerken als Minderheitsbeteiligung. Die großen Energieversorger machten ohnehin, was sie wollten. Die müssten mit den Anlagen kein Geld verdienen, erschwerten auf diese Weise das Geschäft aller anderen. Die Finanzierung stelle überhaupt keine Hürde für ihr Engagement dar. Hauptmotiv sei der Imagegewinn.

- *Antworten von Energieversorgern*

  Die meisten großen Energieversorger investierten in erneuerbare Energien, vorwiegend jedoch in Windenergieprojekte, was leichter sei als Biogasvorhaben. Ein Interesse bestehe jedoch an der Gasnutzung bzw. Sicherung der Ressourcen für das Mutterunternehmen und damit der Verringerung der Abhängigkeit von Importen. Mit dem Betrieb kleinerer Anlagen wolle man die nötigen Lektionen lernen. Es stehe nicht ausschließlich die Wirtschaftlichkeit im Vordergrund. Ein Interviewteilnehmer sagt, man könne sich auch vorstellen, das aufbereitete Gas zu kaufen.

  Ein Vertreter eines großen Energieversorgers beklagt, diese könnten machen, was sie wollten, sie verlören ihr schlechtes Image nicht. Die Freude an Investitionen in Deutschland nehme beständig ab.

- **Ergebnisse des Expertenworkshops**

  Beim Expertenworkshop werden zur Motivation von Energieversorgungsunternehmen und Zusammenarbeit mit Landwirten zwei Aspekte diskutiert: der Umfang der Tätigkeiten, die Energieversorger übernehmen wollen, und Kommunikationsschwierigkeiten zwischen Landwirten und Energieversorgungsunternehmen.

  Wegen negativer Erfahrungen in der Vergangenheit, so die Workshopteilnehmer, wollten die Energieversorger nicht mehr alle Aktivitäten entlang der Wertschöpfungskette übernehmen. Angesprochen wird die Möglichkeit, dass Energieversorger Flächen aufkaufen, um auch die Biomasse zu produzieren. Eine Motivation könnte die Verringerung der Rohstoffbeschaffungsrisiken sein. Der Fall wird jedoch als eher unwahrscheinlich bewertet.

  Als Problem gesehen wird die Kommunikation zwischen den Partnern: Energieversorger sprächen eine andere Sprache als Landwirte. Als Beispiel wird ein Fall genannt, in dem Vertreter von Energieversorgern mehrere Ordner mitgebracht hätten, in denen zu klärende Sachverhalte aufgelistet seien. Ein Unterschied in der Unternehmenskultur bestehe zwischen den großen überregionalen Energieversorgungsunternehmen und Stadtwerken. Mittelgroße und große Stadtwerke kämen insofern eher als Partner in Frage als die großen überregionalen Energieversorger. Sie hätten jedoch immer noch eine andere Herangehensweise an Projekte als die Landwirtschaft.

Von allen Akteursgruppen wird ein verstärktes Engagement der Energieversorger beobachtet. Landwirtschaft und landwirtschaftsnahe Projektentwickler bzw. Eigenkapitalgeber signalisieren ein gewisses Misstrauen gegenüber großen Energieversorgungsunternehmen, das von diesen ebenfalls registriert wird. Die befragten Energieversorger lassen erkennen, dass sie kein Interesse daran haben, die Projekte alleine durchzuführen, auch wenn sie dies von ihrer Finanzkraft her könnten und die Einspeiseprojekte am Anfang auch keine Gewinne erzielen müssten. Hingewiesen wird von allen Akteursgruppen auf Kommunikationsbarrieren durch unterschiedliche Unternehmenskulturen. Diese sind leichter bei Stadtwerken abzubauen als bei großen Gasversorgern, Netzbetreibern und/oder Stromproduzenten. Bei Kooperationen sind Vermittlungsinstanzen notwendig, etwa Projektentwickler bzw. Beratungsunternehmen, Verbände oder Maschinenringe.

3.4 Schlussfolgerungen

Bei der Rohbiogasaufbereitung und Einspeisung in das Gasnetz können
- Lieferantenmodelle [Landwirte als reine Substratzulieferer],

- Partnermodelle [a) *joint venture* oder b) Rohbiogas als Schnittstelle – mit Landwirten und Energieversorgern, aber auch Projektentwicklern und/oder Anlagenherstellern als Partner] sowie
- die Durchführung durch Landwirte allein

unterschieden werden. Beim Workshop wurde auch die Variante der
- Substratproduktion durch Energieversorger

diskutiert – ein Szenario, so lassen sich einige Interviewaussagen deuten, das einige landwirtschaftliche Akteure fürchten und weswegen sie gewisse Ressentiments v. a. gegenüber großen Energieversorgern hegen.

Aus den Interviews mit Energieversorgern geht eine klare Präferenz für den Aufkauf von Rohbiogas und eine Aufbereitung durch das Energieversorgungsunternehmen hervor. Die Erfahrungen mit Lieferantenmodellen in der Vergangenheit scheinen z. T. negativ gewesen zu sein. Energieversorger könnten allerdings auf Grund der Kapitalkraft Finanzierungsprobleme bei der Rohbiogaserzeugung lösen. Motive für ein Engagement der Energieversorger im Bereich der Gaseinspeisung werden – neben negativ konnotierten Äußerungen zur Marktposition – insbesondere in Imagegründen („grünes Gas") gesehen. Von den Energieversorgern selbst wird auch die Energiesicherheit (Sicherung von Ressourcen) genannt.

Auf landwirtschaftlicher Seite wird ein Interesse an einer größtmöglichen Partizipation am Erfolg sowie einer Aneignung von *know how* im Energiebereich artikuliert. Unter Berücksichtigung der jeweiligen Kenntnisse dürfte dies zu einer verstärkten Umsetzung von Partnerschaftsmodellen führen. Die Aufteilung nach Kernkompetenzen wird als Vorteil der Rohbiogasschnittstelle angeführt. Die Qualitätssicherung könnte für das Gemeinschaftsunternehmen sprechen. Bei diesem muss jedoch eine „gleiche Augenhöhe" zwischen den Partnern erst geschaffen werden. Es bleibt abzuwarten, welches Modell sich in welchem Kontext durchsetzt. Von Interesse wäre jedoch eine eingehende Analyse der Vor- und Nachteile aus theoretischer Perspektive und anhand praktischer Erfahrungen.

4. Fazit zu Kooperationsmodellen bei der Finanzierung

Die Bedeutung von Kooperationsmodellen bei der Biogasfinanzierung nimmt nach Ansicht der meisten befragten Expertinnen und Experten in Zukunft zu. Dies gilt insbesondere für die Umsetzung von Wärmekonzepten und für die Biogaseinspeisung. In Regionen, in denen Eigenkapital einen Engpass darstellt bzw. nicht ausreichend Liquidität gegeben ist, und in Gegenden mit überwiegend kleinen landwirtschaftlichen Betrieben gilt dies auch bei der Errichtung mittelgroßer Anlagen. Der Druck zur Kooperation hat jedoch durch die Novellierung des EEG 2009 und die Einführung des Güllebonus abgenommen: die Errichtung kleiner Anlagen ist erstmalig rentabel. Die weitere Entwicklung bei Kooperationsmodellen hängt damit in starkem Maße von künftigen Änderungen des EEG ab.

Als Problem bei Fondsmodellen wurde die Gefahr einer negativen Auslese diskutiert. Von theoretischem und praktischem Interesse wäre eine Untersuchung der Mechanismen, um dieses Hemmnis zu unterbinden. Eine Folge dürfte sein, dass im Biogasbereich eher kleine Emissionshäuser aktiv sind, die sich auf dieses Segment spezialisiert haben. Für die Selektion geeigneter Partner und die Umsetzung der Projekte ist ein hohes Maß an spezifischem Wissen erforderlich. Die Gefahr einer Negativauslese kann auch als eine Erklärung dafür herangezogen werden, dass manche Fondsgesellschaften den Landwirten vergleichsweise ungünstige Konditionen bieten.

Bei der Biomethaneinspeisung werden von den Interviewteilnehmerinnen und -teilnehmern Partnermodelle bevorzugt. Dabei differieren die Bewertungen der beiden Idealtypen „Aufteilung nach Kernkompetenzen" und „Gemeinschaftsunternehmen" zwischen den Befragten. Kombinationen bzw. Zwischenformen sind denkbar. Im Allgemeinen zeigen Energieversorger kein größeres Interesse an einer Rohbiogasproduktion, so dass Kooperationen mit Landwirten notwendig sind, die über einen Aufkauf der Biomasse hinausgehen. Auf landwirtschaftlicher Seite wird demgegenüber Interesse an einer größtmöglichen Partizipation an der Wertschöpfung im Biogasbereich artikuliert. Für die Biogaseinspeisung müssen dazu im Regelfall mehrere Landwirte kooperieren. Zudem ist das notwendige *know how* im Bereich der Aufbereitungs- und Einspeisetechnik erst aufzubauen.

IV Zusammenfassung und Schlussfolgerungen

In den vorstehenden Kapiteln wurden die empirischen Befunde zu Motiven von Landwirten (s. Kapitel A, Abschnitt 2), Entwicklungslinien (s. Kapitel B), Rohstoff- und Flächensicherung als Finanzierungsrisiko (s. Kapitel C), Finanzierungsformen, -hemmnissen und -problemen (s. Kapitel D) sowie Kooperationen bei der Biogasfinanzierung (s. Kapitel E) aus den Experteninterviews und dem Workshop dargestellt. Im Folgenden werden die Ergebnisse kurz wiedergegeben und vor dem Hintergrund der aus der Literatur abgeleiteten Thesen diskutiert. Daraus wird der weitere Forschungsbedarf abgeleitet, auf den im zweiten Kapitel (B) eingegangen wird.

A. Empirische Befunde

Bei der Darstellung der empirischen Befunde wird der Gliederung nach Themenkomplexen gefolgt: Finanzierungs- und Kooperationsformen sowie Akteure (Abschnitt 1), Entwicklungslinien im Biogassektor (Abschnitt 2) sowie Hemmnisse und Probleme (Abschnitt 3).

1. Finanzierungsformen, Kooperationsformen und Akteure

1.1 Finanzierungsformen

Aus der Literatur wurden zu den Finanzierungsformen im Biogassektor verschiedene Thesen abgeleitet, zu denen jeweils in den Interviews und durch den Workshop Daten erhoben wurden. Der These, dass die Kreditfinanzierung durch Banken die größte Rolle spielt und dass die Eigenkapitalquote bei etwa 20 bis 30 Prozent liegt, kann zugestimmt werden. Da einige Banken bei der Projektfinanzierung Elemente der Unternehmensfinanzierung einbinden, ist die Quote mitunter etwas geringer. Quantitative Daten zu den Aktivitäten einzelner Bankengruppen wurden nicht erhoben, so dass keine Aussage zur Dominanz einer der Gruppen getroffen werden können. Genannt werden in den Interviews jedoch überwiegend dieselben Kreditinstitute: Insbesondere die DKB, OLB und Bremer Landesbank, darüber hinaus die Commerzbank, Nord/LB, DZ Bank, LBBW, UmweltBank und HypoVereinsbank, seltener die Bayerische Landesbank, Südwestbank und Deutsche Bank. Alle Befragten betonen, dass insbesondere lokale Banken (Sparkassen und Genossenschaftsbanken) im Biogassegment aktiv seien. Mit zunehmender Projektgröße dürfte der Markt für private Großbanken attraktiv werden, die derzeit in geringerem Maße engagiert sind.

Wie aus der Literatur zu entnehmen war, erfolgt die Refinanzierung über KfW und Landwirtschaftliche Rentenbank. Daneben spielen eigene Programme der Hausbanken eine Rolle. Zudem bemühen sich einige Banken, weitere Refinanzierungsquellen aufzutun.

Projektfinanzierungen werden im Zusammenhang mit Beteiligungsmodellen und Gemeinschaftsanlagen verstärkt eingesetzt. Aus einigen Interviews kann entnommen werden, dass sich eine Mischform zwischen Projekt- und Unternehmensfinanzierung im Biogassektor etabliert. Andere alternative Finanzierungslösungen (Leasing, Contracting, Mezzaninekapital) sind – anders als in der Literatur vermutet – eher selten. Zur Bedeutung der externen Beteiligungsfinanzierung finden sich unterschiedliche Aussagen in den Befragungen. Es gibt eine Vielfalt unterschiedlicher Beteiligungskapitalgeber, wobei tendenziell landwirtschaftsnahe Kapitalgeber bevorzugt werden.

Hinsichtlich der Finanzierungs- und Organisationsstrukturen wird von den Befragten in Übereinstimmung mit der Literatur zwischen einzelnen landwirtschaftlichen Betrieben differenziert. Es gebe eine Reihe von Betrieben, die gut geführt würden und deshalb selbst in wirtschaftlich schwierigen Zeiten kein Problem bei der Finanzierung aufwiesen. Darüber hinaus wird betont, dass mit wachsender Erfahrung in der Biogasfinanzierung Lerneffekte zu erwarten seien.

Die in der Literatur vertretene These, über die Biogasfinanzierung könne der Projektfinanzierung der Weg auch in andere landwirtschaftliche Bereiche geebnet werden, weist damit eine gewisse Plausibilität auf, wenn Landwirte mit der Finanzierung der Biogasanlagen Erfahrungen mit anderen Finanzierungsansätzen als den gewohnten erlangen. Zu bedenken gilt es jedoch, dass mit dem EEG im Biogasbereich eine Sondersituation besteht. Nur dadurch ist die Projektfinanzierung auch bei relativ kleinen Finanzierungsvolumina der Vorhaben möglich. Weiter zu relativieren wäre die These, wenn sich der Trend in Richtung einer Mischform zwischen Projekt- und Unternehmensfinanzierung fortsetzt bzw. für die (kleineren und) mittleren Biogasprojekte überwiegend auf Limited-Recourse-Finanzierungen zurückgegriffen wird.

In der Untersuchung der Entwicklung von Finanzierungsformen und den Determinanten dieser Entwicklungen ist ein Feld für weitergehende Forschungen zu sehen.

1.2 Kooperationsformen

Die Kooperationsbereitschaft und unterschiedliche Formen der Kooperation stellen neben den Finanzierungsformen das zweite Themenfeld dar, zu dem Thesen aus der Literatur abgeleitet wurden. Nicht zu allen Aspekten wurden im Rahmen der Interviews und des Workshops Daten erhoben. Gleichwohl kann festgestellt werden, dass – in Übereinstimmung mit der Literatur – Kooperationsmodelle zur Errichtung mittelgroßer Anlagen, wo Eigenkapital einen Engpass darstellt bzw. nicht ausreichend Liquidität gegeben ist, und in Regionen mit kleiner Betriebsstruktur künftig eine zunehmende Rolle spielen. Durch die EEG-Novellierung ist jedoch der Druck zur Kooperation geringer geworden.

IV. Zusammenfassung und Schlussfolgerungen

Die GmbH & Co. KG stellt die bedeutendste Unternehmensform für Kooperationen im Biogassektor dar. Dies gilt insbesondere für größere Vorhaben. Bei kleineren Projekten ist die Organisationsvielfalt größer, wird häufiger auch eine GmbH oder eine GbR gewählt. Die eG besitzt eine geringe Bedeutung. Das Anwendungsfeld für diese Unternehmensform wird von den Befragten eher im Bereich der Errichtung und des Betriebs von Wärmenetzen gesehen. Biogasdörfer, die in vielen Fällen als eG organisiert sind, wiesen oft eine fehlende Wirtschaftlichkeit auf.

Bei Anlagen zur Biomethaneinspeisung werden von den Interviewteilnehmer/innen Partnermodelle bevorzugt, d. h. Gemeinschaftsunternehmen von Landwirten und Energieversorgern oder eine Trennung nach Kernkompetenzen (Rohbiogaserzeugung durch die Landwirtschaft, Aufbereitung des Gases und Einspeisung durch die Energieversorger).

1.3 Akteure und Motive der Landwirte

Neben den Thesen zu Kooperationsformen wurden aus der Literatur Aussagen zu Akteuren und Motiven entnommen. An einzelnen Stellen wird in den Befragungen in Übereinstimmung mit den aus der Literatur abgeleiteten Thesen auf neue Akteure bzw. auf unterschiedliche Personengruppen eingegangen:

- Bei den Fragen zu Beteiligungsmodellen und externem Beteiligungskapital wird auf verschiedene landwirtschaftsnahe bzw. regional verankerte Investoren im Gegensatz zu „echten" Fondsinvestoren bzw. Emissionshäusern hingewiesen. Eigenkapital wird damit, sofern es dem Betreiber fehlt, aus unterschiedlichen Quellen beschafft. Aus den Aussagen, die im Rahmen der Interviews und des Workshops gewonnen wurden, lassen sich jedoch keine Rückschlüsse ziehen, ob bzw. inwiefern es sich bei diesem Sachverhalt um eine Entwicklung jüngeren Datums handelt.
- Hersteller bieten so genannte Betreibermodelle an, d. h. Konzepte mit Beteiligung des Anlagenherstellers bzw. durch diesen koordinierte Investoren an Anlagen, die von einem Landwirt betrieben werden. Ziel ist es, weitere Geschäftsfelder entlang der Wertschöpfungskette zu erschließen.
- Energieversorgungsunternehmen sind in hohem Maße an Projekten zur Biogaseinspeisung interessiert und treten auf diese Weise verstärkt im Markt auf.

In der Literatur wird das Auftreten neuer Akteure implizit mit der zunehmenden Anlagengröße in Verbindung gebracht. Soweit der Trend zu steigenden Größen der Biogasanlagen gebrochen wurde, wäre diese Voraussetzung nicht mehr erfüllt. Weitere Determinanten des Engagements unterschiedlicher Akteure wären zu analysieren, um hieraus Schlüsse für die Biogasfinanzierung ableiten zu können. Hierzu zählen auch Investitionsmotive der im Biogasbereich aktiven Anlegergruppen, zu denen im Rahmen des Marktüberblicks keine Daten ermittelt wurden.

In Übereinstimmung mit der Literatur wird in den Interviews bei den Motiven von Landwirten auf eine Steigerung der Wirtschaftlichkeit und die Möglichkeit der Diversifizierung durch Investition in Biogasanlagen verwiesen. Daneben wird eine Reihe weiterer Motive genannt, die jedoch auf Grund der verwendeten Methode nicht gewichtet werden können. Die Bedeutung externer Ereignisse – der Situation auf den Weltmärkten für landwirtschaftliche Erzeugnisse sowie politische Rahmensetzungen – als Auslöser für Investitionen wird hervorgehoben.

Politische Volatilitäten und Schwankungen landwirtschaftlicher Erzeugerpreise führen zu einem zyklischen Investitionsverhalten. Auf Seiten der Anlagenhersteller, aber auch der Kreditinstitute führt dies in Boomzeiten zu Kapazitätsengpässen und damit verbundenen Problemen bei der Finanzierung und der Umsetzung der Projekte.

Energieversorgungsunternehmen spielen insbesondere bei Projekten zur Biogaseinspeisung eine große Rolle. Als ein Hemmnis für die Kooperation zwischen Landwirten und Energieversorgern werden Kommunikationsbarrieren genannt, die Vermittlungsinstanzen erforderlich machen. Die befragten Energieversorger äußern kein Interesse an einer alleinigen Durchführung von Projekten, auch wenn sie dies von ihrer Finanzkraft her könnten.

2. Entwicklungslinien

Die Bestandsaufnahme zu Finanzierungsformen und -praxis, Kooperationen und im Biogassektor tätigen Akteuren wurde in den Interviews durch Fragen zu Entwicklungslinien ergänzt. Aus den Befragungen kann abgeleitet werden, dass

- aktuell ein Boom im Biogassektor zu beobachten ist, der nach Erwartung der Befragten etwas abebben wird;
- die Entwicklung des Marktes in extremer Weise von den politischen Rahmensetzungen abhängt;
- sich unterschiedliche Segmente herausgebildet haben (Hofanlagen; mittelgroße Anlagen; große Anlagen, zunehmend mit Gaseinspeisung), die erhalten bleiben werden.

Mit Blick auf die installierte Leistung kann auf das gesamte Bundesgebiet bezogen ein Bruch des Trends zu immer größeren Biogasanlagen konstatiert werden. Bedingt durch die Novellierung des EEG haben kleinere Anlagen an Attraktivität gewonnen. In den Interviews wurde jedoch nach Süddeutschland auf der einen Seite und Nord- und Ostdeutschland auf der anderen Seite unterschieden: Im Süden wird eine Spreizung bei der Anlagengröße (klein oder groß) konstatiert. Im Norden und Osten, wo überwiegend mittelgroße und große Anlagen gebaut werden, nimmt die Durchschnittsgröße weiterhin zu. Inwieweit diese Wahrnehmungen durch die Akteure zutreffend sind, müsste anhand aktualisierter Branchenzahlen für das Jahr 2009 überprüft werden, die zum Zeitpunkt des Projektabschlusses noch nicht vorlagen.

Die Gaseinspeisung wird von den meisten Befragten als Zukunftstechnologie gesehen, auch wenn das langfristige Potenzial höchst unsicher ist. Die politisch gesetzten Zielwerte werden von den Befragten als unrealistisch eingeschätzt. Darüber hinaus teilen nicht alle Akteure das Ziel, verstärkt Biogaseinspeiseanlagen zu errichten.

3. Hemmnisse und Probleme

3.1 Eigenkapital, Liquidität und Fremdkapital

Bei den Hemmnissen und Problemen wurde nach der Verfügbarkeit von Eigen- und Fremdkapital sowie nach der Liquidität der landwirtschaftlichen Betriebe gefragt. Aus den Interviews und den Ergebnissen des Expertenworkshops kann abgeleitet werden, dass

- Eigenkapital insbesondere in Wachstumsbetrieben und landwirtschaftlichen Unternehmen, die unter niedrigen Erzeugerpreisen leiden, einen Engpassfaktor darstellt;
- Fremdkapital in einigen Regionen in Deutschland nur in begrenztem Maß verfügbar ist, was keine Besonderheit der Biogasfinanzierung darstellt, hier als Problem jedoch prononciert auftritt;
- Beteiligungskapital in unterschiedlichen Formen in ausreichender Menge zur Verfügung steht, wobei landwirtschaftsnahe Beteiligungskapitalgeber bevorzugt werden.

Bei der Fremdkapitalbeschaffung wird die Länge des Prüfungsverfahrens bemängelt. Dies wird z. T. auf die Finanzkrise zurückgeführt. Die Krise wirkt mittelbar auf die Biogasfinanzierung, selbst wenn von den Interviewten keine direkten negativen Effekte beobachtet werden.

3.2 Rohstoffsicherung

Während von den meisten Befragten die Finanzierung nicht als Hemmnis bei der Umsetzung von Biogasprojekten gesehen wird, nennt eine Mehrheit die Sicherung der Biogassubstrate bzw. der Flächen für den Anbau der Substrate und die Nutzung der Reststoffe als das zentrale zu lösende Problem bei Biogasvorhaben. Die langfristige Ressourcensicherung stellt gerade in Regionen mit hoher Biogasanlagendichte ein großes Risiko für die Geldgeber dar. Hierfür wurde eine Reihe von Sicherungsmaßnahmen entwickelt, die von den Akteuren unterschiedlich bewertet werden:

- die Sicherung über eigene Flächen des Anlagenbetreibers bzw. der Kooperationspartner;
- der Abschluss von Lieferverträgen;
- alternativ zu einem (höheren) Anteil eigener Flächen der Abschluss eines Alternativvertrages mit einem zweiten Landwirt;
- die Absicherung über eine Warenzentrale, die vertraglich die Pflicht zur Lieferung übernimmt;
- der Bezug kleinerer Mengen über den Spotmarkt.

Eine Strategie zum Umgang mit dem Ressourcenrisiko, die von manchen Befragten favorisiert wird, besteht darin, Kooperationen mit anderen Landwirten einzugehen, wenn die Substrate nicht über eigene Flächen gesichert werden können. Es wird als Regel, die sich bewährt habe, angegeben, die Beteiligungsquote an der gemeinsamen Gesellschaft solle der Substratlieferquote entsprechen. Dies wäre im Rahmen einer Analyse von Kooperationsmodellen zu überprüfen.

Andere Gesprächspartner sehen in langfristigen Lieferverträgen ein hinreichendes Risikomanagementinstrument. Beobachtet wird in diesem Bereich eine Änderung der Vertragskultur, d. h. eine zunehmende Akzeptanz langfristiger Bindungen. Preisgleitklauseln spielen im Zusammenhang mit langfristigen Lieferverträgen in der Praxis nicht die ihnen in der Literatur zugewiesene zunehmende Bedeutung.

3.3 Sonstige Risiken

Aus der Literatur wurde weiterhin abgeleitet, dass rechtliche Probleme eine große Rolle spielen und Politikrisiken (politische Entscheidungen, öffentliche Akzeptanz, Nutzungskonkurrenzen, Zielkonflikte zwischen Politikfeldern) für die Biogasfinanzierung zentral sind. Aussagen zur politischen und rechtlichen Rahmensetzung werden in zwei Zusammenhängen in den Interviews erörtert: zum einen in Verbindung mit den Entwicklungen im Biogassektor, zum anderen bei der direkten Frage nach genehmigungs- und vergütungsrechtlichen Hemmnissen und Problemen. Allgemein wird in diesem Bereich die fehlende Möglichkeit, Rechtssicherheit zu erlangen, beklagt. Die Einschätzungen zu genehmigungs- und vergütungsrechtlichen Hemmnissen variieren. Ein Problem wird von allen Akteuren darin gesehen, dass die Genehmigungspraxis regional sehr unterschiedlich ausfällt. Unterschiedlich bewertet werden auch die Rechtsänderungen im Zusammenhang mit dem Anlagenbegriff und dem Anlagensplitting (§ 19 EEG). Zugleich wird dabei deutlich, dass das Rechtsrisiko in der Wahrnehmung bzw. subjektiven Bewertung von den Finanziers durch die Vorgänge gestiegen ist.

Daneben wurden in den Interviews Fragen zu technischen Problemen und zum Anlagenbetreiber als „Finanzierungsrisiko" gestellt. Die Befragten heben in ihren Antworten hervor, es gebe (kleinere) technische Schwierigkeiten und Probleme bei einigen Anlagen, die sich durchaus auf die Rendite der Eigenkapitalgeber auswirken. Die Kapitaldienstfähigkeit wird davon allerdings im Regelfall nicht betroffen. Auch beim Betrieb der Biogasanlagen wird kein Hemmnis für die Umsetzung von Vorhaben gesehen. Angesichts des Falls der Schmack Biogas AG wird in den Interviews dagegen auf das Insolvenzrisiko bei Herstellern bzw. Komplettanbietern von Anlagen verwiesen.

Auf Grund der extrem hohen Relevanz der politischen und rechtlichen Rahmensetzung für den Biogassektor kommt den Risiken in diesem Bereich jedoch die größte Bedeutung zu. Dem Zusammenwirken politischer und rechtlicher Faktoren auf der einen Seite sowie finanzwirtschaftlicher Sachverhalte auf der anderen Seite ist bei Analysen der Biogasfinanzierung damit Rechnung zu tragen.

B. Weiterer Forschungsbedarf

Im Folgenden werden einige Themenfelder benannt, in denen ein Bedarf an weiterer Forschung gesehen wird. Dabei wird der Schwerpunkt auf Sachverhalte gelegt, die aus einer finanzwirtschaftlichen Perspektive zu untersuchen sind. Wie im letzten Abschnitt deutlich gemacht wurde, gibt es darüber hinaus eine Reihe von Aspekten, bei denen inter- und transdisziplinäre Ansätze nahe liegen.

- **Bewertung von Kooperationsmodellen**

Neben den oben im Einzelnen bereits genannten Aspekten, wird insbesondere bei der Analyse von Vor- und Nachteilen unterschiedlicher Kooperationsmodelle ein Forschungsbedarf gesehen. Hierbei kann auf neoinstitutionalistische Ansätze der Organisations- und Finanzierungstheorie zurückgegriffen werden.[285] Eine besondere theoretische Herausforderung bildet dabei die Berücksichtigung von Erweiterungsmöglichkeiten, d. h. strategischen Handlungsoptionen zur zukünftigen Weiterentwicklung des Betriebszweiges Biogas, die in der Praxis landwirtschaftlicher Biogasanlagen nach Aussagen der Interviewpartner eine zentrale Rolle spielen (stufenweiser Ausbau der Biogasanlagen). Zwei Segmente des Biogassektors kommen für praktische Anwendungen von Kooperationsmodellen in Frage: Erstens die Verstromung und insbesondere Wärmenutzung in mittelgroßen Anlagen (bis zur Privilegierungsgrenze), mit den genannten Erweiterungsoptionen; zweitens die Gaseinspeisung (Rohbiogaserzeugung, Aufbereitung und Biomethaneinspeisung) unter Beteiligung von Landwirten.

---

[285] Vgl. hierzu etwa den Überblick bei Kieser (2006); Walgenbach (2002); Perridon/Steiner (2009), S. 24-27.

- **Analyse von Beteiligungsmodellen**

Der zweite Themenkomplex, bei dem Forschungsbedarf gesehen wird, sind unterschiedliche Beteiligungsmodelle. Mezzaninekapital könnte als alternatives Eigenkapitalfinanzierungsinstrument eingebunden werden, um Akzeptanzprobleme auf Seiten der Landwirte zu verringern und insofern einen Beitrag zur Lösung des Eigenkapitalproblems zu leisten. Auf der Seite der Mezzaninekapitalgeber bzw. Investoren spielen Maßnahmen zur Verhinderung einer negativen Selektion eine Rolle. Untersucht werden könnte ferner, ob und ggf. wie sich entwickelnde, d. h. nicht im Vorhinein abschließend definierte Biogasprojekte, über Beteiligungsmodelle finanziert werden könnten.

- **Weitere Themenbereiche**

Zu nennen wären neben diesen Themenbereichen, die in einem zweiten, weiterführenden Forschungsprojekt untersucht werden, als Aufgaben für die finanzwirtschaftliche und rechtswissenschaftliche Forschung:

- die Untersuchung von Leasingmodellen, insbesondere der Hemmnisse und Probleme bei der Umsetzung des Leasings ganzer Biogasanlagen (Immobilienleasing);
- die Analyse der Entwicklung von Finanzierungsformen im Biogassektor allgemein bzw. innerhalb eines landwirtschaftlichen Unternehmens, beispielsweise unter Nutzung der oben genannten neoinstitutionalistischen Ansätze;
- eine stärker rechtswissenschaftliche Diskussion der genehmigungs- und vergütungsrechtlichen Hemmnisse mit einer Analyse der politischen und finanzwirtschaftlichen Implikationen, d. h. einer Bewertung politischer und rechtlicher Risiken.

Literaturverzeichnis

Monographien, Sammelbände, Beiträge in Zeitschriften und Sammelbänden, Arbeitspapiere

Achleitner, Ann-Kristin (2001): Handbuch Investment-Banking, 2. Aufl., Wiesbaden

Ackrill, Robert/Kay, Adrian/Morgan, Wyn (2008): The Common Agricultural Policy and Its Reform. The Problem of Reconciling Budget and Trade Concerns, in: Canadian Journal of Agricultural Economics 56, pp. 393-411

Altmeppen, Holger (2004): Verfassungswidrigkeit der akzessorischen Haftung in der GbR?, in: Neue Juristische Wochenschrift 57, S. 1563-1564

Bahrs, Enno/Fuhrmann, Rüdiger/Muziol, Oliver (2004): Die künftige Finanzierung landwirtschaftlicher Betriebe. Finanzierungsformen und Anpassungsstrategien zur Optimierung der Finanzierung, in: Landwirtschaftliche Rentenbank (Hg.): Herausforderungen für die Agrarfinanzierung im Strukturwandel. Ansätze für Landwirte, Banken, Berater und Politik (Schriftenreihe der Landwirtschaftlichen Rentenbank; 19), Frankfurt/Main, S. 7-49

Benjamin, Catherine/Phimister, Euan (2002): Does Capital Market Structure Affect Farm Investment? A Comparison Using French and British Farm-Level Panel Data, in: American Journal of Agricultural Economics 84, No. 4, pp. 1115-1129

Berenz, Stefan/Bochmann, Günther/Heißenhuber, Alois (2008a): Strategien zur Risikominimierung beim Betrieb von Biogasanlagen, in: Landwirtschaftliche Rentenbank (Hg.): Risikomanagement in der Landwirtschaft (Schriftenreihe der Landwirtschaftlichen Rentenbank; 23), Frankfurt/Main, S. 185-223

Berenz, Stefan/Hoffmann, Helmut/Pahl, Hubert (2008b): Konkurrenzbeziehungen zwischen der Biogaserzeugung und der tierischen Produktion, in: Glebe, T. u. a. (Hg.): Agrar- und Ernährungswirtschaft im Umbruch (Schriften der Gesellschaft für Wirtschafts- und Sozialwissenschaften des Landbaues e. V.; 43), Münster, S. 497-506

Bläsi, Wolfram/Strümpfel, Jürgen (2001): Betriebsgesellschaften in der Landwirtschaft. Dargestellt am Beispiel ausgewählter Thüringer GbR, in: Landwirtschaftliche Rentenbank (Hg.): Betriebsgesellschaften in der Landwirtschaft. Chancen und Grenzen im Strukturwandel (Schriftenreihe der Landwirtschaftlichen Rentenbank; 15), Frankfurt/Main, S. 99-140

Blenske, Holger (2000): Die Haftung der Gesellschafter einer GbR mbH, in: Neue Juristische Wochenschrift 53, S. 3170-3174

Blisse, Holger/Hanisch, Markus/Hirschauer, Norbert/Kramer, Jost W./Odening, Martin (2004): Risikoorientierte Agrarkreditvergabe. Entwicklung und Konsequenzen, in: Landwirtschaftliche Rentenbank (Hg.): Herausforderungen für die Agrarfinanzierung im Strukturwandel. Ansätze für Landwirte, Banken, Berater und Politik (Schriftenreihe der Landwirtschaftlichen Rentenbank; 19), Frankfurt/Main, S. 203-247

BMU [Bundesministerium für Umwelt, Naturschutz und Reaktorsicherheit] (2007a): Erneuerbare Energien. Innovationen für die Zukunft, Stand: April 2006, Berlin

BMU (2007b): Das Integrierte Energie- und Klimaprogramm der Bundesregierung, Dezember 2007; http://www.bmu.de/files/pdfs/allgemein/application/pdf/hintergrund_meseberg.pdf (25.02.2010)

BMU (2009a): Erneuerbare Energien. Innovationen für eine nachhaltige Entwicklung, 7. Aufl., Stand: Juni 2009, Berlin; http://www.erneuerbare-energien.de/files/pdfs/allgemein/application/pdf/ee_innovationen_energiezukunft_bf.pdf (15.03.2010)

BMU (2009b): Erneuerbare Energien in Zahlen. Nationale und internationale Entwicklung, Stand: Juni 2009, Berlin

Böttcher, Jörg (2009): Finanzierung von Erneuerbare-Energien-Vorhaben, München

Böttcher, Jörg/Blattner, Peter (2006): Projektfinanzierung, München

Bogner, Alexander/Littig, Beate/Menz, Wolfgang (Hg.) (2009): Das Experteninterview. Theorien, Methoden, Anwendungsfelder, 3. Aufl., Wiesbaden

Bogner, Alexander/Menz, Wolfgang (2009): Das theoriegenerierende Experteninterview. Erkenntnisinteresse, Wissensformen, Interaktion, in: Bogner, Alexander/Littig, Beate/Menz, Wolfgang (Hg.): Das Experteninterview. Theorien, Methoden, Anwendungsfelder, 3. Aufl., Wiesbaden, S. 61-98

Brand-Saßen, Henning (2008): So kapitalintensiv wie kein anderer Wirtschaftszweig. Wie sich die Finanzierung der Landwirtschaft geändert hat, in: Brand-Saßen, Henning/Golter, Friedrich/Köhne, Manfred/Schnieders, Rudolf: Landwirtschaft im Umbruch. Agrarpolitik, Markt, Strukturen und Finanzierung seit den siebziger Jahren, Stuttgart, S. 179-208

Bräuninger, Michael/Kriedel, Norbert/Schröer, Sebastian (2008): Power für Deutschland. Energieversorgung im 21. Jahrhundert, Juli 2008, 2. Aufl., Hamburg

Campbell, John Y. (2006): Household Finance, in: The Journal of Finance 61, No. 4, pp. 1553-1604

Chatham House/UNEP SEFI/Bloomberg New Energy Finance (2009): Private Financing of Renewable Energy. A Guide for Policymakers, December 2009, London; http://www.chathamhouse.org.uk/publications/papers/download/-/id/811/file/15542_1209_financeguide.pdf (19.03.2010)

Chatterjee, Sayan/Wernerfelt, Birger (1991): The Link between Resources and Type of Diversification. Theory and Evidence, in: Strategic Management Journal 12, No. 1, pp. 33-48

Cory, K./Coughlin, J./Jenkin, T./Pater, J./Swezy. B. (2008): Innovations in Wind and Solar PV Financing, Technical Report, NREL/TP-670-42919, February 2008, Golden/CO; http://www.nrel.gov/docs/fy08osti/ 42919.pdf (19.03.2010)

DBFZ [Deutsches BiomasseForschungsZentrum gGmbH] (2009): Monitoring zur Wirkung des Erneuerbare-Energien-Gesetzes (EEG) auf die Entwicklung der Stromerzeugung aus Biomasse. Zwischenbericht „Entwicklung der Stromerzeugung aus Biomasse 2008" (FKZ: 03MAP138), in Kooperation mit der Thüringer Landesanstalt für Landwirtschaft, März 2009, Leipzig

Degenhart, Heinrich (2008): Zukunftsträchtige Geschäfte mit der Finanzierung erneuerbarer Energien, in: Betriebswirtschaftliche Blätter 57, Nr. 9, S. 500-502

Degenhart, Heinrich/Pehl, Katrin (2009): Merkmale des Ratings von Windenergie-Projektfinanzierungen in der Bankpraxis, in: Kredit & Rating Praxis 35, Nr. 6, S. 25-30

Degenhart, Heinrich/Spallek, Britta (2006): Biogasanlagen müssen größer werden, in: Erneuerbare Energien 2006, Nr. 5, S. 12-13

dena [Deutsche Energie-Agentur GmbH] (2009): biogaspartner – A Joint Initiative. Biogas Grind Injection in Germany and Europe – Market, Technology and Players, Broschüre, Stand 11/2009, Berlin

Doluschitz, Reiner (2001): Kooperationen in der Landwirtschaft, in: Berichte über Landwirtschaft 79, Nr. 3, S. 375-398

EnergieAgentur.NRW/forseo GmbH (2006): Biogas – Leitfaden für Kreditinstitute, 2. Aufl., Wuppertal/Freiburg

EUROSOLAR (Hg.) (2000): Der Landwirt als Energiewirt. II. Internationale EUROSOLAR-Konferenz im Rahmen der Grünen Woche Berlin [14./15. Januar 2000], Konferenzband, Berlin

FINANCIAL GATES GmbH/HypoVereinsbank AG (2007): Expertenbefragung Erneuerbare Energien. Finanzierungsusancen und Marktperspektiven (FINANCE-Studien), November 2007, Frankfurt/Main

Fischler, Franz (2003): Reform der Gemeinsamen Agrarpolitik, in: Wirtschaftsdienst 2003, Nr. 3, S. 143-145

forseo GmbH (2008a): Biomasse – Leitfaden für Kreditinstitute. Handbuch zur Prüfung und Finanzierung von Biomasseheizkraftwerken, Freiburg

forseo GmbH (2008b): Photovoltaik – Leitfaden für Kreditinstitute. Handbuch zur Prüfung und Finanzierung von Photovoltaikprojekten, Freiburg

forseo GmbH (2008c): The Investor's Guide to Geothermal Energy. How to Capitalize on the Heat Beneath Your Feet, Freiburg

FNR [Fachagentur Nachwachsende Rohstoffe e. V.] (Hrsg.) (2007): Leitfaden Bioenergie. Planung, Betrieb und Wirtschaftlichkeit von Bioenergieanlagen, 4. Aufl., Gülzow

Fraunhofer UMSICHT [Fraunhofer-Institut für Umwelt-, Sicherheits- und Energietechnik] (2009): Technologien und Kosten der Biogasaufbereitung und Einspeisung in das Erdgasnetz. Ergebnisse der Markterhebung 2007-2008, ergänzte und aktualisierte Fassung vom 03.03.2009 (Version 4.16), Oberhausen; http://www.biogaseinspeisung.de/download/2008_UMSICHT_Technologien_und_Kosten_der_Biogasaufbereitung_und_Einspeisung_in_das_Erdgasnetz.pdf (04.12.2009)

Friedrichs, Jürgen (1990): Methoden empirischer Sozialforschung (WV Studium; 28), 14. Aufl., Opladen

Friedrichs, Jan-Christoph/Schwerdtle, Johannes G./Amelung, Cord (2004): Kreditfinanzierungen in der Landwirtschaft. Innovative Managementansätze für Landwirte, Berater und Banken, in: Landwirtschaftliche Rentenbank (Hg.): Herausforderungen für die Agrarfinanzierung im Strukturwandel. Ansätze für Landwirte, Banken, Berater und Politik (Schriftenreihe der Landwirtschaftlichen Rentenbank; 19), Frankfurt/Main, S. 51-94

Gaul, Thomas/Bensmann, Martin (2009): In kleinen Schritten vorwärts, in: Biogas Journal 12, Nr. 3, S. 34-40

Gloy, Brent A./Gunderson, Michael A./LaDue, Eddy L. (2005): The Costs and Benefits of Agricultural Credit Delivery, in: American Journal of Agricultural Economics 87, No. 3, pp. 703-716

Gohin, Alexandre (2006): Assessing the CAP Reform. Sensitivity of Modelling Decoupled Policies, in: Journal of Agricultural Economics 57, No. 3, pp. 415-440

Graefe zu Baringdorf, Friedrich Wilhelm (2008): Food First. Grundlegende Anmerkungen zur Debatte über innere und äußere Energie, in: AgrarBündnis e. V. (Hg.): Landwirtschaft 2008: Der kritische Agrarbericht. Schwerpunkt 2008: Landwirtschaft als Energieerzeuger, Kassel/Hamm, S. 20-24

Granoszewski, Karol/Reise, Christian/Spiller, Achim/Mußhoff, Oliver (2009): Entscheidungsverhalten landwirtschaftlicher Betriebsleiter bei Bioenergie☐Investitionen. Erste Ergebnisse einer empirischen Untersuchung (Universität Göttingen, Department für Agrarökonomie und Rurale Entwicklung; Discussion Papers; 0911), Oktober 2009, http://www.uni-goettingen.de/de/document/download/d803d91af0f7bdb0f1753c3626 f866db.pdf/Granoszewski,Reise,Spiller,Mu%C3%9Fhoff%20(2009)%20Entscheidungs verhalten%20Bioenergie.pdf (16.07.2010)

Grant, Wyn/MacNamara, Anne (1996): The Relationship between Bankers and Farmers. An Analysis of Britain and Ireland, in: Journal of Rural Studies 12, No. 4, pp. 427-437

Habermann, Iris/Inhetveen, Heide (1999): Soziologische Aspekte landwirtschaftlicher Kooperationen, Arbeitspapier, Göttingen

Hamilton, Kirsty (2009): Unlocking Finance for Clean Energy. The Need for 'Investment Grade' Policy (Chatham House; Energy, Environment and Development Programme Paper; 09/04), December 2009, London; http://www.chathamhouse.org.uk/publications/ papers/download/-/id/820/file/15616_1209pp_hamilton.pdf (19.03.2010)

Hasselmann, Heinrich/Bergmann, Holger (2007): Vom Land- zum Energiewirt. Überlegungen zur Rentabilität von Biogasanlagen auf der Grundlage unterschiedlicher Substrate und Voraussetzungen in Deutschland, in: Agrarwirtschaft und Agrarsoziologie 2007, Nr. 1, S. 91-99

Hermann, Bärbel (2002): Gemeinsam wirtschaften. Was sollten Partner von vornherein bedenken?, in: Kuratorium für Technik und Bauwesen in der Landwirtschaft e. V. (Hg.): Durch Partnerschaft zum Erfolg, KTBL-Fachtagung am 03.07.2002 in Herrieden, Darmstadt, S. 15-17

Heß, Sebastian/Bergmann, Holger/Sudmann, Lüder (2006): Die Förderung alternativer Energien. Eine kritische Bestandsaufnahme, Institut für Agrarökonomie der Georg-August-Universität Göttingen, Diskussionsbeitrag, Januar 2006, Göttingen; http://www.uni-goettingen.de/de/document/download/a6dcf2703048b0f814fb31151373fb80.pdf/Die%20F%C3%B6rderung%20alternativer%20Energien-%20eine%20kritische%20Bestan.. pdf (24.03.2010)

Hinsch, Andreas (2007): Rechtliche Probleme der Energiegewinnung aus Biomasse, in: Zeitschrift für Umweltrecht 18, Nr. 9, S. 401-409

Huirne, Ruud/Meuwissen, Miranda/Asseldonk, Marcel van (2009): Importance of Risk Management in Agriculture, in: Berg, Ernst u. a. (Hg.): Risiken in der Agrar- und Ernährungswirtschaft und ihre Bewältigung (Schriften der Gesellschaft für Wirtschafts- und Sozialwissenschaften des Landbaues e. V.; 44), Münster, S. 19-28

Kanowski, Heiner (2008): Banken wollen sich wieder mehr in der Landwirtschaft engagieren, Interview mit Steffen Weihe, in: DLG-Mitteilungen 123, Nr. 7, S. 32-33

KfW [Kreditanstalt für Wiederaufbau] (2005): Financing Renewable Energy. Instruments, Strategies, Practice Approaches (Discussion Paper; 38), December 2005, Frankfurt/Main; http://www.kfw-entwicklungsbank.de/DE_Home/Service_und_Dokumentation/ Online_Bibliothek/PDF-Dokumente_Diskussionsbeitraege/38_AMD_Renewable_ Energy.pdf (16.07.2010)

Klischat, Ulrich/Klischat, Ute/Habermann, Iris (2001): Erfolgsbestimmende Faktoren in landwirtschaftlichen Kooperationen aus Sicht von Betroffenen, in: Landwirtschaftliche Rentenbank (Hg.): Betriebsgesellschaften in der Landwirtschaft. Chancen und Grenzen im Strukturwandel (Schriftenreihe der Landwirtschaftlichen Rentenbank; 15), Frankfurt/ Main, S. 179-220

Knappe, Elke (Hg.) (2009): Vom Landwirt zum Energiewirt. Die Landwirtschaft Südosteuropas zwischen Euphorie und Skepsis (Leibniz-Institut für Länderkunde, Forum IfL; 10), Tagung am 4./5. April 2008 in Leipzig, Leipzig

Kochhar, Rahul (1997): Strategic Assets, Capital Structure, and Firm Performance, in: Journal of Financial and Strategic Decisions 10, No. 3, pp. 23-36

Kochhar, Rahul/Hitt, Michael A. (1998): Linking Corporate Strategy to Capital Structure. Diversification Strategy, Type and Source of Financing, in: Strategic Management Journal 19, No. 6, pp. 601-610

Koester, Ulrich (2003): EU-Agrarreform – Endlich ein Durchbruch?, in: Wirtschaftsdienst 2003, Nr. 3, S. 151-156

Köhne, Manfred (2004): Anstöße für ein verbessertes Finanzmanagement in landwirtschaftlichen Unternehmen, in: Agrarwirtschaft 53, Nr. 2, S. 65-66

Köhne, Manfred (2008): Die große Zeit des Wandels. Entwicklung der Organisationsstrukturen in der Landwirtschaft und deren Umfeld, in: Brand-Saßen, Henning/Golter, Friedrich/ Köhne, Manfred/Schnieders, Rudolf: Landwirtschaft im Umbruch. Agrarpolitik, Markt, Strukturen und Finanzierung seit den siebziger Jahren, Stuttgart, S. 129-177

Kuhnen, Frithjof (2000): Kooperation in der Landwirtschaft, in: Kirk, Michael/Kramer, Jost/ Steding, Rolf (Hg.): Genossenschaften und Kooperation in einer sich wandelnden Welt. Festschrift für Prof. Dr. Hans Münkner zum 65. Geburtstag, Münster, S. 113-121

Landwirtschaftliche Rentenbank (2003): Basel II und die Landwirtschaft, Broschüre, Oktober 2003, Frankfurt/Main; http://www.rentenbank.de/cms/dokumente/10011465_262637/ 4c608889/Basel_II.pdf (08.03.2010)

Le Heron, Richard B. (1993): Globalized Agriculture. Political Choice, Oxford u. a.

Liebold, Renate/Trinczek, Rainer (2009): Experteninterview, in: Kühl, Stefan/Strodtholz, Petra/Taffertshofer, Andreas (Hg.): Handbuch Methoden der Organisationsforschung. Quantitative und Qualitative Methoden, Wiesbaden, S. 32-56

Lüdicke, Jochen/Arndt, Jan-Holger (2009): Geschlossene Fonds. Rechtliche, steuerliche und wirtschaftliche Aspekte von Immobilien-, Schiffs-, Flugzeug-, Solarenergie-, Private Equity- sowie Lebensversicherungsfonds und anderen geschlossenen Fondsprodukten, 5. Aufl., München

Maas, Sarah/Schmitz, Michael (2007): Gemeinsame Agrarpolitik der EU, in: Wirtschaftsdienst 2007, Nr. 2, S. 94-100

Mann, Karl Heinz/Muziol, Oliver (2001): Darstellung erfolgreicher Kooperationen und Analyse der Erfolgsfaktoren, in: Landwirtschaftliche Rentenbank (Hg.): Betriebsgesellschaften in der Landwirtschaft. Chancen und Grenzen im Strukturwandel (Schriftenreihe der Landwirtschaftlichen Rentenbank; 15), Frankfurt/Main, S. 55-97

Maslaton, Martin (2009): Die Entwicklung des Rechts der Erneuerbaren Energien 2007/2008, in: Landes- und Kommunalverwaltung 19, Nr. 4, S. 152-159

Meuser, Michael/Nagel, Ulrike (2009): Das Experteninterview. Konzeptionelle Grundlagen und methodische Anlage, in: Pickel, Susanne/Pickel, Gert/Lauth, Hans-Joachim/Jahn, Detlef (Hg.): Methoden der vergleichenden Politik- und Sozialwissenschaft. Neue Entwicklungen und Anwendungen, Wiesbaden, S. 465-479

Mielke, Martin (2009): Besser Contracting oder Leasing? Vor- und Nachteile im Vergleich – Wann welche Finanzierungsform sinnvoll ist, in: energy 2.0, Nr. 1, S. 27-29

Mruck, Katja/Mey, Günter (2005): Qualitative Forschung. Zur Einführung in einen prosperierenden Wissenschaftszweig, in: Historical Social Research 30, No. 1, pp. 5-27

Murphy, Lawrence M./Brokaw, Julie/Boyle, Chris (2002): Transitioning to Private-Sector Financing. Characteristics of Success, Working Paper, NREL/MP-720-31192, Golden/CO; http://www.nrel.gov/docs/gen/fy02/31192.pdf (16.07.2010)

Nevitt, Peter K./Fabozzi, Frank J. (2000): Project Financing, 7. Aufl., London

Nielsen, Lene/Jeppesen, Tim (2003): Tradable Green Certificates in Selected European Countries. Overview and Assessment, in: Energy Policy 31, Nr. 1, S. 3-14

Ortseifen, Stefan (2002): Projektfinanzierung für mittelständische Unternehmen, in: Krimphove, Dieter/Tytko, Dagmar (Hrsg.): Praktiker-Handbuch Unternehmensfinanzierung, Stuttgart, S. 721-742

Petrick, Martin (2005): Empirical Measurement of Credit Rationing in Agriculture. A Methodological Survey, in: Agricultural Economics 33, pp. 191-203

Peyerl, Hermann/Breuer, Günter (2006): Kooperationen. Theoretische Überlegungen aus Perspektive der Haushaltsökonomie, in: Darnhofer, Ika/Wytrzens, Hans Karl/Walla, Christoph (Hg.): Alternative Strategien für die Landwirtschaft. Festschrift für Walter Schneeberger, Wien, S. 21-34

Pielow, Johann-Christian/Schimansky, Christian (2009): Rechtlicher Rahmen der Biogaseinspeisung. Gesetzgeberische Ziele, Substraterzeugung, Raumordnung, Anlagengenehmigung, Netzzugang und Förderung, Abschlussbericht für das BMBF-Verbundprojekt „Biogaseinspeisung", Bd. 7, Juni 2009, Oberhausen u. a.; http://www.biogaseinspeisung.de/download/Abschlussbericht_Biogaseinspeisung_Band_7_Recht_AP5.pdf (16.07.2010)

Pratt, Michael G. (2008): Fitting Oval Pegs Into Round Holes. Tensions in Evaluating and Publishing Qualitative Research in Top-Tier North American Journals, in: Organizational Research Methods 11, No. 3, pp. 481-509

Rauh, Stefan/Berenz, Stefan/Heißenhuber, Alois (2008): Abschätzung des unternehmerischen Risikos beim Betrieb einer Biogasanlage mit Hilfe der Monte-Carlo-Methode, in: Glebe, T. u. a. (Hg.): Agrar- und Ernährungswirtschaft im Umbruch (Schriften der Gesellschaft für Wirtschafts- und Sozialwissenschaften des Landbaues e. V.; 43), Münster, S. 507-516

Reimer, Hendrik (2009): Finanzierung von Biogasanlagen – aus Sicht einer Bank, in: Fachagentur Nachwachsende Rohstoffe e. V. (Hg.): Tagungsband „Biogas in der Landwirtschaft – Stand und Perspektiven" (Gülzower Fachgespräche; 32), Gülzow, S. 87-96

Reinhold, Gerd (2009): Welche Faktoren bestimmen die Wirtschaftlichkeit von Biogasanlagen?, in: Fachagentur Nachwachsende Rohstoffe e. V. (Hg.): Tagungsband „Biogas in der Landwirtschaft – Stand und Perspektiven" (Gülzower Fachgespräche; 32), Gülzow, S. 76-86

Rettberg, Udo/Kanowski, Heiner (2007): Jetzt den Biogas-Boom nutzen?, in: DLG-Mitteilungen 122, Nr. 7, S. 28-31

Reuter, Alexander/Wecker, Claus (1999): Projektfinanzierung. Anwendungsmöglichkeiten, Risikomanagement, Vertragsgestaltung, bilanzielle Behandlung, Stuttgart

Roberts, Phil/Kasbekar-Shah, Gauri (2009): Project Finance, in: The Association of Corporate Treasurers (Hrsg.): The International Treasurer's Handbook 2010, London, S. 31-37

Schäfer, Carsten (2010): Quotenhaftung in der Publikums-GbR?, in: Neue Zeitschrift für Gesellschaftsrecht 13, Nr. 7, S. 241-245

Schaper, Christian/Beitzen-Heineke, Christina/Theuvsen, Ludwig (2008): Finanzierung und Organisation landwirtschaftlicher Biogasanlagen. Eine empirische Untersuchung, in: Yearbook of Socioeconomics in Agriculture 2008, S. 39-74

Schaper, Christian/Theuvsen, Ludwig (2010): Der Markt für Bioenergie, in: German Journal of Agricultural Economics 59, Supplement „Die landwirtschaftlichen Märkte an der Jahreswende 2009/10", S. 111-126

Scheuch, E. K. (1967): Das Interview in der empirischen Sozialforschung, in: König, R. (Hg.): Handbuch der empirischen Sozialforschung, 2. Aufl., Stuttgart, S. 66-190

Schmitt, Walter Max/Hoffmann, Helmut (1997): Betriebsgemeinschaften in der Milchviehhaltung in Süddeutschland. Ergebnisse einer Umfrage in Bayern und Baden-Württemberg, in: Berichte über Landwirtschaft 75, Nr. 4, S. 572-585

Schmitt, Walter Max/Hoffmann, Helmut (2000): Unternehmerische Strategien und Ansätze zur Verbesserung der Wettbewerbsfähigkeit der Milchviehhaltung im süddeutschen Raum, in: Alvensleben, Reimar von u. a. (Hg.): Wettbewerbsfähigkeit und Unternehmertum in der Land- und Ernährungswirtschaft (Schriften der Gesellschaft für Wirtschafts- und Sozialwissenschaften des Landbaues e. V.; 36), Münster, S. 143-150

Schneeberger, Walter/Aßfall, Rudolf (2006): Wirtschaftliche und soziale Effekte der Kooperation in der Milchkuhhaltung, in: Die Bodenkultur 57, Nr. 2, S. 109-117

Schneider, Dieter (2001): Betriebswirtschaftslehre. Band 4: Geschichte und Methoden der Wirtschaftswissenschaft, München/Wien

Schomerus, Thomas (2010): Die Privilegierung von Biogasanlagenparks im Wachstumsbeschleunigungsgesetz, in: Neue Zeitschrift für Verwaltungsrecht 2010, Nr. 9, S. 549-552

Schwabe, Paul/Cory, Karlynn/Newcomb, James (2009): Renewable Energy Project Financing. Impacts of the Financial Crisis and Federal Legislation, Technical Report, NREL/TP-6A2-44930, July 2009, Golden/CO; http://www.nrel.gov/docs/fy09osti/44930.pdf (16.07.2010)

Sonntag-O'Brien, Virginia/Usher, Eric (2004a): Mobilising Finance for Renewable Energies, Thematic Background Paper, International Conference for Renewable Energies, Bonn 2004

Sonntag-O'Brien, Virginia/Usher, Eric (2004b): Financing Options for Renewable Energy, in: Environmental Finance, Nr. 5

Spiller, Achim/Theuvsen, Ludwig/Recke, Guido/Schulze, Birgit (2005): Sicherstellung der Wertschöpfung in der Schweineerzeugung. Perspektiven des Nordwestdeutschen Modells, Gutachten des Instituts für Agrarökonomie der Georg-August-Universität Göttingen im Auftrag der Stiftung Westfälische Landschaft, Münster

SRU [Sachverständigenrat für Umweltfragen] (2007): Klimaschutz durch Biomasse, Sondergutachten, Juli 2007, Berlin

Stockinger, Christian (2007): Agrarsektor im Umbruch. Bisherige und absehbare Entwicklungslinien, in: Bayerische Landesanstalt für Landwirtschaft (Hg.): Strategien zur Stärkung einer nachhaltigen und wettbewerbsfähigen Landbewirtschaftung in Bayern. Landwirtschaft 2020, Teil 4: Mit mehreren Standbeinen die Existenz sichern (Schriftenreihe; 22/2007), September 2007, Freising, S. 9-30

Stodieck, Friedhelm (2008): Rückblick 2007. Agrarpolitik im Klimawandel, in: AgrarBündnis e. V. (Hg.): Landwirtschaft 2008: Der kritische Agrarbericht. Schwerpunkt 2008: Landwirtschaft als Energieerzeuger, Kassel/Hamm, S. 11-19

Thalheim, Gerald (2006): Umsetzung der GAP-Reform in Deutschland. Gegenwärtiger Stand und Ausblick, in: Bahrs, Enno u. a. (Hg.): Unternehmen im Agrarbereich vor neuen Herausforderungen (Schriften der Gesellschaft für Wirtschafts- und Sozialwissenschaften des Landbaues e. V.; 41), Münster, S. 3-8

Thier, Heinz (2009): In Krisenzeiten bei Kasse bleiben, in: DLG-Mitteilungen 124, Nr. 1, S. 76-79

TLL [Thüringer Landesanstalt für Landwirtschaft] (2001): 7. Thüringer Bioenergietag „Der Landwirt als Energiewirt" (TLL, Schriftenreihe; 10), Jena

Tytko, Dagmar (1999): Grundlagen der Projektfinanzierung, Stuttgart

Vössing, Ansgar (2007): Brot oder Benzin. Flächenkonkurrenz zwischen Lebensmitteln und nachwachsenden Rohstoffen, in: Naturschutz und Landschaftsplanung 39, Nr. 12, S. 377-383

Wagner, Klaus-R. (2009): Berlin-Fonds. Verfassungsrechtliche Fragen der unbeschränkten persönlichen Anlegerhaftung infolge der Rechtsprechungsänderung des BGH, in: Zeitschrift für Wirtschafts- und Bankrecht 2009, Nr. 46, S. 2149-2156

WBA [Wissenschaftlicher Beirat Agrarpolitik beim BMELV] (2007): Nutzung von Biomasse zur Energiegewinnung. Empfehlungen an die Politik, Gutachten, November 2007, o. O. [Berlin]; http://www.bmelv.de/cae/servlet/contentblob/382594/publicationFile/23149/GutachtenWBA.pdf;jsessionid=BD922939FB58E326EE730513A7EDB4EB (24.03.2010)

Wesselmann, Gerd (2002): Landwirtschaftliche Investitions- und Finanzierungsstrategien in horizontaler und vertikaler Kooperation, in: Brockmaier, Martina/Abele, Steffen (Hg.): Liberalisierung des Welthandels. Strategien und Konsequenzen (Schriften der Gesellschaft für Wirtschafts- und Sozialwissenschaften des Landbaues e. V.; 37), Münster, S. 265-275

Wolf, Birgit (2003): Projektfinanzierung. Die klassische Variante der Cash-Flow-Finanzierung, in: Wolf, Birgit u. a. (Hrsg.): Strukturierte Finanzierungen. Projektfinanzierung, Bay-out-Finanzierung, Asset-Backed-Strukturen, Stuttgart, S. 59-123

Zeddies, Jürgen (2009): Bioenergieproduktion aus betriebswirtschaftlicher Sicht, in: Schmitz, Michael u. a. (Hg.): Potenziale der Bioenergie. Chancen und Risiken für landwirtschaftliche Unternehmen, Studie im Auftrag des DLG-Strategierates, Oktober 2008 (Arbeiten der DLG; 204), Frankfurt/Main

Konferenzvorträge und sonstige Präsentationen

Drescher, Bodo (2004): Erwartungen von Banken an ein Biogasprojekt, Vortrag bei der Jahrestagung des Fachverbandes Biogas, 28.01.2004; http://www.biogas-infoboard.de/pdf/B_Drescher.pdf (23.03.2010)

Mußhoff, Oliver/Hirschauer, Norbert/Waßmuß, Harm (2009): Sind landwirtschaftliche Unternehmer bei Zinssätzen zahlenblind? Erste empirische Ergebnisse, Vortrag anlässlich der 49. Jahrestagung der Gesellschaft für Wirtschafts- und Sozialwissenschaften des Landbaues „Agrar- und Ernährungsmärkte nach dem Boom", 30.09.-02.10.2009, Kiel; http://www.uni-kiel.de/gewisola2009/beitrage/v43korrigiert.pdf (02.03.2010)

Schmidt, Claus-Henning (2006): Finanzierung von Biogasanlagen, Präsentation, Nürnberg; http://www.biogas-infoboard.de/pdf/finanzio.PDF (23.03.2010)

Specht, Michael (2009): Speicherung von Bioenergie und Erneuerbarem Strom im Erdgasnetz, Präsentation bei der Jahrestagung des Forschungsverbundes Erneuerbare Energien „Forschen für globale Märkte erneuerbarer Energien", 24./25.11.2009, Berlin; http://www.fvee.de/fileadmin/publikationen/Themenhefte/th2009-1/th2009_06_05.pdf (25.02.2010)

Theuvsen, Ludwig (2003): Kooperationen in der Landwirtschaft. Formen, Wirkungen und aktuelle Bedeutung, Vortrag bei der 5. Jahrestagung Thüringer Landwirtschaft, 20.02.2003, Erfurt; http://www.tll.de/ainfo/pdf/jata/jt03_05f.pdf (08.03.2010)

Geschäftsberichte, Presseinformationen

Landwirtschaftliche Rentenbank (div. Jg.): Geschäftsberichte 2005-2009; http://www.rentenbank.de/cms/beitrag/10011463/262605/Geschaeftsberichte.html (07.07.2010)

Landwirtschaftliche Rentenbank (2010): Geschäftsjahr 2009. Rentenbank erneut mit außergewöhnlichem Ergebniszuwachs, Pressemitteilung, 18.01.2010; http://www.rentenbank.de/cms/beitrag/10014116/273572/Geschaeftsjahr_Rentenbank_erneut_mit_ausserge woehnlichem_Ergebniszuwachs.html (25.02.2010)

Lißmann, Günther (2010): Rechtsformen landwirtschaftlicher Betriebe. Fachtagung für Agrarsachverständige und Steuerfachleute, Pressemitteilung, Hauptverband der landwirtschaftlichen Buchstellen und Sachverständigen e. V., 27.01.2010; http://www.hlbs.de/global/show_document.asp?id=aaaaaaaaaaazphn (09.03.2010)

Websites

BMELV [Bundesministerium für Ernährung, Landwirtschaft und Verbraucherschutz] (o. J.): Gutachten des Wissenschaftlichen Beirats Agrarpolitik „Nutzung von Biomasse zur Energiegewinnung - Empfehlungen an die Politik"; http://www.bmelv.de/SharedDocs/ Standardartikel/Ministerium/Organisation/Beiraete/Veroeffentlichungen/NutzungBiomas seEnergiegewinnungVorwort.html?nn=429108 (24.03.2010)

dena [Deutsche Energie-Agentur] (2009a): Biogaspartner. EEWärmeG; http://www.biogas partner.de/index.php?id=10229 (25.02.2010)

dena (2009b): Biogaspartner. Marktentwicklung in Deutschland; http://www.biogaspartner. de/index.php?id=11871 (04.12.2009)

dena (2009c): Biogaspartner. Geschäftsmodelle und Finanzierung; http://www.biogaspartner. de/index.php?id=10179 (04.12.2009)

dena (2010): Biogaspartner. Biogaseinspeisung in Deutschland – Übersicht; http://www.bio gaspartner.de/index.php?id=10074&L=0&fs= (23.04.2010)

Esty, Benjamin (2004): Project Finance. Definitions; http://www.people.hbs.edu/besty/projfin portal/definition.htm (19.06.2006)

Fachverband Biogas e. V. (2009): Die Biogasbranche 2009; http://www.biogas.org/edcom/ webfvb.nsf/id/DE_Branchenzahlen_2009?open&l=DE&ccm=060040 (01.04.2010)

FNR (2010): Biogas. Biogasanlagen in Deutschland; http://www.bio-energie.de/biogas.html (01.04.2010)

SSES [Schweizerische Vereinigung für Sonnenenergie] (2009): Vom Landwirt zum Energiewirt, http://www.solarbauern.ch/index.php (21.01.2010)

Printed in Poland
by Amazon Fulfillment
Poland Sp. z o.o., Wrocław